生产网络与区域创新论丛
丛书主编 曾刚

中国高校技术转移网络空间演化与动力机制研究

Spatial Evolution and Dynamic Mechanism of Chinese University Technology Transfer Networks

叶 雷 著

中国财经出版传媒集团
中国财政经济出版社
北京

图书在版编目（CIP）数据

中国高校技术转移网络空间演化与动力机制研究／
叶雷著．－－北京：中国财政经济出版社，2024.1
　ISBN 978－7－5223－2728－0

　Ⅰ．①中… Ⅱ．①叶… Ⅲ．①高等学校－技术转移－
研究－中国　Ⅳ．①G644

中国国家版本馆 CIP 数据核字（2024）第 034877 号

责任编辑：高文欣　　　　　责任印制：史大鹏
封面设计：孙俪铭　　　　　责任校对：张　凡

中国高校技术转移网络空间演化与动力机制研究
ZHONGGUO GAOXIAO JISHU ZHUANYI WANGLUO KONGJIAN
YANHUA YU DONGLI JIZHI YANJIU

中国财政经济出版社 出版

URL: http://www.cfeph.cn
E-mail: cfeph@cfeph.cn

（版权所有　翻印必究）

社址：北京市海淀区阜成路甲 28 号　邮政编码：100142
营销中心电话：010－88191522
天猫网店：中国财政经济出版社旗舰店
网址：https://zgczjjcbs.tmall.com
中煤（北京）印务有限公司印刷　各地新华书店经销
成品尺寸：170mm×240mm　16 开　16 印张　239 000 字
2024 年 1 月第 1 版　2024 年 1 月北京第 1 次印刷
定价：68.00 元
ISBN 978－7－5223－2728－0
（图书出现印装问题，本社负责调换，电话：010－88190548）
本社质量投诉电话：010－88190744
打击盗版举报热线：010－88191661　　QQ：2242791300

本书受国家自然科学基金青年项目（42201192）和安徽省教育厅科学研究项目（SK2021A0090）资助

总　　序

长江全长6397千米,是世界第三大长河,流域面积180万平方千米。长江经济带包括上海、江苏、浙江、安徽、江西、湖北、湖南、重庆、四川、贵州、云南九省二市,2015年,其土地面积为205万平方千米,占全国国土总面积的21.3%;人口为5.9亿,占全国的43.7%;国内生产总值为30.53万亿元,占全国的45.12%,是横跨我国东中西三大不同类型区的巨型经济带,也是世界上人口最多、产业规模最大、城市体系最为完整的流域,在中国发展中发挥着十分重要的作用。

协同发展（Coordinated Development）是指协调两个及两个以上的不同资源、个体,相互协作围绕某一具体目标,达到共同发展的过程。协同发展论与达尔文进化论不同,强调竞争不以优胜劣汰、置对方于死地为目的,而是通过发挥双方各自特长,通过制度、体制、科技、教育、文化的创新,实现双方的共同发展和社会共同繁荣。协同发展的理论根基为协同学。而协同学（Synergeics）由德国斯图加特大学教授、著名物理学家赫尔曼·哈肯（Harmann Haken）于1971年首次提出,并在1976年发表的《协同学导论》著作中进行了系统论述,它是一门跨越自然科学和社会科学的新兴交叉学科,是研究系统内部各子系统之间通过相互合作共享业务行为和特定资源,而产生新的空间结构、时间结构、功能结构的自组织过程和规律的科学。1990年以来,随着冷战的结束、经济全球化的发展,协同学逐渐被引入地理学、经济学、管理学、社会学等学科领域,并得到了进一步发展和应用。

放眼全球,受经济全球化不断深化的影响,协同发展论已经成为当今世界许多国家和地区实现社会可持续发展的理论基础,欧盟已将协同发展作为推进欧洲一体化的指导思想与原则,并据此制定了一系列涉及世界城市群建设、创新网络、经济互动、社会共享等领域的纲领和政策措施,并取得了显著成效。回眸域内,长江经济带建设是我国新时期与"一带一路"、京津翼协同发展并列的二大国家发展战略和倡议之一。2013年7月

21日，习近平总书记在湖北考察时指出，"长江流域要加强合作，发挥内河航运作用，把全流域打造成黄金水道"；2014年3月5日，李克强在《2014政府工作报告》中首次提出"要依托黄金水道，建设长江经济带"；2014年9月25日，国务院发布了《关于依托黄金水道推动长江经济带发展的指导意见》（国发〔2014〕39号），明确了长江经济带的地域范围、奋斗目标和发展战略；2016年3月18日发布的《中华人民共和国国民经济和社会发展第十三个五年规划纲要》指出，推进长江经济带发展，建设沿江绿色生态廊道，构建高质量综合立体交通走廊，优化沿江城镇和产业布局，坚持生态优先、绿色发展的战略定位，把修复长江生态环境放在首要位置，推动长江上中下游协同发展、东中西部互动合作，建设成为我国生态文明建设的先行示范带、创新驱动带、协调发展带。

展望未来，长江经济带在我国国民经济带发展中肩负着重要的历史使命，必须在践行创新、协调、绿色、开放、共享的发展理念、在协同发展、科技创新等方面率先垂范。有鉴于此，依托教育部人文社科重点研究基地"华东师范大学中国现代城市研究中心"、上海市哲社重点研究基地"华东师范大学长三角一体化研究中心"、上海市人民政府决策咨询研究基地曾刚工作室、华东师范大学城市发展研究院，在教育部中国特色世界一流大学和一流学科建设计划、上海高等学校高峰学科和高原学科建设计划等的支持下，在笔者主持的长江经济带系列研究项目的基础上，编著、出版《长江经济带协同发展的过程、机理、管治》丛书，全面系统探讨长江经济带不同空间层级、不同专题领域的协同发展、创新发展问题，以期为长江经济带科学规划、健康发展提供理论和应用参考。

在丛书的编写和出版过程中，上海市人民政府发展研究中心、华东师范大学长江经济支撑带协同创新中心、中国长江经济带研究会（筹）等单位、组织的领导和工作人员给予了大力支持，中国财政经济出版社王长廷副总编辑等为本书顺利出版付出了大量心血，特此致谢！

需要特别说明的是，长江经济带协同发展是一个重大而复杂的理论与应用命题，迫切需要社会各界协同探索。受多方面条件所限，本套丛书谬误之处在所难免，恳请读者批评指正！

华东师范大学终身教授　曾刚
2016年5月于华东师大丽娃河畔

前　言

知识经济时代下高校逐渐成为增强城市竞争力的核心知识源泉。随着国家创新驱动发展战略的深入实施，城市作为参与科技竞争的基本单元，开始重视高校科技创新能力的培育和科技创新成果的转移。然而，已有高校技术转移研究主要集中于微观组织层面，高校科技成果在空间上的转移规律及其背后的驱动机制仍不明确。区域创新系统理论强调本地化知识溢出，认为空间共位和地理邻近有助于高校科技成果的转移。基于网络资本的城市竞争力理论则认为地理距离对高校技术转移的约束作用逐渐减弱，并强调城市技术吸收能力的决定性作用。全球—地方创新网络理论认为区域创新系统的过度根植性和技术锁定将大幅削弱区域创新能力，强调高校作为区域内外知识流动网络的关键节点作用。因此，从空间视角研究高校技术转移的演化特征与动力机制具有重要理论和现实意义。

本书将微观层面的技术转移主体抽象至高校与城市层面，并以中国608所高校和285个地级城市为研究对象，探究高校技术转移的网络空间演化特征与网络演化动力机制。高校技术转移的渠道极为多样，任何单一渠道都无法全面真实地反映高校技术转移的全部面貌。因此，本书根据高校技术转移活动的持续时间（关系参与时间）和高校在技术转移活动中的参与程度（关系参与程度）的二分法，将高校技术转移划分为低参与度—短期性、低参与度—长期性、高参与度—短期性和高参与度—长期性四种类型，并分别选取高校转让专利、校办科技企业、校企合作专利和校地共建研究院四种代表性高校技术转移方式进行系统比较研究。借助计量回归模型、社会网络分析、网络动力学模型等方法，从高校—城市双模型视角对中国高校技术转移进行系统研究。主要得出以下结论：

（1）高校技术转移能力主要受组织特征而非区位特征的影响。城市与高校已进入相互成就、共生共融的新阶段，但对区位是否影响高校技术转移能力这一问题却未达成共识。本书研究发现，高校技术转移能力主要受高校层次、高校研究实力和高校科研经费等内在因素的影响，城市技术吸收能力对本地高校技术转移能力的影响不显著，表明高校技术转移并不局限于城市尺度。城市对高校技术创新的影响主要体现在高校科研经费方面，虽然科研经费对高校技术转移能力具有显著促进作用，但高校技术转移能力还受制于高校研究实力、成果转化效率和技术扩散能力，无论是高校的技术转移还是城市的技术吸收在空间上都并非局限于本地。这一结论证明了高校技术转移研究从"地方观"向"网络观"转变的必要性。

（2）高校技术转移网络在空间演化过程中逐渐呈现趋同化。不同类型、不同阶段高校技术转移网络的"参与主体—空间组织—网络结构"均呈现趋同化的特点。从技术转出主体来看，理工类和综合类"985/211"高校成为技术转移网络中的核心输出主体，直辖市、省会城市和区域中心城市成为技术转移网络中的核心吸收主体。从技术转移空间尺度来看，专利转让网络、校办企业网络和合作专利网络表现出趋同性，城市和全国尺度逐渐占据主导，共建研究院网络在前期以全国尺度为主，后期城市尺度的比重也逐渐提升。从网络拓扑结构来看，高校技术转移网络在小世界性、网络匹配性和网络结构等复杂网络特性方面呈现出高度相似性，四种类型高校技术转移网络均具有明显的小世界特征，且小世界性均保持稳定或不断增强，均呈现出不同程度的异向匹配特征，表明位于度数小城市中的高校倾向于将技术转移至度数大的城市，城市能级在技术转移网络中发挥关键作用，均呈现明显的"核心—边缘"结构，"核心—边缘"结构基本保持稳定，且各圈层之间的变化与更替不明显。从技术转移网络的空间结构来看，直辖市、省会城市和区域中心城市成为高校本地技术转移的高值区，在空间上呈现钉状零散分布，与周边城市存在较大差距，东部地区的京津、长三角和珠三角地区成为高校跨区域技术转移的主要目的地。

（3）供需相对错位是高校本地化技术转移与远距离"天线"效应并存的重要原因。虽然区域创新系统、基于网络资本的城市竞争力和全球—地方创新网络等理论都强调高校知识生产、溢出和转移对城市创新的重要性，但对高校在城市发展中的角色定位存在截然不同的见解。

本书研究发现，一方面，当越过高校所在城市的边界时，专利转让、校办企业和合作专利的数量大幅下降，并非呈现随着地理距离增加而缓慢下降的趋势，表明存在显著的本地化技术转移特征。地理距离在初期对共建研究院网络的限制作用较弱，但在后期也趋于呈现本地化倾向。另一方面，一旦跨过高校所在城市的边界，地理距离对高校技术转移的负向影响显著减弱，表明地理距离对跨区域高校技术转移的限制作用较弱。总体上，高校本地化技术转移与远距离"天线"效应并存。因而，区域创新系统强调地理邻近而忽略城市吸收能力的作用和基于网络资本的城市竞争力理论强调城市技术吸收能力而忽略空间距离的限制作用均是对高校技术转移在城市发展中的理想定位。

高校技术转移在空间上呈现多尺度并存的网络化特征。高校技术供给与城市技术需求的空间错位是导致高校本地化技术转移与远距离"天线"效应并存的主要原因。中国的高水平高校主要分布于技术吸收能力较强的高竞争力城市，高校技术产出与城市技术吸收的空间高度关联是高校技术转移呈现显著本地化的重要原因，而当高校与城市技术供需不匹配时，高校则倾向于进行跨区域技术转移，当城市缺乏高水平高校时则倾向于从其他城市获取高校技术，进而导致高校本地化技术转移与"天线"效应并存。

（4）高校层次、距离和城市吸收能力是网络形成与演化的核心驱动因子。基于高校技术转移影响因素的研究成果，总结发现高校技术转移网络形成与演化主要受高校层次、高校类型、高校科研经费、高校技术转移收入等高校异质性、城市技术吸收能力、城市经济发展水平、城市对外开放程度等城市异质性和高校—城市地理距离与技术兼容性的影响。通过对中国高校技术转移网络的实证分析发现，高校层次、地理距离和城市吸收能力是高校技术转移网络形成与演化的核心驱动因子，高校层次和城市吸收能力为正向促进作用，地理距离为负向限制作用，高校技术转移收入、城市经济发展水平和高校—城市技术兼容性对高校技术转移网络形成与演化的影响较大。

从高校技术转移网络形成与演化影响因子的变化趋势来看，高校层次对高校技术转移网络的促进作用呈现不断减弱趋势，而城市技术吸收能力的促进作用呈现不断增强趋势；地理距离对专利转让、合作专利和校办企业三种高校技术转移网络的限制作用呈现逐渐减弱趋势，而对共建研究院网络的限制作用呈现逐渐增强趋势；高校类型和高校科研经费在初期对高校技术转移网络的影响不显著，但随着技术转移网络的演进逐渐呈现正向促进作用；高校技术转移收入、城市经济发展水平和城市对外开放程度的正向促进作用整体呈现下降趋势。

从不同类型高校技术转移网络形成与演化影响因子的对比来看，高校层次对长期性技术转移网络的促进作用大于短期性技术转移网络，城市技术吸收能力对高参与层次技术转移网络形成与演化的促进作用大于低参与层次技术转移网络，地理距离对高参与层次技术转移网络形成与演化的限制作用要小于低参与层次技术转移网络；高校科研经费投入、高校技术转移收入和城市经济发展水平对不同类型高校技术转移网络的影响并未表现明显差异；城市对外开放程度对低参与层次高校技术转移具有显著负向影响，而对高参与层次高校技术转移并无显著影响，表明国外技术仅对低水平高校技术转移产生一定的替代效应。

受我的学术能力及数据可得性等多方面限制，本书尚有诸多不完善之处，希望以此抛砖引玉为更多学者开展高校技术转移与区域创新发展研究提供思考。对于本书中的疏漏之处，敬请读者批评指正。

作者
2023 年 10 月

目　　录

第1章　总论 ··· 1
　1.1　研究背景 ··· 1
　1.2　研究问题与意义 ··· 8
　1.3　研究思路与方法 ··· 10
　1.4　高校技术转移的概念与模式 ······································· 14

第2章　高校技术转移研究进展 ·· 17
　2.1　研究方法与数据来源 ··· 17
　2.2　国内外高校技术转移研究概况 ··································· 21
　2.3　高校技术转移研究热点 ·· 37
　2.4　高校技术转移研究评述 ·· 44

第3章　高校技术转移理论基础与理论假设 ························ 47
　3.1　理论基础 ·· 47
　3.2　概念模型 ·· 55
　3.3　研究假设 ·· 55
　3.4　本章小结 ·· 61

第4章　中国高校技术转移发展历程与特点 ························ 63
　4.1　中国高校技术转移的发展历程 ··································· 63

4.2 中国高校技术转移的特点 …………………………………… 67
4.3 城市吸收能力对本地高校技术转移的影响 …………………… 74
4.4 本章小结 …………………………………………………… 78

第 5 章 中国高校技术转移网络的空间演化特征 …………… 81
5.1 研究方法与数据处理 ………………………………………… 81
5.2 高校技术转移网络结构 ……………………………………… 91
5.3 四种高校技术转移网络特征比较 …………………………… 133
5.4 本章小结 …………………………………………………… 137

第 6 章 中国高校技术转移网络形成与演化的动力机制 …… 139
6.1 计量方法与指标选择 ………………………………………… 139
6.2 双模 ERGM 实证结果 ……………………………………… 149
6.3 ERGM 拟合优度检验 ………………………………………… 166
6.4 四种技术转移网络影响因子比较 …………………………… 194
6.5 高校技术转移网络形成与演化机制分析 …………………… 198

第 7 章 结论与展望 ……………………………………………… 201
7.1 主要结论 …………………………………………………… 201
7.2 主要创新点 ………………………………………………… 205
7.3 政策建议 …………………………………………………… 207
7.4 研究展望 …………………………………………………… 210

参考文献 ……………………………………………………………… 212

第1章

总　　论

1.1 研究背景

1.1.1 现实背景

（1）知识经济时代下高校成为增强城市竞争力的核心知识源泉

20世纪80年代末，以科学知识和技术创新为关键要素的知识经济已显然取代依赖物质和资本投入的工业化经济，成为区域经济增长的关键驱动力并显著地重塑世界经济格局（樊杰和刘汉初，2016）。国际科技竞争的日趋激烈、技术更新速度的加快和高校科研经费的削减促使发达国家和地区采取支持高校技术转移的战略，以确保在新一轮的国际竞争中始终保持科技的最前沿地位（Smith and Bagchi-Sen，2012；Ankrah and AL-Tabbaa，2015）。以美国和英国为首的国家率先制定了一系列法案和激励政策，通过给予高校更多的自主权和经费支持，提升高校知识产权的利用率和科学研究商业化利用程度，进而增强高校在经济发展中的直接贡献。斯坦福大学与硅谷（Silicon Valley）、麻省理工学院与128号公路（Route 128）、牛津大学与M4走廊（M4 Corridor）、剑桥大学与"剑桥现象"（Cambridge Phenomenon）等高校技术转移与区域经济高速增长的成功案例使高校在区域创新和经济发展中的核心作用得到深刻认识（Kempton，2019）。近年来，世界各国和地区纷纷效仿并制定了各种激励措施促进高校科技创新和技术转移，旨在强化高校除研究和教学使命以外的第三使命（third mission）——经济发展，以期在知识经济时代保持持续的创新能力和竞争优势，高校与产业界之间的相互作用愈来愈强烈，高校日益成为经济增长和创新发展的引擎（Huggins et al.，2020）。

虽然中国现代化高等教育起步较晚，但近年来高校在区域经济社会发展中迅速从边缘进入中心角色。新中国成立初期，中国科学院专门从事基础研究，研究机构专门从事应用研究，沿袭苏联办学模式的高校则主要承担教学任务（Chen et al.，2016）。1987年，原国家教育委员会发布的《关于改革高等学校科学技术工作的意见》明确指出，高校"应该努力办成既是教育中心，又是科学研究中心""促进技术成果商品化，加速技术成果向生产转移"（国家教育委员会，1987），标志着研究成为高校的正式职能。但这一时期高校的科研能力偏弱，几乎没有可以进行转移转化的重大技术成果（Zhu and Frame，1987）。随着1995年"211工程"和1998年"985工程"的启动，高校科研实力取得了长足发展，越来越多的高校跻身全球一流高校的行列，高校正式向国家创新系统中心位置迈进（Zhang et al.，2013）。2006年我国开始实行自主创新战略，以期摆脱国内技术市场对国外技术市场的深度依赖，高校在国家科技进步和经济社会发展中的作用显著提升。2012年我国开始实施创新驱动发展战略，各地区纷纷将高校作为构建和完善区域与地方创新体系的关键参与主体。可见，作为我国各类原始性、基础性和前沿性知识创新的主阵地，高校已然成为增强区域竞争力的核心知识源泉。

（2）创新驱动背景下城市推进高校技术转移存在盲目跟风现象

在提升竞争力途径全面转向依靠科技创新的创新驱动背景下，城市作为参与竞争的基本单元极为重视高校科技创新能力的培育和科技创新成果的转化。近年来，北京、上海、杭州、深圳等城市明确提出要建设成为具有全球影响力的科技创新中心，重庆、成都、武汉、合肥等城市则明确提出要建设具有全国影响力的科技创新中心，郑州、兰州、济南、徐州等更多城市则将构建区域性科技创新中心作为战略目标。一场围绕科技中心和创新中心建设的科技资源争夺赛正在全国范围内紧锣密鼓地展开，各城市对高校科技创新和技术成果转移的重视已然提升到了一个新高度。北京、上海、武汉等高校资源密集、科教实力雄厚的城市均将破除高校科技转移障碍的体制机制作为战略核心。例如，中共上海市委、上海市人民政府发布的《关于加快建设具有全球影响力的科技创新中心的意见》指出，下放高校科技成果的使用权、处置权和收益权，积极探索科技成果转移转化的普惠税制在上海先行先试（中共上海市委和上海市人民政府，2015）。深圳、苏州、佛山等高校资源较为薄弱的城市也积极引进高校资源。例如，深圳自20世纪90年代就大力与清华大学、北京大学、哈尔滨工业大学等知名高校共建校区（Chen and Kenney，2007）；苏州自21世纪以来就与上海交通大学、浙江大学、清华大学等知名高校共建一大批研究院。城市与高校已进入到相互成就、共生共融的新阶段。

在取得令人瞩目成就的同时，城市在模式推进高校技术转移过程中也暴露出了诸多乱象。创新驱动发展战略着力于推进创新和转型发展，而各地政府的"科技创新焦虑"致使高校—城市技术转移存在一拥而上、盲目跟风等诸多乱象。部分城市在推进高校技术转移过程中，为了提升地方科技创新的亮点和政绩，在对前沿技术的发展规律和合作高校的特色优势缺乏通盘考虑和充分论证的情况下，就仓促拍板项目上马。例如，有些中小城市同时引入多个，甚至十几个高校产学研基地或共建研究院，最终不仅造成了科技经费的巨大浪费，加剧了城市间的不良竞争，还导致地方创新驱动、转型发展陷入困境。创新的空间集聚现象是创新活动最重要的空间特征之一（孙瑜康等，2017），高校技术转移的发展在时间和空间尺度上有其内在科学规律，不同类型技术转移也可能存在较大差异，城市应在明确自身高校资源优势和产业发展需求的基础上合理推进高校技术转移（Huggins et al.，2012）。因此，分析高校技术转移网络的空间演化特征与形成机制对引导城市科学合理对待高校在区域创新中的作用具有重要现实意义。

（3）原始创新导向下高校科技成果转移转化的效率亟待提升

虽然我国高校的数量和科技论文的产量均位居世界第二位，但是高校技术创新对经济发展的贡献却远低于发达国家，陷入了科学知识产出高、生产力转化效率低的"创新悖论"（靳瑞杰和江旭，2019）。21世纪以来，我国出台了一系列法律政策，旨在提升高校科技成果的转移转化效率。例如，2002年科技部和财政部发布的《关于国家科研计划项目研究成果知识产权管理的若干规定》（以下简称《若干规定》）明确规定，"科研项目研究成果及其形成的知识产权，除涉及国家安全、国家利益和重大社会公共利益的以外，国家授予科研项目承担单位"（科技部和财政部，2002），《若干规定》将政府资助所产生的技术和知识产权的商业化权利授予高校，被誉为中国版的"拜杜法案"。2015年中共中央、国务院发布的《关于深化体制机制改革加快实施创新驱动发展战略的若干意见》（以下简称《若干意见》）指出，从科技成果转移转化净收入中提取收益对科技成果完成和转化做出重要贡献的人员进行奖励和报酬的比例由原先的不低于20%提升至不低于50%（中共中央和国务院，2015）。同年，该项规定被修订实施的《科技成果转化法》以法律形式进一步明确。虽然《若干规定》和《若干意见》等法规政策的实施极大地激发了高校技术创新的热情，但是高校科技成果转移转化的效率并未显著提升。

在知识和技术的供给与需求方面，高校与企业之间进行技术转移转化的水平亟待突破。从技术供给视角来看，高校已成为我国技术创新的主要力量之一。根据国家知识产权局数据，截至2017年11月，中国高校的专利申请量和授权量均占全国的10%以上，已成为我国技术创新的重要机构之一，但与之不符的是，高校专利转化的实践表现欠佳，真正实现产业化的科技成果不足5%（国家知识产权局，2018）。从技术吸收视角来看，高校在合作创新中的作用仍未凸显。例如，2018年我国规模以上工业企业进行产品或工业创新活动过程中，仅有7.7%的企业将高校作为创新信息的来源，远低于客户（45.5%）、竞争对手与同行（22.3%）和供应商（20.0%）的比重；在开展创新合作过程中，将高校作为合作伙伴的企业比例仅为31.6%，远低于同期（2014～2016年）欧盟国家平均水平42.4%（国家统计局社会科技和文化产业统计司，2019）。在国际竞争向基础研究竞争前移、技术创新向原始创新倾斜的时代背景下，基础研究、应用基础研究与产业化对接融通已成为当前和未来我国高校技术转移的重点和难点。

1.1.2 理论背景

（1）高校技术转移空间研究逐渐被微观主体研究边缘化

20世纪90年代以来，随着创新地理学的兴起，关注创新活动的国内外人文和经济地理学者越来越多,并在创新与知识、创新活动空间和创新活动组织等方面取得了一系列有价值、有影响的成果(曾刚等,2018)。虽然高校作为创新活动中的重要主体已受到经济地理学界的广泛认可(王秋玉等,2016),但已有国内外研究成果主要集中于管理学和经济学两大领域,且研究视角基本上聚焦于微观主体层面,高校技术转移的空间研究非常薄弱。从微观主体视角开展高校技术转移研究已形成了一套完善的微观技术转移研究理论框架(段德忠,2018),并在教师、学院、学校等技术转出主体和个人、团队、企业等技术吸收主体的转移动机、组织形式、转移模式、促进因素、阻碍因素以及技术转移的增长效应等方面形成了丰硕的成果。从空间视角开展高校技术转移研究逐渐被微观主体层面的研究边缘化。高校技术转移空间研究的已有成果高度聚焦于高校—企业技术转移的空间距离及影响因素等少数领域,相较于高校技术转移效率(范柏乃和余钧,2015;Horner et al.,2019)、高校科技创新能力(汪凡等,2017;Ye et al.,2020)、校企合作创新网络(刘国巍,2015;Huggins and Prokop,2017)、高校与区域经济协同发展(刘友金等,2017;肖洒和刘君,2018)等研究主题,高校技术转移的空间研究几乎被忽视和边缘化。

(2)高校技术转移研究由"地方观"向"网络观"转变

20世纪80年代以来,高校一直被认为是创新驱动发展的潜在引擎。通过理论推演和实证检验,学界对高校技术生产、技术转移、经济影响的各个环节进行了审查,并通过新知识生产(New Production of Knowledge Theory,NPK)、区域创新系统(Regional Innovation System,RIS)、三螺旋模型(Triple Helix Model)和参与型大学(Engaged University)等多种理论和概念模型将高校在技术转移中的作用进行概念化。受高校功能复杂性和高校技术转移渠道多样性的影响,高校在技术转移中的各种功能并未得到学界共识,高校所扮演的角色和所发挥的作用在不同理论模型中既存在重叠又存在矛盾。这些理论和概念模型对高校在技术转移中作用的概念化可以大致归结为高校使命安排、区域知识转移、人力资本与企业家精神、本地—非本地联系节点和区域经济增长五个方面(Fromhold-Eisebith and Werker,2013)。在理论和实证方面,新知识生产、区域创新系统、三螺旋模型和参与型大学理论对高校使命、区域知识转移和人力资源与企业家精神方面具有重要贡献，但由于区域创新系统等理论在实践过程中基本将高校作为区域内部知识互动的参与者，对高校作为本地—跨区域联系节点的研究在理论和实证方面均存在"先天不足"（见表1-1）。近年来，以Bathelt为代表的蜂鸣—管道（buzz-pipeline）模型（Bathelt et al.，2004；Bathelt and Cohendet，2014）和以曾刚为代表的全球—地方创新网络（glocal innovation network）理论（司月芳等，2016；曾刚等，2018）均强调不同空间尺度的知识整合对创新活动的重要性。高校技术转移的跨空间尺度特征促使高校技术转移研究由"地方观"向"网络观"转变。

表1-1 不同理论模型关于高校在技术转移中作用的理论和实证贡献比较

高校作用	NPK	RIS（关系型大学）	THM（创业型大学）	参与型大学	全球—地方创新网络
高校使命	++	+	+	+	-
区域知识转移	++	++	++	+	+
人力资本与企业家精神	++	++	++	++	+
本地—非本地联系节点	-	+	-	+	++
区域经济增长	+	+	+	+	+

注：根据Fromhold-Eisebith and Werker（2013）和司月芳等（2016）修改，"++""+"和"-"分别表示在理论与实证方面具有重要贡献、一般贡献和很少贡献。

（3）经济地理学对高校创新与城市发展关系的再探讨

高校在城市发展中的作用一直是经济地理学重点研究领域之一。对于高校与城市发展关系而言，经济地理学和区域经济学中存在着高校与所在城市发展关系的争论，特别是高校技术转移的空间范围上，本地化知识溢出理论（localised knowledge spillover）和网络资本理论（network capital）提供了两种不同的解释。

在本地化知识溢出理论方面，继Jaffe的开创性工作强调知识溢出在空间上本地化以来（Jaffe，1989；Jaffe et al.，1993；Jaffe and Trajtenberg，1996），地理邻近被视为高校—企业合作创新和高校技术转移的最重要的影响因子之一。一方面，地理邻近可以通过增强其他维度的邻近性，尤其是认知邻近和制度邻近，进而可以缓解高校和企业之间因不同规范、思维模式、战略目标和合作利益等引起的冲突（Ye et al.，2020）。另一方面，地理邻近有助于构建社会关系网络，不仅可以促进创新主体之间的互动以及区域内部知识和信息的溢出，还能为行为主体收集合作伙伴潜在有效性信息提供便利，缓解合作创新和技术转移过程中面临的不确定性（Garcia et al.，2015）。此外，本地化知识溢出理论认为除了隐性知识的传播在空间上受到强烈的限制外，显性知识在空间上同样受到距离的阻碍，因为通常情况下知识同时具有显性和隐性特征（Asheim and Coenen，2006）。

在网络资本理论方面，以 Huggins 为代表的网络资本学派则强调由网络资本所体现的城市技术吸收能力在高校—企业合作创新和高校技术转移过程中的重要性。一方面，网络资本学派认为随着信息技术的发展，地理距离对知识流和知识转移的约束作用逐渐减弱（Tracey and Clark，2003），日益增加的国家尺度和跨国尺度的实证研究表明无论是高校还是企业均不认为知识流动有必要受到空间限制（Huggins et al.，2008），高校技术转移的空间范围虽然受知识的编码程度影响，但只要有一个高效的网络结构，非地理邻近的行为主体同样能够跨区域转移复杂的知识（Huggins et al.，2016，2020）。另一方面，网络资本学派强调城市竞争力和技术吸收能力在高校—企业合作创新网络中的重要性。知识网络是城市竞争力提升的关键要素，且高竞争力城市通常具有更为丰富的网络资本（曹贤忠等，2016）。相较于欠发达的地区，高竞争力城市不仅具有较强的技术吸收能力，还具有通过本地知识网络促进企业从更大空间范围获得知识的"跳板"能力（Huggins et al.，2019）。

本地化知识溢出理论强调地理邻近对高校技术转移的限制作用，因此认为高校应服务于地方发展，且支持地方政府对高校的财政投入（Mukherji and Silberman，2021）。网络资本理论则认为地理距离对知识流和知识转移的约束作用逐渐减弱，强调由网络资本所体现的城市竞争力和技术吸收能力在高校技术转移中的重要作用。以往对高校技术转移的空间研究主要使用合作专利和企业调查数据，对高校技术转移以及高校与城市发展关系的研究可能是片面的。一方面高校技术转移的方式多种多样，不同类型的技术转移可能存在较大差异；另一方面，随着高校在国家创新体系中的地位演变，高校技术转移的空间范围也可能发生较大变化。因此，关注不同类型高校技术转移在不同时间阶段的特征具有重要意义。

1.2 研究问题与意义

1.2.1 问题提出

高校技术转移是区域经济学和经济地理学的核心研究内容之一。通过归纳区域经济学和经济地理学领域关于高校本地化知识溢出、高校在区域创新中的作用、高校与区域协同发展等核心议题的研究前沿，本书确定"高校技术转移空间演化与影响因素"这一主题。

首先，从研究对象来看，高校作为增强城市竞争力的核心知识源泉，是经济学、管理学、社会学等多学科关注的焦点。纵观新知识生产、三螺旋模型、区域创新系统、创业型大学、学习型区域等理论，要么默认将高校作为本地或区域内部的知识生产主体，要么忽视了高校技术转移的多空间尺度和高校所在区域的环境特征。近年来，以曾刚和Harald Bathelt为代表的全球—地方创新网络学派强调不同空间尺度知识获取对区域创新发展的重要性。

其次，从研究数据来看，以实地访谈和问卷调查为主的质性研究占据主导，致使学界对高校技术转移的空间研究高度聚焦于高校—企业技术转移的空间距离和多维邻近性机理分析，在研究数据上存在挖掘渠道单一、在研究视角上存在过度聚焦微观主体层面的缺憾，对高校技术转移的时空特征和动力机制研究未形成令人满意的描绘与解释。

最后，城市的技术吸收能力与高校技术创新能力之间的空间依赖性并不是一成不变的，而是随着经济社会重大转型和国家重大战略调整而演变的。受演化经济地理学研究启发，应从多维度与动态演化的视角科学研究高校技术转移网络的时空格局与形成机制。

综上所述，在将高校研究人员—企业或高校—企业微观层面的技术转移主体抽象至高校—城市层面的基础上，本书尝试回答以下核心问题：高校的区位是否影响高校技术转移能力？技术主要从哪些高校转移至哪些城市？不同类型、不同时间阶段的高校技术转移网络格局有何差异？高校特征、城市技术吸收能力和高校—城市距离如何驱动高校技术转移网络动态演化？

1.2.2 研究意义

（1）理论意义

基于关系参与层次和转移时间周期对高校技术转移类型进行划分，并选取专利转让、校办企业、合作专利和共建研究院4种代表性高校技术转移方式，从供给与需求、地理距离与技术距离的动态演化视角分析和比较中国高校技术转移网络的空间演化及形成机制。第一，当前国内外的高校技术转移研究单点聚焦于高校、企业等微观主体层面，在研究范式上呈现出研究数据单一、研究尺度单一和研究内容单一的趋势。本书通过多渠道挖掘高校技术转移数据和城市经济社会数据，极大地丰富了高校技术转移的实证研究内容。第二，通过分析地理距离对不同类型的市场交易性技术转移的影响，可以直接与已有的地理距离对非市场交易性知识流动影响的相关研究进行比较，进而深化距离对高校技术转移活动影响的理解。第三，从高校层次与城市技术吸收能力、地理距离与技术距离的动态演化探求高校技术转移网络的驱动机制，可以回应本地化知识溢出理论和网络资本理论关于高校创新和城市发展关系的不同理解。

（2）实践意义

无论政界、学界、企业界和社会公众，高校技术转移都是令人关注的焦点问题。在国家创新驱动深入实施背景下，城市"科技创新焦虑"与高校技术转移效率偏低之间的矛盾更是成为当前我国走自主创新道路亟待破解的现实问题。本研究对高校区域角色的正确定位和高校技术转移效率偏低问题的解决具有一定的参考价值。一方面，理清中国高校技术转移的空间特征和发展逻辑是引导高校在城市发展中正确定位、健康发展的重要现实基础。本书从高校—城市距离的角度出发探讨高校技术转移问题，能够加深对高校与城市空间关系的正确认识，为高校技术转移的科学合理发展提供借鉴。另一方面，本研究可以尝试为当前中国高校技术转移效率偏低提供新的解释和对策。当前将高校技术转移效率偏低的成因主要归结于高校的技术研发能力偏弱、技术供给能力不足，通过分析高校知识供给和城市技术需求对高校技术转移的动态影响，可以为解决当前中国高校技术转移的困境提供理论指导。

1.3 研究思路与方法

1.3.1 研究目标

受知识经济时代下高校技术转移在区域经济社会发展中的作用愈发凸显的影响，本书分析了高校技术转移网络的空间演化与影响因素。区域创新系统、基于网络资本的城市竞争力和全球—地方创新网络理论对高校与城市关系存在不同理解，尤其是对地理距离对高校技术转移的影响仍存在争议。基于此，本书在构建高校—城市技术转移网络理论框架的基础上，尝试回答高校区位对高校技术转移能力是否重要？不同类型技术转移网络在空间上表现为趋同性还是趋异性？高校技术转移网络形成与演化的动力机制是什么？具体研究目标包括：（1）分析高校空间区位对高校技术转移能力的影响；（2）基于社会网络理论综合分析和系统比较不同类型技术转移网络的时空演化格局；（3）运用网络动力学模型分析和比较不同类型高校技术转移网络的影响因素，尝试总结中国高校技术转移网络形成与演化的动力机制。

1.3.2 研究内容

研究内容主要包括绪论、文献综述与理论分析、我国高校技术转移网络实证分析和结论与展望四个部分，共7个章节，具体如下：

第一部分为绪论，包括第1章。第1章主要分析了高校技术转移对区域发展影响的理论意义和现实意义，理清研究思路，提出研究问题并明确研究目标，根据研究问题和研究目标设计研究内容、研究方法和技术路线，并对高校技术转移的概念进行界定，划分高校技术转移的模式。

第二部分为文献综述与理论分析，包括第2章和第3章。第2章主要梳理了高校技术转移的相关文献。运用Citespace和VOSviewer科学文献计量软件,对国内外高校技术转移研究领域的发展历程、主要领域、学术团队、研究热点等进行可视化分析,并梳理高校技术转移研究的理论基础与理论前沿,把握高校技术转移研究的热点问题和研究趋势,从而为本研究寻求突破口。第3章是高校技术转移网络的理论分析、理论框架与研究假设。区域创新系统、基于网络资本的城市竞争力和全球—地方创新网络等理论为本研究奠定了理论基石,结合高校技术转移与城市竞争力关系的理论推演,提出本书的研究假设。

第三部分为我国高校技术转移网络实证分析,包括第4章、第5章和第6章。第4章是中国高校技术转移发展历程与特征。在对新中国成立以来的高校技术转移发展历程进行梳理的基础上,总结我国高校技术转移的特点,并通过OLS回归分析高校技术转移能力的组织和区位特征。第5章为高校技术转移网络的空间格局演化。利用社会网络分析方法,从技术转移网络主体、技术转移网络组织、技术转移网络空间结构三个维度对专利转让网络、合作专利网络、校办企业网络和共建研究院网络进行比较。第6章是高校技术转移网络的影响因素。运用指数随机图模型,综合分析高校特征、高校—区域地理与技术距离和城市技术吸收能力对高校技术转移网络形成和演化的影响,进而总结高校技术转移网络的形成机制。

第四部分为结论与展望,包括第7章。第7章总结全书的主要结论,提炼本研究的可能创新点,回应学术争鸣,进而尝试在本书研究基础上,展望未来高校技术转移研究,最后从国家、城市和高校三个维度提出了政策建议。

1.3.3 研究方法

(1) 文献阅读与文献计量分析相结合

本书以 Web of Science (WoS) 和中国知网 (CNKI) 数据库为文献收集的来源。首先,通过对国内外高校技术转移相关文献的阅读,把握高校技术转移研究领域的相关脉络,进而结合 CiteSpace 和 VOSviewer 科学文献计量软件,对国内外高校技术转移研究领域的发展历程、主要领域、学术团队、研究热点等进行可视化分析,为本书研究问题的提出提供理论依据;其次,通过大量核心文献的阅读、比较和总结,对区域创新系统、基于网络资本的城市竞争力、全球—地方创新网络等理论进行梳理，基于经济地理学的空间思维构建研究高校技术转移网络与影响因素的理论分析框架。

（2）大数据挖掘与数据查询相结合

一方面，利用八爪鱼数据采集软件对专利数据进行采集，通过访问国家知识产权局、SooPAT 专利数据库和 incoPat 专利数据库等网络数据库，采集和整理高校合作专利和专利转让数据。另一方面，通过访问企查查、天眼查和事业单位在线等企业公司和事业单位信息查询系统，采集和整理高校校办企业、校地共建研究院和企业相关属性数据。此外，通过中国经济社会大数据研究平台对中国城市的经济社会发展相关属性数据进行了收集和整理。

（3）社会网络分析与空间分析相结合

合作专利、专利转让、校办企业、校地共建研究院是构建高校—区域技术转移网络的主要方式。首先，基于社会网络分析理论，利用 Pajek、Ucinet 和 VOSviewer 等社会网络分析软件与可视化软件，通过双模网络的度中心、加权度中心度和相对度中心度等指标刻画高校和城市在技术转移网络中的位置和优势差异，并通过单模网络的网络中心势、度度相关性、核心—边缘等指标描述高校技术转移网络的中心化程度和网络等级结构特征。其次，基于空间分析，对合作专利、专利转让、校办企业、校地共建研究院四种技术转移网络空间演化特征和规律进行研究。

（4）计量模型与网络动力学模型相结合

计量模型主要为 OLS 回归，网络动力学模型主要为 ERG 模型。利用 Stata 软件和 OLS 回归模型从组织特征和区位特征两个维度定量分析高校技术转移能力的影响因素；在科学评判技术转移网络演化模型适用性的基础上，利用 R 软件的 network 程序包和 statnet 程序包分析合作专利、专利转让、校办企业、校地共建研究院四种高校技术转移网络形成与演化的关键影响因素，并从高校层次、城市技术吸收能力和高校—城市距离三个关键维度对四种网络形成与演化的异同点进行比较分析。

1.3.4 技术路线

基于本地化知识溢出、网络资本的城市竞争力、全球—地方创新网络等理论关于高校与区域发展空间关系的论述,立足于区域经济学对空间维度的关注,本书构建了"现实基础—空间表现—形成机制"的分析框架,并据此探讨中国不同类型、不同时间阶段高校技术转移网络空间演化与影响因素。本书的技术路线图如图1-1所示。

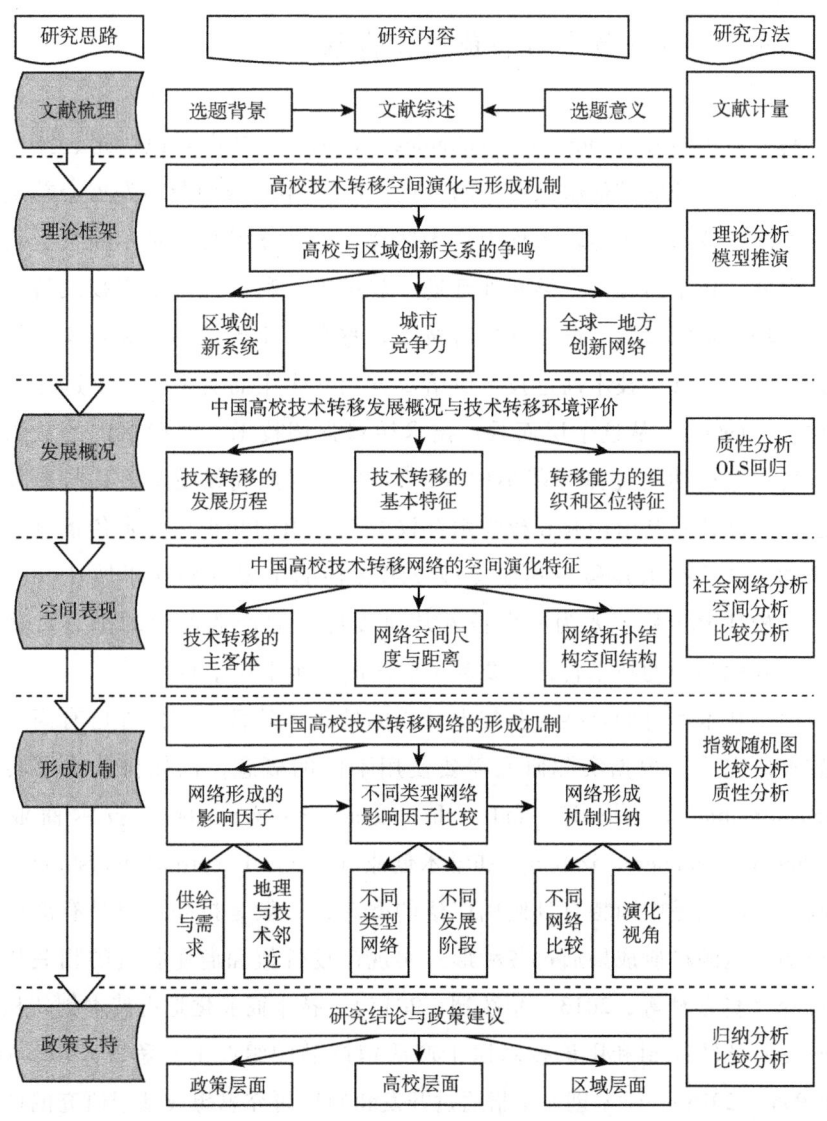

图1-1 本书的技术路线

资料来源:作者自绘。

1.4 高校技术转移的概念与模式

1.4.1 高校技术转移的概念内涵

高校技术转移（university technology transfer）是指知识诀窍、技术知识或技术由高校向其他组织转移的过程。1964 年联合国贸易发展会首次将国家之间的技术输出与输入称为技术转移。随着新科技成果不断被运用于经济发展，技术转移的内涵和外延进一步扩展为科学技术由高校或科研机构向市场转移的过程。虽然学界对技术转移存在不同的看法和定义，但一般认为技术转移是技术通过技术供给双方相互作用而实现的一个过程（范保群等，1996）。从这个层面看，技术转移强调技术有明确目的的从供给方向需求方移动的过程（范小虎等，2000），因此高校技术转移与高校论文引用、高校专利引用和高校学术会议等无意识的知识与技术传播具有明显区别。高校技术转移与其他类型技术转移的主要区别在于转让方式不同，高校技术转移主要为科学技术从研发部门向产业部门的垂直转移过程，而其他类型的技术转移主要为地区之间的水平技术转移。

由于技术本身的复杂性和技术转移的情景依赖性，国内外已有高校技术转移研究往往根据实际研究需要使用不同的概念，例如科技成果转化（transformation of scientific and technological achievements）、技术商业化（technology commercialization）和学术创业（academic entrepreneurship）等。科技成果转化是中国特有且使用广泛的概念，一般是指高校将具有潜在市场应用价值的科研成果通过各种形式实现市场价值和商业收益的相关活动和过程（杨善林等，2013；蔡跃洲，2015）。技术商业化是指技术创新从技术开发人员转移到利用该技术以生产适销产品的组织的过程（Kirchberger and Pohl，2016）。学术创业是指通过开发和销售研究思想或基于研究的产品进而增加个人或机构的利润、影响力或声望的尝试（Louis et al.，1989）。可见，这三个概念都强调高校应用技术成果的价值实现过程，与高校技术转移概念的最大区别在于高校技术转移的客体不仅包含应用技术成果还包括科技信息和技术知识。

1.4.2 高校技术转移的模式划分

高校技术转移的渠道复杂多样，有必要在高校技术转移模式分类的基础上选取有代表性技术转移方式进行比较研究。通过对高校技术转移渠道分类与比较的相关研究梳理发现，高校技术转移活动的持续时间（关系参与时间）和高校在技术转移活动中的参与程度（关系参与程度）对高校技术转移的影响较大。借鉴 Chen（1994）和 Perkmann and Walsh（2007）的研究，本书依据高校技术转移的持续时间和高校在技术转移活动中的关系参与层次的二分法将高校技术转移方式划分为四种类型，如图1－2所示：低参与短期技术转移、低参与长期技术转移、高参与短期技术转移和高参与长期技术转移。

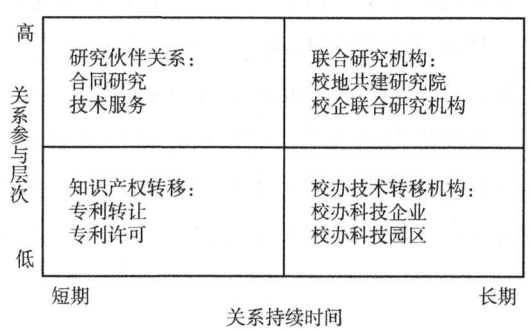

图1－2 高校技术转移模式的分类

资料来源：作者自绘。

（1）高参与—长期技术转移

高参与—长期技术转移主要为高校与政府、企业或科研机构等主体联合建立运行的研究机构（例如校地共建研究院和校企联合研究机构）。高校在建立和运行共建研究机构过程中，通常与技术吸收主体保持长期高强度的知识交流。这种知识交流不仅涉及高校已有科技成果的转移转化，还涉及与企业就前沿技术与共性技术进行共同研究和联合攻关。

(2) 高参与—短期技术转移

高参与—短期技术转移主要为高校与企业等技术需求主体建立数月或1~2年的研究伙伴关系（例如合同研究和技术服务）。高校在这种类型技术转移模式中的参与程度要远高于知识产权转移或校办技术转移机构，但高校与技术吸收主体之间的技术转移持续时间不如联合研究机构。

(3) 低参与—长期技术转移

低参与—长期技术转移主要为校办技术转移机构（例如校办科技企业和校办科技园区）。高校在运行校办科技企业和校办科技园区过程中主要通过依托高校自身科研优势进行科技成果转化和科技企业孵化，高校在这种类型技术转移模式中的参与程度不如联合研究机构。

(4) 低参与—短期技术转移

低参与—短期技术转移主要为高校向企业进行知识产权转移（例如专利转让和专利许可）。虽然高校在知识产权转移过程中可能会涉及高校研究人员和企业之间就技术开发和商业化的进一步合作，但高校在这种类型技术转移模式中的参与程度不如研究伙伴关系和联合研究机构。

在高校技术转移模式分类的基础上，本书从低参与—短期技术转移、低参与—长期技术转移、高参与—短期技术转移和高参与—长期技术转移四种类型中分别选取高校专利转让、高校校办科技企业、高校合作专利和校地共建研究院四种具有代表性的技术转移模式进行研究，试图全面把握和比较不同类型高校技术转移的特征和异同。

第 2 章

高校技术转移研究进展

高校技术转移一直是经济地理学与区域经济学的重要研究领域之一。由于高校技术转移方式的多样性和已有研究对高校技术转移概念表述的多面性，围绕"高校"和"技术转移"两个核心概念，本章对国内外相关文献进行系统梳理。首先，利用 Web of Science（WoS）数据库和中国社会科学引文索引（CSSCI）数据库检索收集相关文献数据，利用 CiteSpace 和 VOSviewer 文献计量软件绘制高校技术转移研究的科学知识图谱，梳理高校技术转移研究的基本概况；其次，通过对与本研究主题相符的核心文献进行研读，梳理当前的研究热点与研究趋势；最后，评述已有研究的不足之处，并阐明本研究的观点。

2.1 研究方法与数据来源

2.1.1 CiteSpace 文献计量软件

本书使用 CiteSpace 进行国内外文献计量分析。CiteSpace 是由美国德雷塞尔大学陈超美教授团队于 2004 年首次开发的科学文献分析工具。CiteSpace 主要用于寻找某一特定研究领域的知识基础、前沿进展和研究热点，以及甄别学科的关键演化路径和知识转折点。凭借形象化刻画研究领域的知识结构与演进脉络的优势，CiteSpace在国内外迅速得到广泛应用（陈悦等，2015）。

CiteSpace主要通过引文揭示文献之间知识流动规律（见图2-1）。CiteSpace将引证分析和共引分析方法相结合，构建了"知识基础"（intellectual bases）映射"研究前沿"（research fronts）的理论模型（陈悦等，2014），指出一个领域所有文献的引文集合构成该领域的知识基础，而研究前沿则是引用这些知识基础的施引文献的集合（李杰和陈超美，2016）。换句话说，施引文献构成了研究前沿，被引文献则构成了知识基础（Chen，2006），二者通过引用相互关联。当然，仅通过引文分析难以捕捉研究领域内部的知识结构特征，共被引分析可以弥补这一不足。共被引是指两个及以上的文献同时被其他文献引用，存在共被引表明共同被引用的文献在研究的主题、理论或方法上是相关的。共被引的频次越高，表明文献之间的相关性就越高。CiteSpace将这种文献间的共被引进行社会网络分析，可以鉴别出该领域的科学共同体、学术观点和学科范式。

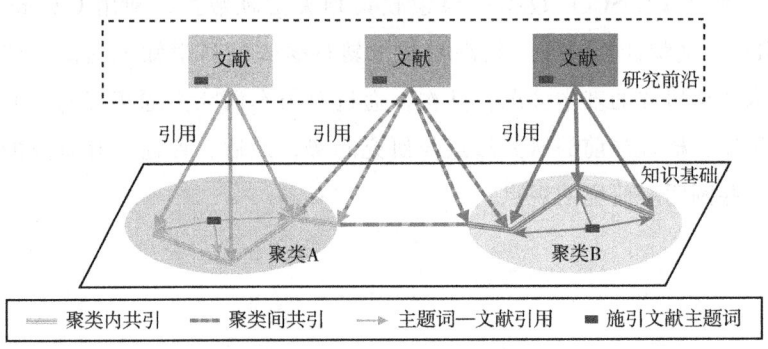

图2-1　CiteSpace的概念模型

资料来源：Chen（2006）。

通过深度挖掘文献的作者、关键词和引文等信息，CiteSpace可以实现合作图谱（学者、机构与国家之间的合作）、共现图谱（关键词、特征词、来源、学科类别的共现）、共被引图谱（作者、文献、期刊共被引）等分析功能（陈悦等，2015）。例如，合作图谱可以用于识别特定研究领域中学者、机构、国家与地区之间的社会关系，共现图谱可以用于分析该领域的研究热点，施引文献的聚类分析或突显词分析可以用于探究该领域的研究前沿，被引文献的共被引聚类分析可以用于梳理该领域的知识基础，期刊的共被引分析可以用于把握该领域的学科基础，作者共被引分析可以用于甄别该领域的科学共同体。

2.1.2 文献数据来源与检索策略

本书选取科睿唯安公司（Clarivate Analytics）运营的 WoS（Web of Science）数据库[①]作为国外文献检索平台。WoS 是全球使用最广泛、期刊筛选最严格、文献收录最权威的科技引文索引数据平台，收录了全球 34600 余种期刊、书籍、学术会议论文集，覆盖范围达 1.71 亿条期刊、图书和会议论文记录。为保证分析数据的权威性，选取 WoS 核心合集（Web of Science Core Collection）作为分析基础。WoS 核心合集是在 WoS 基础上精选收录的权威性、高影响力学术文献。WoS 核心合集覆盖 SCI（科学引文索引）、SSCI（社会科学引文索引）和 A&HCI（艺术人文引文索引）、会议论文引文索引（CPCI）、BCI（图书引文索引）和新源索引（ESCI），收录了 21300 余种期刊、书籍、学术会议论文集，共计 7800 万条期刊论文、11.6 万书籍和 800 万会议论文记录，是全球最核心期刊的合集，能够为用户提供准确可靠和深入全面的检索服务。

由于 CiteSpace 对文献引文信息的完整性有较高要求，因此选取南京大学中国社会科学研究评价中心开发的中国社会科学引文数据库——CSSCI（Chinese Social Sciences Citation Index）数据库[②]作为国内文献检索平台。CSSCI 数据库组建于 1998 年，2007 年 CSSCI 扩展版正式投入使用，经过多年完善已成为我国人文社科文献检索和文献质量评估的重要指标。CSSCI 根据期刊被引频次、影响因子和影响广度等定量指标，从国内 2700 余种中文人文社科类学术期刊中精选出 560 余种作为来源期刊，目前已收录管理学、经济学、人文经济地理学等 25 个大类 150 余万篇来源文献、1000 余万篇引文文献。因此，相较于国内其他人文社科类文献数据平台，CSSCI 来源期刊具有权威性高、学术性强和编辑规范等优点。

---

① http://apps.webofknowledge.com.
② http://cssci.nju.edu.cn/.

通过多次探索性检索，将国外文献检索的规则设置如下：（1）考虑到高校技术转移相关概念表述的多面性，将与"高校"相关的文献检索关键词设置为 university、academic、university-industry 等，与"技术转移"相关的文献检索关键词设置为 technology transfer、knowledge transfer，同时考虑到高校技术转移方式的多样性，为提升文献查找的查全率，将"技术转移"的检索范围拓展至 joint research、collaborative innovation、triple helix 等（见图2-2）；（2）研究领域限定为经济学（Economics）、地理学（Geography）和区域研究（Area Studies）；（3）时间跨度设置为1982~2020年，文献类型限定为论文（Article）和综述（Review），语种为英语（English）。国内文献检索的规则设置如下：（1）检索关键词为"高校""大学"与"技术转移""技术转让""科技成果转化""合作创新"的组合，以及"产学研""官产学研""校办企业""三螺旋"；（2）研究领域

```
(
TS = (( "university-industry" OR "university-firm" OR "university-business" OR "university-company"
OR "university-enterprise" OR "university-government" ) AND ( "knowledge transfer" OR "technology
transfer" ))
OR
TI = ((universit* OR "higher education" OR academi* OR facult*) AND (industry OR business* OR
compan* OR enterprise* OR firm*) AND ( "knowledge transfer" OR "technology transfer" OR collaboration*
OR cooperation* OR co-operation* OR interaction* OR link* OR linkage* OR relation* OR relationship* OR
"joint research" OR "research venture*" OR "contract research" OR "collaborative research" OR
"knowledge network*" OR "collaborative network" OR "collaborative innovation" OR R&D))
OR
TI = ((universit* OR "higher education" OR academi* OR facult*) AND ( "knowledge transfer" OR
"technology transfer" ))
OR
TI = ((universit* OR "higher education" OR academi* OR facult*) AND (spin-off* OR spinoff* OR start-up*
OR startup* OR spin-out* OR "university-run enterprise*" OR patent* OR commerciali* OR entrepreneur*))
OR
TS = ((triple helix AND (university* OR academi* OR "higher education" ) AND (industry OR business*
OR company* OR enterprise* OR government*) NOT (DNA OR RNA)))
)
AND
SU = (Area Studies OR Economics OR Geography)
AND
DT = (Article OR Review)
AND
PY = 1982–2020
AND
LA = English
```

图2-2 Web of Science 文献检索表达式

资料来源：作者自绘。

限定为经济学和人文经济地理学；（3）时间跨度设置为1998~2020年，文献类型排除评论、传记资料和报告等，限定为论文和综述。

2.2 国内外高校技术转移研究概况

国外文献以WoS核心合集引文索引为数据来源，通过上述检索式检索共获得高校技术转移研究相关文献1869篇，检索日期为2020年7月29日。国内文献以CSSCI数据库为数据来源，通过上述检索规制检索共获得高校技术转移研究相关文献381篇，检索日期为2020年8月2日。

2.2.1 国外高校技术转移研究的基本概况

（1）发文数量与被引频次

发文数量与被引频次是衡量研究领域发展的重要指标。统计学术文献发文数量与被引频次并绘制折线图，发文数量的时序动态可以刻画出该研究领域科学知识的增长轨迹、所处阶段和发展趋势，被引频次的时序动态可以刻画出该研究领域受关注程度和学术影响力的变化。

根据图2-3可将国外高校技术转移研究划分为三个发展阶段：第一阶段，起步探索期（1982~1996）。美国康涅狄格大学的Azároff（1982）发表了高校技术转移研究领域的首篇文献，从产业和高校两个视角分析了高校—产业合作研究的主要障碍和解决思路，并探讨了联邦政府的作用。虽然高校技术转移由来已久，例如美国的高校早在第二次世界大战时期就在军用领域开展广泛的合作创新，但该阶段的研究相对零散，每年的文献数量不足10篇，文献被引频次也较少，相关研究影响力小，主要原因是当时主流经济增长理论认为基础设施的投资存量与水平的差异是解释产出差异和促进经济增长的关键因素（Rodríguez-Pose，2013）。直到20世纪80年代后期，随着内生经济增长理论的发展，知识和技术进步在长期经济增长中的关键作用才受到学界足够重视。

第二阶段，波动增长期（1997~2014年）。20世纪90年代初，随着

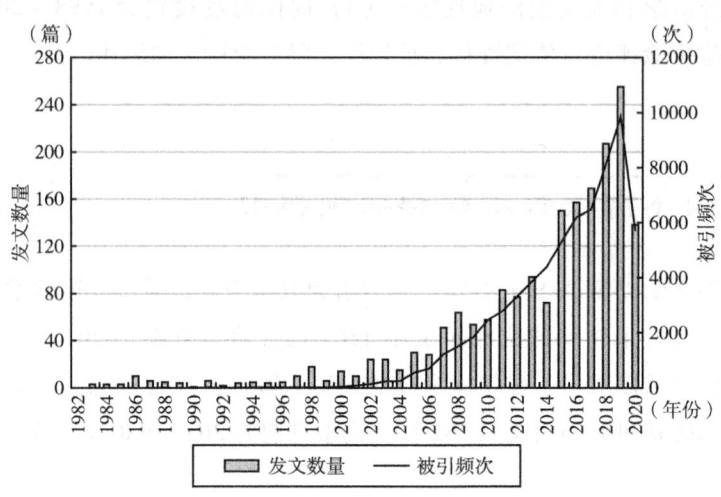

图2-3　1982~2020年国外高校技术转移研究的发文数量和被引用频次

资料来源：根据 WoS 数据库检索结果绘制。

全球知识经济的兴起，知识逐渐被视为一种产品，通过转移转化学术研究成果促进经济发展的重要性受到各国政府的日益关注（Breznitz and Feldman，2012）。例如，受美国拜杜法案（Bayh-Dole Act）的影响，1985年英国政府将英国科技集团的权利下放至高校，高校被赋予独立的知识产权以确保公共资助的研究转移到私营部门（Etzkowitz et al.，2000；Geuna and Rossi，2011）；1999年日本颁布《产业活力再生特别措施法》（Act on Special Measures for Industrial Revitalization），允许国立大学保留政府资助成果的知识产权（Motohashi and Muramatsu，2012；Okamuro and Nishimura，2013）；2002年德国颁布《雇员发明法修正案》（Employee Invention Act），规定高校成为联邦资助研究成果的知识产权所有者（Goel and Göktepe-Hultén，2018；Buenstorf and Geissler，2012）。各国技术政策的重大变化也引起了学界的广泛关注，高校与新兴产业之间的技术转移成为这一阶段学界关注的热点问题（朱桂龙等，2015）。该时期的文献呈波动式增长，由1997~2004年的每年10~30篇波动上升至2005~2014年的每年50~250篇，文献被引频次也呈稳步上升态势。

第三阶段，指数增长期（2015年以后）。近年来，科技创新活动已逐渐成为全球经济增长的核心要素。随着生物医药、电子信息、新材料等知识和技术密集型产业的发展，对前沿知识的需求也达到前所未有的地步，高校在区域创新系统和国家创新系统中扮演越来越关键的角色（Miller et al.，2016），但仅有斯坦福大学与硅谷（Silicon Valley）、麻省理工学院与128号公路（Route 128）、牛津大学与M4走廊（M4 Corridor）和剑桥大学与"剑桥现象"（Cambridge Phenomenon）等少数顶尖高校与地方的互动成为全球典范（Smith，2007；Serbanica et al.，2015；Vallance，2016；Etzkowitz，2019），大多数后进国家和地区促进高校技术转移的政策与措施的实施成效并不显著，普遍陷入高校知识生产与经济社会需求脱节的"创新悖论"中（innovation paradox）（Liefner and Schiller，2008；Van Der Steen and Enders，2008；Wu and Zhou，2012）。在这种时代背景下，高校技术转移研究的文献数量和被引频次迅速增加，文献数量由2015年的150篇上升至2019年的255篇，被引频次由2015年的5304次上升至2019年的9848次。根据普赖斯文献增长理论，国外高校技术转移研究已经经历了起步发展阶段和低速发展阶段，现阶段处于学科大发展的指数增长期（夏立新等，2019），有着良好的研究前景与潜力。

（2）学术期刊与影响因子

学术期刊是学术交流的核心平台，通过学术期刊的刊文数量、影响因子及其文献被引频次的分析，可以综合评估期刊对该研究领域的知识占有能力与学术传播能力。

从期刊发文数量来看，1869篇文献来源于219种期刊，刊文量排名前20的期刊刊文数量占比55.110%（见表2-1），表明高校技术转移研究刊文期刊相对集中。"*Journal of Technology Transfer*"和"*Research Policy*"是高校技术转移研究的核心阵地，刊文数量占比分别为11.985%和9.631%。"*Technovation*""*Technological Forecasting and Social Change*""*Science and Public Policy*""*International Journal of Technology Management*""*R&D Management*"和"*Technology Analysis and Strategic Management*"的刊文数量比重也均超过2%，是高校技术转移研究的重要阵地。从期刊影响因子来看，刊文数量排名靠前的期刊影响因子较高，"*Journal of Technology Transfer*""*Research Policy*""*Technovation*"和"*Technological Forecasting and Social Change*"四个期刊的影响因子均排名前列。

表 2-1 国外高校技术转移研究的主要期刊、刊文量与影响力

期刊	刊文量	占比（%）	影响因子	被引频次
Journal of Technology Transfer	224	11.985	4.147	1222
Research Policy	180	9.631	5.351	1517
Technovation	86	4.601	5.729	853
Technological Forecasting and Social Change	73	3.906	5.846	317
Science and Public Policy	55	2.943	1.730	480
International Journal of Technology Management	51	2.729	1.348	299
R&D Management	42	2.247	2.908	608
Technology Analysis and Strategic Management	42	2.247	1.867	304
Small Business Economics	34	1.819	4.803	640
Journal of the Knowledge Economy	28	1.498	0.906	102
International Entrepreneurship and Management Journal	28	1.498	3.472	198
European Planning Studies	26	1.391	2.226	361
Industry and Innovation	26	1.391	3.351	288
Industrial and Corporate Change	25	1.338	1.981	819
Knowledge Management Research Practice	23	1.231	1.583	22
Science Technology and Society	21	1.124	0.778	21
Journal of Business Venturing	18	0.963	7.590	775
Regional Studies	18	0.963	3.312	411
Management Decision	16	0.856	2.723	103
Entrepreneurship and Regional Development	14	0.749	2.885	301

资料来源：期刊影响因子来源于 WoS 的期刊引文报告（Journal Citation Reports），影响因子为期刊 2019 年指标，影响因子 = 2017～2018 年的文献在 2019 年被频次/该期刊 2017～2018 年发文数量；被引频次根据 CiteSpace 期刊共被引分析获得。

发文数量排名靠后的期刊影响因子高低并存，*Journal of Business Venturing*""Small Business Economics"和"*International Entrepreneurship and Management Journal*"等期刊影响因子较高，其他期刊影响因子相对偏低，表

明高校技术转移是多个学科感兴趣的广泛主题。从期刊所属学科领域来看，管理学期刊占据主要份额。除了 "*Technological Forecasting and Social Change*" "*European Planning Studies*" 和 "*Regional Studies*" 等少数期刊涉及规划与发展、区域研究等学科外，高校技术转移研究的主要期刊均与管理学相关。WoS 文献分类统计分析也表明管理学是高校技术转移研究领域成果最为丰硕的学科，管理学发文量占比高达 69.957%，其次是商业及应用、工业工程和经济学，占比分别为 33.084%、18.943% 和 18.036%，城市研究、发展研究与区域研究等学科的占比均未超过 10%。

（3）主要学者与研究重点

通过识别主要学者及其研究共被引情况，可以有效把握学科的核心学者及其研究重点，并梳理研究学术流派和学科内部结构。

从 WoS 数据库学者统计分析结果看（见表 2-2），在发文量方面，来自英国帝国理工学院商学系的 Wright 发表了 27 篇文献，居第一位。Wright 的 h 指数和论文总被引频次分别为 62 和 12756，分别居第二位和第一位，表明 Wright 在高校技术转移领域具有重要地位。其次是西班牙德乌斯托大学德乌斯托商学院的 Guerrero 和西班牙巴塞罗那自治大学商业经济学院的 Urbano 均发表了 19 篇文献，并列第二位。在学者的学术影响力方面，虽然 Leydesdorff、Siegel 和 Lockett 等发表文献数量偏少，但 h 指数分别高达 63、50 和 40，总被引次数分别高达 15305、14501 和 6431 次，充分表明其研究的影响力。在学者所属研究机构方面，虽然前 20 位学者所在研究机构较为分散，但从研究机构所在地区来看，这些学者主要来自英国、西班牙、美国三国，表明英国、西班牙和美国是高校技术转移研究的主要阵地。

表 2-2 国外高校技术转移研究的主要学者、发文量与影响力

学者	所在机构	发文量	h 指数	总被引频次
Wright	Imperial College London	27	62	12756
Guerrero	University of Deusto	19	15	1322
Urbano	Autonomous University of Barcelona	19	30	2727
Rasmussen	Nord University	18	18	1440

续表

学者	所在机构	发文量	h指数	总被引频次
Cunningham	Northumbria University	16	16	727
Etzkowitz	International Triple Helix Institute	12	24	7512
Fernandez-Lopez	University of Santiago DeCompostela	12	8	896
Leydesdorff	University of Amsterdam	12	63	15305
Rodeiro-Pazos	University of Santiago DeCompostela	12	7	126
Secundo	University of Salento	12	14	724
Hayter	Arizona State University	11	12	558
Lockett	University of Warwick	11	40	6431
Muscio	University of Foggia	11	13	792
Siegel	Arizona State University	11	50	14501
Czarnitzki	Katholieke Universiteit Leuven	10	29	2574
D'Este	Universitat Politecnica de Valencia	10	18	3298
Debackere	Katholieke Universiteit Leuven	10	28	3066
Grimaldi	University of Bologna	10	16	2294
Huggins	Cardiff University	10	22	1725
Mosey	University of Nottingham	9	12	879

注：根据WoS检索结果整理而得。h指数表示学者所发表的所有文献中有h篇至少每篇被引用了h次，可用于准确评估学者的学术成就。

从CiteSpace作者共被引聚类分析来看（见图2-4），国外高校技术转移研究主要集中在高校商业化与创业、学术专利、高校—产业互动、模式2、高校与区域发展5个领域。

高校商业化与创业研究领域主要包括以Roberts、Shane、Wright、Rasmussen等学者为核心的高校衍生企业研究（主题词为#0 university spinoffs）和以Powell、Krueger、Guerrero等学者为核心的高校商业化与创业研究（主题词为#4 entrepreneurship education、#5 university commercialization、#6 academic entrepreneurship）。Roberts是麻省理工学院创业中心的创始人，主要从技术创新视角研究高校衍生企业从创立到成长的过程，其研究对象侧重于美国顶尖研究型大学和高科技衍生企业（Roberts and Hauptman，

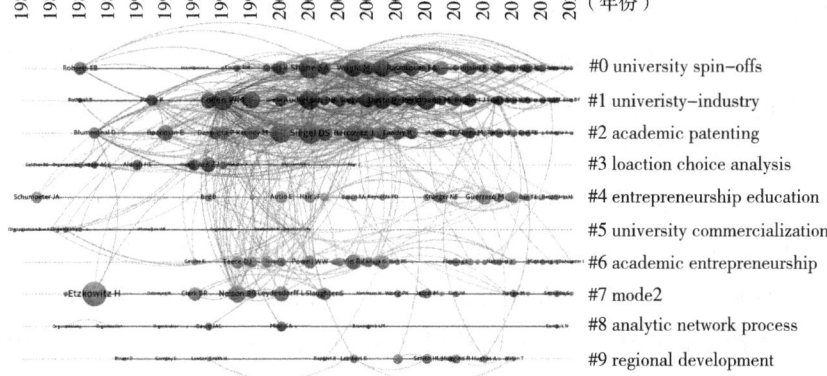

图 2-4 国外高校技术转移研究领域的主要学者、研究方向与影响力

注：根据 CiteSpace 的作者共被引聚类分析和 VOSviewer 的可视化获得，节点越大表明作者共被引频次越大，连线表示节点间共引用关系，节点深浅表示节点所属的聚类。选择 CiteSpace 的 g-index 方法选择节点，节点选择标准为 k=25，通过 indexing term（keywords + keyword plus）提取聚类命名。CiteSpace 作者共被引聚类涉及 1087 个节点，其中包含 "World Bank" "European Commission" "OECD" 等 146 个团体组织，考虑到以个体的学者为主要分析对象，将这些团体组织统一标注为 "Organization" 以进行区分。

1986；Hsu et al.，2007）。Shane 是美国知名经济学家和创业研究专家，主要从个体与机会联系（individual opportunity nexus）视角研究高校衍生企业创立的决定因素，强调个体先验知识对识别创业机会的重要性（Shane，2000，2003；Shane and Stuart，2002；Eckhardt and Shane，2003）。Wright 是英国知名经济学家，主要从资源基础观（resource-based view）的视角分析资源对高校衍生企业成立和发展的影响，强调资源的来源、积累和配置对高校衍生企业可持续发展的重要性（Wright，2014；Vohora et al.，2004；Lockett and Wright，2005；Wright et al.，2006）。Rasmussen 是 Wright 的长期合作者，与均衡化和静态的资源基础观相比，侧重于从异质的和动态的组织能力（organizational capability）视角研究衍生企业创立过程，强调高校周边生态系统对高校创业教育和初创企业成立的重要性（Rasmussen and Sørheim，2006；Rasmussen and Borch，2010；Rasmussen et al.，2011；Fini et al.，2017）。Powell 是新制度主义（New Institutionalism）的代表人物，主要从合法性（legitimacy）视角研究高校商业化从起源到具有合法性地位的制度化过程，强调高风险技术的竞争性获取方式和鼓励合作的社会规范对高校商业化的重要性（Colyvas and Powell，2005；Powell et al.，2007）。Krueger 是创业意图（entrepreneurial intentionality）研究的领军人物，提出了著名的创业意图模型（model of entrepreneurial intentions），强调感知个人意愿、感知社会规范、感知自我效能感等内在感知意愿和可行性对创业战略和创业行为的重要性（Krueger et al.，2000；Krueger and Day，2010；Krueger，2017）。与 Krueger 强调个体内在因素的作用不同，Guerrero 侧重于从（区域）环境要素视角研究高校创业意图和高校创业活动的经济社会影响，强调非正式环境因素对高校创业行为的重要性（Liñán et al.，2011；Guerrero and Urbano，2012；Guerrero et al.，2014，2016）。

高校—产业互动研究领域的核心学者包括 Cohen、Audretsch、D'Este、Perkmann 等（主题词为#1 university industry 和#8 analytic network process）。Cohen 是世界顶级经济学家，凭借对吸收能力（absorb capacity）概念的引入、发展和对技术创新研究的贡献，获得科睿唯安 2018 年度"引文桂冠奖"（Citation Laureates），其核心观点是评估和使用外部知识的能力很大程度上取决于先验相关知识的水平，即吸收能力（Cohen and Levinthal，1989，1990）。Audretsch 是美国经济学家，侧重于从空间视角研究知识溢出的地理范围，认为创新活动在空间上的集聚更多地归因于知识溢出的空间局限性，而不仅仅是因为生产在空间上的集聚，强调产业研发、高校研究和熟练工人等新经济知识载体对创新活动空间集聚的关键性作用（Audretsch and Feldman，1996；Audretsch，1998；Audretsch and Lehmann，2005）。Perkmann 是帝国学院商学院创新与创业系主任，侧重于从学术商业化视角研究高校教师参与技术转移的影响因素，发现在面向技术的学科中，高校教师的研究质量与技术转移程度具有正相关关系，而在社会科学中却为负相关，并强调促进高校技术转移政策的制定必须考虑到学科之间的差异性（Perkmann and Walsh，2007；Perkmann et al.，2011，2013）。D'Este 与 Perkmann 是长期合作者，侧重于从邻近性视角研究高校与企业合作创新伙伴关系的接近和形成，发现地理邻近对高校与企业合作创新伙伴关系的塑造具有正向显著影响，但地理邻近对处于技术密集型产业集群的企业影响较小，强调高校本地化知识溢出和地理邻近对创新伙伴关系形成的复杂影响（D'Este and Iammarino，2010；Bishop et al.，2011；D'Este et al.，2013）。

学术专利研究领域的核心学者包括 Blumenthal、Kenney、Siegel、Bercovitz 等（主题词为#2 academic patenting）。Blumenthal 是英国公共福利基金（The Commonwealth Fund）主席和哈佛医学院卫生保健政策系教授，侧重于从行业资助的视角研究高校—产业合作的特征、收益和难点，发现生命科学、健康科学和生物技术等领域高校—产业合作的主要障碍之一就在于研究成果专利申请所产生的知识产权纠纷、同行学术交流受阻和学术成果出版推迟（Blumenthal et al.，1986，1996，1997）。Kenney 是美国著名经济学家，主要从知识产权制度视角研究高校技术的许可和转让，认为已有知识产权制度在提升经济社会效益、促进技术快速转移和鼓励创业精神方面都不是最优的，主张通过发明人完全保留知识产权所有权或将高校研究成果纳入公共领域以供自由使用的途径提升高校发明的利用率（Grimaldi et al.，2011；Kenney and Patton，2009，2011）。Siegel 是技术转移协会（Technology Transfer Society）的主席，侧重于从组织结构视角研究高校技术转移办公室（university technology transfer office，UTTO）的技术转移效率，指出教师奖励制度、高校技术转移办公室人员配置是解释高校技术转移办公室技术转移效率差异的核心变量（Siegel et al.，2003；Siegel et al.，2004；Chapple et al.，2005）。与 Siegel 类似，Bercovitz 主要从组织结构视角研究高校技术转移办公室技术转移效率的影响因素，强调技术转移办公室的信息处理能力、协调能力和激励措施是影响技术转移的关键因素（Bercovitz et al.，2001；Bercovitz and Feldmann，2006）。

模式 2 研究领域的核心学者包括 Etzkowitz、Nelson、Leydesdorff、Slaughter 等（主题词为#7 mode 2）。20 世纪 80 年代以来，知识、科学和创新成为推动经济社会发展的关键力量，传统的以科学为基础的知识生产模式（mode 1，模式 1）已无法满足知识经济社会发展的需要，以研究为基础的应用模式（mode 2，模式 2）成为知识生产和经济发展方式转变的必然选择（Gibbons et al.，1994）。在这种背景下，美国著名社会学家 Etzkowitz 和阿姆斯特丹知名社会学家 Leydesdorff 共同提出了高校—产业—政府关系的三螺旋理论（Triple Helix of university industry government relations），成为模式2理论的主要适应情景,指出高校、产业和政府应在承担各自传统职责的同时承担另外两方的角色,强调大学在由"象牙塔"向创业型大学(entrepreneurial university)转变过程中应更多地承担经济发展的职责(Etzkowitz et al.,2000;Etzkowitz and Leydesdorff,2000;Etzkowitz,2008;亨利·埃茨科威兹,2009)。与Etzkowitz和Leydesdorff强调高校作用不同,美国著名经济学家Nelson在深入研究世界17个国家和地区创新系统的基础上,指出企业应在国家技术创新和竞争力提升过程中发挥引领性作用,高校虽然通过学术商业化对经济发展的贡献显著增强,但从长远来看应该更加注重高校开放科学和教育培训在国家创新系统中的相对和绝对优势(Nelson,1993,2001;Mowery et al.,2001)。与上述学者争论企业、高校和政府等创新活动相关主体的职责分工不同,亚利桑那大学的Slaughter教授侧重于从学术资本主义(academic capitalism)的视角分析市场活动对高校重构(reconstruction of higher education)的实质性影响,将高等教育政策视为经济政策的一个子集,并指出市场萎缩和竞争加剧,以及公共实体的私有化、商业化和管制放松是高校向市场靠拢的主要外部原因(Rhoades and Slaughter,1997;Slaughter and Leslie,2001;Slaughter and Rhoades,2004)。

高校与区域发展研究领域的核心学者包括Acs、Smith、Huggins等(主题词包括#3 location choice analysis和#9 regional development)。Acs ZJ是全球创业指数(Global Entrepreneurship Index)的创始人,侧重于从区域背景特征视角分析企业家精神的区域差异,指出知识溢出是创业机会产生的源泉,强调本地化知识溢出是新企业产生率区域差异显著的重要解释变量(Armington and Acs,2002;Lee et al.,2004;Acs et al.,2009)。牛津大学地理与环境学院的Smith教授侧重于从区域视角分析高校在区域发展中作用,通过对英国、瑞典和奥地利等国的案例分析后指出,除了高校内部组织特征、高校应对外部冲击方式和高校研究资金来源之外,区域吸收能力、知识相关性和共同文化基础等区域属性对高校促进区域发展的方式和程度具有关键作用(Smith,2007;Smith and Bagchi-Sen,2012;Trippl et al.,2015)。英国卡迪夫大学的Huggins教授是网络资本(network capital)的创始人,侧重于从知识网络视角分析知识流动对区域发展的影响,其核心观点是网络系统是区域发展的关键组成部分，即区域经济增长在一定程度上是区域网络资本存量的函数，并指出高校与区域发展不协调的主要原因在于区域知识生产网络与企业需求之间的不匹配（Huggins et al., 2008, 2012; Huggins and Johnston, 2009; Huggins and Kitagawa, 2012; Huggins and Thompson, 2014, 2017a）。

2.2.2 国内高校技术转移研究的基本概况

（1）发文数量与被引频次

从图2-5可以看出，国内高校技术转移研究的发文量和被引频次均较低，呈现波动发展趋势，发文量与被引频次基本吻合。根据高校技术转移研究的发文量和被引频次，可以将国内高校技术转移研究划分为三个发展阶段：第一阶段为1998~2006年，该时期发文量和被引频次均较少，每年发文量不足10篇，被引频次也不足100次；第二阶段为2007~2015年，该时期发文量稳步提升，从2007年的10篇提升到2015年的37篇，被引频次呈现出波动式上升趋势，该时期是高校技术转移研究的快速成长时期；第三阶段为2016年至今，高校技术转移研究的发文量呈现下降趋势，被引频次也呈现波动式下降趋势。

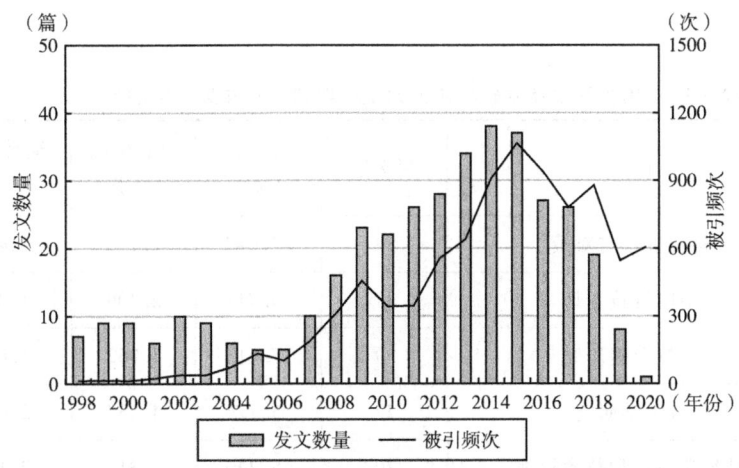

图2-5 1998~2020年国内高校技术转移研究的发文数量和被引用频次

资料来源：根据CSSCI数据库检索结果绘制。

(2) 学术期刊与影响因子

从期刊发文数量来看,高校技术转移研究的 381 篇文献来源于 97 个期刊,刊文量排名前 20 的期刊刊文数量占比 76.368% (见表 2-3),表明国内高校技术转移研究刊文期刊非常集中。《科技进步与对策》是高校技术转移研究的核心阵地,刊文数量占比高达 22.047%。《中国科技论坛》《科技管理研究》《科学学研究》和《科学学与科学技术管理》的刊文数量占比也均高于 5%,是高校技术转移研究的重要阵地。从期刊影响因子来看,发文数量排名靠前和靠后的期刊均存在影响因子高低并存的特点。在发文量排名靠前的期刊中,《科技进步与对策》《中国科技论坛》和《科技管理研究》的影响因子较低,而《科学学研究》《科学学与科学技术管理》和《科研管理》的影响因子较高,在发文量排名靠后的期刊中,《中国软科学》和《经济地理》影响因子较高,而《管理现代化》《福建论坛(人文社会科学版)》和《华东经济管理》等期刊影响因子较低,表明高校技术转移是多个学科感兴趣的广泛主题。从期刊所属学科领域来看,管理学期刊占据主导,除了《经济地理》外,高校技术转移研究的主要期刊均与管理学相关。CSSCI 文献分类统计也表明管理学是高校技术转移研究成果最为丰富的学科,管理学期刊发文量占比为 73.753%,其次是经济学,发文量占比仅 8.400%,人文经济地理的发文量不足 2%。

表 2-3 国内高校技术转移研究的主要期刊、刊文量与影响力

期刊	刊文量	占比(%)	复合影响因子	综合影响因子
科技进步与对策	84	22.047	2.722	1.455
中国科技论坛	37	9.711	2.409	1.347
科技管理研究	29	7.612	1.952	1.086
科学学研究	22	5.774	4.238	2.618
科学学与科学技术管理	20	5.249	4.311	2.169
科研管理	18	4.724	4.711	2.462

续表

期刊	刊文量	占比（%）	复合影响影子	综合影响因子
科学管理研究	14	3.675	1.724	1.014
研究与发展管理	13	3.412	4.506	2.407
软科学	11	2.887	3.100	1.529
统计与决策	10	2.625	1.749	0.830
情报杂志	6	1.575	2.863	1.951
中国软科学	5	1.312	5.418	3.337
管理现代化	4	1.050	1.674	0.681
福建论坛（人文社会科学版）	3	0.787	1.198	0.677
华东经济管理	3	0.787	2.822	1.343
经济地理	3	0.787	5.673	3.585
上海经济研究	3	0.787	3.322	1.814
中国管理科学	3	0.787	4.082	2.208
管理学报	2	0.525	4.106	2.131
教育与经济	2	0.525	2.736	1.785

资料来源：期刊影响因子来源于 CNKI 数据库的 2020 年数据。

(3) 核心学者与研究重点

基于 CSSCI 数据库学者统计分析结果（见表 2-4），在发文量方面，高校技术转移研究的发文量排名第一的学者为中国科学院的陈光华，发文数量为 8 篇。在学者的学术影响力方面，朱桂龙、顾新和曹霞的发文量较多，且学者的 h 指数也较高，表明这三位学者在高校技术转移领域具有重要地位，曾刚与何建坤发表高校技术转移相关文献数量偏少，但 h 指数分别高达 43 和 40，充分表明其研究的影响力。在学者所属研究机构方面，中国科学院、华南理工大学和哈尔滨工程大学等研究机构成为高校技术转移研究的主要学术阵地。

表2-4　国内高校技术转移研究的主要学者、发文量与影响力

学者	所在机构	发文量	h指数	总被引频次
陈光华	中国科学院	8	8	330
杨国梁	中国科学院	7	17	979
朱桂龙	华南理工大学	7	37	4701
顾新	四川大学	6	36	5730
曹霞	哈尔滨工程大学	5	23	1927
盛永祥	江苏科技大学	5	11	381
吴洁	江苏科技大学	5	19	1365
原长弘	西安交通大学	5	18	1066
戴勇	华南理工大学	4	13	680
丁荣贵	山东大学	4	24	2012
范德成	哈尔滨工程大学	4	27	2808
李林	重庆大学	4	22	1717
陈劲	清华大学	3	29	3555
陈凯华	中国科学院	3	20	1080
何建坤	清华大学	3	40	5939
何郁冰	福州大学	3	18	926
曾刚	华东师范大学	3	43	6587
贾一伟	教育部科学技术发展研究中心	3	7	129
菅利荣	南京航空航天大学	3	20	1342
蒋兴华	华南理工大学	3	14	718

注：根据CSSCI数据库检索结果整理而得。h指数表示学者所发表的所有文献中有h篇至少每篇被引用了h次，可用于准确评估学者的学术成就。

从CiteSpace作者共被引聚类分析来看（见图2-6），国内高校技术转移研究主要集中在协同创新、合作专利网络、产学研联盟、创新效率

4个领域。除此之外，在文献综述和知识溢出领域形成了2个相对较小的聚类。

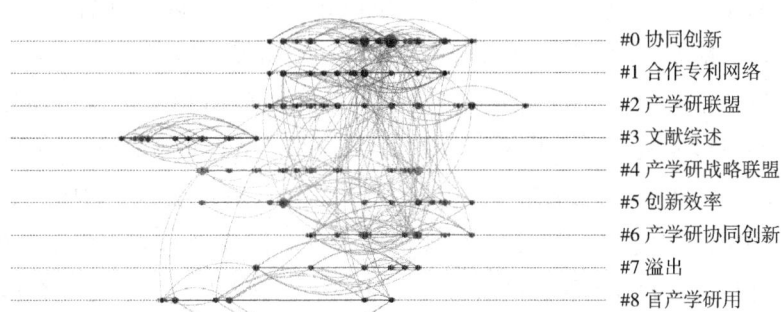

图2-6 国内高校技术转移研究领域的主要学者、研究方向与影响力

注：根据CiteSpace的作者共被引聚类分析和VOSviewer可视化获得，节点越大表明作者共被引频次越大，连线表示节点间共引用关系，节点深浅表示节点所属的聚类。选择CiteSpace的g-index方法选择节点，节点选择标准为k=25，通过keywords提取聚类命名。

协同创新领域较为活跃的学者包括陈劲、何郁冰、樊霞等（主题词包括#0合作创新、#6产学研协同创新和#8官产学研用）。清华大学经济管理学院的陈劲团队从整合维度与互动强度两个维度架构了协同创新的理论框架，对协同创新的本质内涵和驱动机理进行了解析（陈劲和阳银娟，2012），并在此基础上使用演化博弈理论和多智能体建模方法率先对产学研协同创新进行了实证研究（陈劲等，2014）。福州大学经济与管理学院的何郁冰在协同创新理论的基础上提出了"战略—知识—组织"三重互动的产学研协同创新模式（何郁冰，2012；何郁冰和张迎春，2015）。西安交通大学管理学院的原长弘团队开展了大量产学研协同创新对企业创新能力影响的实证研究（原长弘等，2015；李阳等，2016），并在此基础上从宏观层面国家创新系统和微观层面企业技术创新系统的跨层整合视角提出了以企业为主体的产学研协同创新管理框架（原长弘和张树满，2019）。四川大学商学院的周正从市场竞争压力、市场需求拉动力、技术推动力、政府支持力等外部动力和内部激励推动力、利益驱动力、战略协同引导力、创新能力保障力等内部动力两大维度构建了我国产学研协同创新动力要素的作用模型（周正等，2013）。

合作专利网络研究领域较为活跃的学者包括曾刚、刘凤朝、菅利荣等（主题词包括#1 合作专利网络和#7 溢出）。华东师范大学城市发展研究院的曾刚团队在对国外高校产学研合作模式研究的基础上（曾刚和孔翔，1999；王艳等，2009；孙鹏和曾刚，2011；刘刚等，2015），重点从合作专利网络视角对中国装备制造业产业研网络的空间结构演化、创新网络体系、网络形成机理、合作网络绩效等方面进行了大量实证研究（吕国庆等，2014；叶琴等，2015；马双和曾刚，2016；王秋玉等，2016；覃柳婷等，2020）。大连理工大学的刘凤朝团队在对区域创新能力与创新效率、区域合作创新和技术转移网络研究的基础上，重点从高校—企业合作专利网络和高校专利引用网络两个维度对中国产学研合作网络的空间结构、演化路径和产出效应等进行了大量实证研究（刘凤朝等，2011；马艳艳等，2011，2012）。南京航空航天大学经济与管理学院的菅利荣团队侧重于从预测、评价及决策的视角对高校—企业合作专利网络、产业技术研究院网络和创新集群网络等的网络结构、演化特征、网络效应与协调机制等进行了实证研究（张瑜等，2012，2016；菅利荣等，2014；张曼和菅利荣，2017）。

产学研联盟领域较为活跃的学者包括王雪原、曹霞、刘芳（主题词包括#2 产学研联盟和#4 产学研战略联盟）。哈尔滨理工大学经济管理学院的王雪原团队较早对产学研联盟的运行机制、资源配置方式、联盟伙伴选择和联盟效果评价等进行了系统梳理（王雪原，2009；王雪原和王宏起，2009，2012）。武汉大学管理学院的谢科范团队侧重于从动态博弈视角对产学研战略的动态演化、利润分配和生命周期等进行研究（谢科范等，2001；桂萍和谢科范，2005；谢科范和刘海林，2006）。哈尔滨工程大学经济管理学院的曹霞团队对产学研合作创新网络的演化路径、形成机理和创新绩效进行了大量实证研究（曹霞等，2012；曹霞和刘国巍，2014；曹霞和宋琪，2016），近期重点从博弈论和模拟仿真视角分析了产学研联盟稳定性的合作收益、影响因素和提升路径（付向梅和曹霞，2015；曹霞与于娟，2016）。

创新效率研究领域较为活跃的学者包括白俊红、陈光华、朱桂龙等（主题词包括#5 创新效率）。南京师范大学商学院的白俊红团队聚焦于区域创新效率和创新绩效的测度与评价研究（白俊红等，2009；白俊红和蒋伏心，2011），并对区域创新系统内的企业、高校、科研机构等主体要素及其合作与创新效率之间的关系进行了实证分析（白俊红等，2009；白俊红和蒋伏心，2015）。中国科学院科技政策与管理科学研究所的杨国梁团队从组织特征、地理距离、外部环境等视角对产学研合作的创新绩效与创新效率进行了较为全面的实证研究（陈光华等，2014，2015；陈光华和杨国梁，2015；张秀峰等，2015，2016）。华南理工大学工商管理学院的朱桂龙团队重点从行业差异、研发团队特征、社会资本等视角对产学研合作创新绩效和创新效率的影响因子进行了系统研究（朱桂龙和李奎艳，2008；马莹莹和朱桂龙，2011；陈彩虹和朱桂龙，2014；刁丽琳和朱桂龙，2015）。北京邮电大学经济管理学院的吴洪团队则是在利用合作专利和科技论文测度高校、企业和政府三螺旋关系的基础上，从三螺旋视角出发对产学研创新效率及其影响因素进行了研究（庄涛和吴洪，2013，2015）。

2.3 高校技术转移研究热点

2.3.1 高校技术转移的渠道与模式

高校技术转移的渠道和方式复杂多样。Ankrah and AL – Tabbaa（2015）根据个人层面非正式联系、个人层面正式联系、第三方机构、正式的针对性协议、正式非针对性协议以及聚焦结构6个方面对各种类型的高校—企业互动渠道进行了系统梳理。如图2-7所示，高校与产业互动的范围十分广泛，既包括技术转让、合作研究和衍生企业等技术和知识转移，也涉及信息的交换、关系的维持和人员的培训等人员与知识流动。知识流动的渠道也多种多样，既包括个人层面的互动渠道，也涉及组织和区域层面的互动渠道建设。虽然这些互动形式均涉及高校与产业之间的知识交流，但在高校的参与程度、协议的有效期限和合作的正式化程度等多个方面也存在巨大差异。

个人层面非正式联系	个人层面正式联系	第三方机构
■学术衍生企业 ■个人咨询（免费/付费） ■信息交换论坛 ■会议和出版物 ■个人或联合讲座 ■高校研发人员与企业员工之间的个人关系 ■共位安排	■实习生和三明治课程 ■学生参与企业项目 ■博士和硕士学位论文联合指导 ■交换项目（例如临时调任） ■教授的休假期间 ■雇佣毕业生 ■企业雇佣高校研究人员 ■利用高校/企业研发设施	■机构顾问（包括教师顾问） ■高校和企业的联络办公室 ■一般性协助机构（包括技术转移组织） ■政府机构（包括区域技术转移网络） ■行业协会 ■技术中介企业
正式的针对性协议	正式的非针对性协议	聚焦结构
■合同研究（包括技术服务合同） ■专利和许可协定 ■合作研究项目 ■高校或高校职工持股企业 ■研究材料互换或共同课程发展 ■共同研究项目 ■为企业员工提供培训项目	■高校与企业互动的广泛共识 ■教授席位和顾问委员会 ■高校职位的资助 ■企业资助高校学院的研发资金 ■给予特定学院或研发人员的研究资金、礼物、捐赠、信托基金捐款（资金或设备）	■合作协议 ■创新/孵化中心 ■科技园 ■高校—产业联盟 ■高校—产业合作研究中心 ■附属机构 ■机构合并

图 2-7 高校—产业互动的渠道和组织形式

资料来源：根据 Ankrah and AL-Tabbaa（2015）修改。

本书将高校技术转让界定为知识诀窍、技术知识或技术由高校向其他组织转移的过程，虽然发表论文、人员流动和学术会议等非商业化行为未纳入考虑，但从高校与企业互动的方式来看，高校技术转移的渠道也同样极为广泛，难以一一罗列。已有研究识别了多种高校技术转移渠道，例如高校技术转移办公室（Brescia et al.，2016）、高校科技园（Link and Scott，2006）、高校孵化器（Mian，1997）、专利转让（Goel and Göktepe-Hultén，2018）、校办科技企业（Eun et al.，2006）、共建研究院（何文章等，2017）等组织层面的技术转移渠道和个人咨询、合同研究、项目资助、衍生企业等个人层面的技术转移渠道（Lockett and Wright，2005；Grimpe and Fier，2010）。

与识别各种类型的高校技术转移渠道相比，已有研究更为关注高校技术转移渠道的分类，并归纳不同类型技术转移渠道的特征与差异。运用最为广泛的分类标准是正式和非正式高校技术转移。Link 等（2007）将高校技术转移划分为正式和非正式两类，认为非正式技术转移主要通过非正式交流过程促进技术流动。Schaeffer 等（2020）和 Grimpe and Hussinger

(2013)认为高校与企业之间的正式和非正式技术转移方式之间是互相补充的,同时使用两种转移渠道可以提高企业的创新效率。但已有研究对正式和非正式的分类标准却存在歧义。例如,Link等(2007)将合同研究和咨询划分为非正式的技术转移,而Perkmann等(2013)则认为合同研究和咨询属于正式的技术转移。Schaeffer等(2020)认为这种分歧的根源在于使用了是否存在正式契约关系和是否存在正式交流互动两个截然不同的方法确定正式和非正式技术转移之间的分界线。

鉴于正式与非正式技术转移渠道划分标准的不足,已有研究构建了多个框架尝试捕捉高校技术转移的不同维度。例如,Poyago-theotoky等(2002)根据技术流动的推力和拉力将高校技术转移划分为产业拉动型技术转移和企业推动型技术转移两种类型。Chen(1994)根据香港高校的技术转移持续时间将高校技术转移划分为随机、短期和长期三种类型(见图2-8),并认为高校技术转移随着时间的变化不断演进,随机和短期的技术转移往往是建立长期性技术转移关系的前提和基础。Perkmann and Walsh(2007)根据高校在技术转移过程中的关系参与程度,将高校技术转移划分为高、中、低三类,高参与层次的技术转移主要包括研究伙伴关系和研究服务,中等参与层次的技术转移主要包括人力资本流动和学术企业家精神,低参与层次的技术转移主要包括专利转让和专利许可等基于市场交易且不需要建立与维持关系的知识产权转让活动(见图2-9)。与之

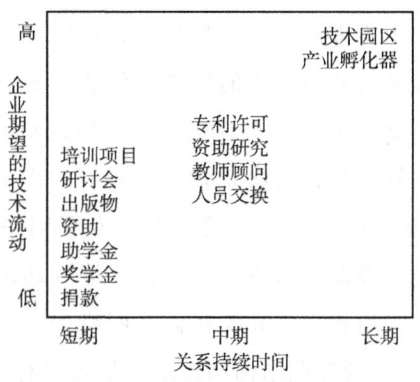

图 2-8　基于持续时间的高校技术转移分类

资料来源:根据 Chen(1994)修改。

类似，吴兆龙和丁晓（2005）根据高校技术转移的方向将高校技术转移划分为以知识产权转移为主的外向型、以校办科技企业为主的内向型和以合作研究为主的合作型三个类别。总体而言，当前研究对高校技术转移的渠道进行了细致分类，但大多处于理论探讨阶段，并未对不同类型高校技术转移进行系统比较研究。

关系参与层次		
高：关系	中等：移动	低：转让
研究伙伴 研究服务	人力资本转移 企业家精神	专利许可 专利转让
科学出版物、会议和结网（伴随所有类型）		

图 2 - 9　基于参与层次的高校技术转移分类

资料来源：根据 Perkmann and Walsh（2007）修改。

2.3.2　高校技术转移网络的演化

高校技术转移网络的演化研究主要集中于网络拓扑结构、网络空间结构和网络演化轨迹三个方面。在网络拓扑结构研究方面，主要使用社会网络方法分析高校在技术转移网络中的位置与优势差异以及整体网络结构形态特征。Peng et al（2019）通过对辽宁省产学研创新网络分析发现，高校在创新网络中占据主导地位，其次是企业，政府的作用较小。王文静和赵江坤（2019）则强调，高校在产学联合申请专利网络中的活跃度高于企业，但企业在网络中的控制能力更强。王秋玉等（2016）通过分析中国装备制造业创新网络结构后指出，高校在创新网络中的地位随时间演变而不断增强，并在2006年高校专业结构调整之后超过国有企业，成为创新网络中最重要的节点。高霞和陈凯华（2016）通过分析中国ICT产业产学研联合申请专利发现高校—企业合作创新逐渐被企业—企业合作创新所取代，高校的作用逐渐下降而企业的地位显著增强。可见，高校在技术转移网络中的地位因发展阶段和产业类型而异。

此外，大量研究通过复杂网络指标对高校技术转移网络结构的整体形态进行刻画。袁剑锋和许治（2017）利用专利数据刻画中国产学研合作网络结构特征，研究发现网络关系由随机松散分布向节点度中心度服从幂律分布转变。Ye et al（2019）基于资源依赖理论和合作专利数据分析中国42所双一流高校技术转移网络结构演化，发现高校技术转移网络整体上呈现由单中心向多中心网络转变。Lissoni et al（2013）利用法国合作申请专利网络分析发明人的网络结构特征，研究发现网络中的高校发明人越多，网络越倾向于呈现小世界性，其原因在于高校发明人比其他发明人更具有流动性，可以将原本互不相连的小团体连接在一起。覃柳婷等（2020）对中国高校知识网络的拓扑结构的研究发现，中国高校知识网络具有小世界性、"核心—边缘"和社团结构等典型复杂网络特性。

在网络空间结构研究方面，主要通过社会网络和空间分析方法刻画高校技术转移网络的空间演化特征。尹西明等（2017）利用中国高校专利许可数据对省域高校技术转移的时空分布特征进行研究发现，高校技术以省内转移为主，跨省转移数量较少，高校技术转移时空分布不均衡，长三角逐渐取代京津冀与珠三角成为高校专利转移的核心区域。吕国庆等（2014）对长三角装备制造业产学研创新网络空间结构研究发现，城市内部合作创新主要集中于省会和直辖市，而城市间合作创新也以省内为主，地理邻近是形成产学研创新网络的基础。刘芳芳和冯锋（2015）利用中国高校合作专利数据对省域高校技术转移的空间格局进行研究也发现，东部沿海省份成为跨区域技术转移的核心地区，虽然我国跨区域高校技术转移已经日益频繁，但在很大程度上还受到区域经济发达程度和地理距离的影响。

在网络演化轨迹研究方面，主要从网络时间演化和网络空间演化两个视角分析高校技术转移网络的动态递进规律。彭锐和杨芳（2008）通过探讨科研管理部门在清华大学对外科研合作中的作用，从合作创新模式视角提出了网络时间演化的单部门单链合作、跨部门单链合作和复合部门多链合作三阶段递进模型。刘凤朝等（2011）以中国985高校为研究对象，构建了产学研合作专利网络的时间演化阶段模型，发现随着网络演进阶段的递进，网络呈现出整体规模不断增大、节点联系迅速增多、网络连通性不断增强等自组织递增效应。刘国巍（2015）以广西壮族自治区产学研合作专利网络为研究对象，基于时间阶段和空间结构双重角度，从生命周期和拓扑结构视角提出了产学研合作网络时空演化的混沌形成、无序扩张和有序发展三阶段递进模型。

2.3.3 高校技术转移网络的驱动因素

高校技术转移网络的驱动因素研究主要集中于高校与企业异质性和邻近性两个方面。在高校与企业异质性研究方面，主要聚焦于高校的声誉背景、研究质量与技术转移战略和企业的行业背景、规模实力与吸收能力。Azagra-Caro（2007）通过对西班牙 5 所公立高校的高校技术转移影响因素研究发现，传统高校和新建高校的技术转移倾向并没有显著差异。Pittayasophon and Intarakumnerd（2017）通过对日本和泰国高校技术转移倾向的比较分析发现，两国的国立高校技术转移倾向均高于地方公立高校和私立高校。Segarra-Blasco and Arauzo-Carod（2008）以西班牙 4150 家创新型企业为研究对象，发现企业的研发强度、规模大小和公共研发资金比例与高校—企业合作创新倾向高度相关，企业的行业背景特征、合作创新经验和内部研发特征等也会影响与高校进行合作创新的倾向。马荣康和李少敏（2019）以中国高校专利转让速度为研究对象，指出中央直属、具有官方声誉或拥有行业背景的高校更可能克服地理距离的阻碍进而快速转移技术。Bellucci and Pennacchio（2016）通过对欧洲 16 个国家的高校技术转移影响因素分析发现，高校的创业战略导向和学术研究质量可以提升高校技术转移的可能性，高新技术企业和高吸收能力企业更为重视与高校的合作创新联系，企业规模与企业对高校技术的重视程度呈现倒"U"形关系。

在邻近性研究方面，主要从地理邻近、技术邻近、制度邻近等视角分析高校技术转移的驱动因素。D'Este et al（2013）基于英国合作研究项目网络探究地理邻近和组织邻近对高校—企业合作创新的影响，发现地理邻近和组织邻近均对合作关系的形成具有显著正向影响，且组织邻近并不能弱化地理邻近的作用。Hong and Su（2013）利用中国校企合作专利数据分析校企跨区域合作创新网络的驱动力，发现虽然地理距离阻碍了企业与高校的合作创新，但组织邻近可以对地理距离产生替代效应，是中国高校与企业合作创新的最重要动力。Garcia et al（2018）以巴西3063家企业和1738个高校研究团队之间的4337合作项目为研究对象，发现认知邻近对地理邻近具有强烈替代效应，具有共同能力和专业知识的高校和企业可以进行远距离合作。胡杨和李郇（胡杨和李郇，2016，2017）对产学研合作创新网络动态演化的驱动力进行了系统研究，指出地理邻近、认知邻近和社会邻近对产学研合作程度的提升均有积极影响，但在合作创新的不同阶段存在差异，不同维度邻近性的交互影响呈现互补效应或替代效应，且互补效应的积极影响通常优于替代效应。总体而言，地理邻近是高校技术转移多维邻近驱动力的基础，其他维度的邻近都是在地理邻近的影响下作用于高校技术转移的（吕国庆等，2014；张省，2017）。

2.3.4 高校技术转移网络的绩效

高校技术转移网络的绩效研究主要集中于技术转移网络结构对高校学术产出、企业创新产出和区域发展的影响。在高校技术转移网络对高校学术产出影响研究方面，均强调高校论文与专利产出与高校在网络中的结构性位置密切相关。例如，Tahmooresnejad and Beaudry（2018）探讨了高校在知识网络中的位置与学术产出之间的关系，基于加拿大纳米技术领域的合作专利和合作论文网络，发现高校科研人员在合作网络中的度中心度或中介中心度越高，高校科研人员的论文产出和专利产出也越高。李秀坤等（2019）利用清华大学的合作专利网络分析网络结构对学术绩效的影响，发现度中心度和中介中心度与学术绩效之间呈现倒"U"形关系，而接近中心度对学术绩效的影响不显著。Huggins et al（2016）分析了网络结构和空间因素对英国高校技术转移收入的影响，发现高校技术转移收入与高校在技术转移网络中的结构性位置显著相关，而与高校的空间区位无关。Ye et al（2020）从空间视角探讨了网络联系对高校创新绩效的影响，基于中国185所高校合作专利网络，研究发现本地和跨区域网络均与高校创新绩效呈现倒"U"形关系。

与之类似，在高校技术转移网络对企业创新产出与区域发展影响研究方面，已有研究也强调企业创新产出与企业在网络中的结构性位置密切相关。例如，马艳艳等（2011）通过构建中国高校—企业合作专利网络分析整体网络结构对企业创新产出的影响，发现网络规模、网络密度和网络中心势对企业创新产出具有显著促进作用。曹洁琼（2015）以中国ICT产业的产学研合作专利网络为研究对象，发现网络平均路径长度对企业创新产出具有显著促进作用，网络集聚系数与企业创新产出呈"U"形关系，集聚系数对平均路径长度影响企业创新产出存在倒"U"形调节效应。吴慧和顾晓敏（2017）探讨了整体网络结构特征对企业创新绩效的影响，利用上海医药制造业校企合作专利数据和二次指派程序方法，发现网络小世界性与集群企业创新绩效呈现负相关，主要原因在于随着网络的演进，网络内部信息和知识流动较多，但与外部联系少，最终致使网络封闭。Huggins and Prokop（2017）通过分析英国高校技术转移网络与区域发展之间的关系，发现区域经济绩效和创新绩效与区域在高校技术转移网络中所处的中心位置呈显著正相关，高校技术转移网络的网络结构及其产生的网络资本存量对区域创新和经济发展具有显著促进作用。

2.4 高校技术转移研究评述

从国内外高校技术转移研究进展来看，高校技术转移已然成为经济学与管理学的核心研究领域。在近40年的研究期内，国内外学术界不仅架构了成熟的高校技术转移研究理论体系，还以三螺旋模型、高校技术转移效率、高校技术转移网络、高校学术专利活动等为核心研究方向展开了大量的实证研究。从高校技术转移活动在城市发展中的重要程度趋势来看，现有高校技术转移研究仍存在诸多不足之处，为了更为深入地分析高校技术转移网络，开展符合经济地理学理论和时代发展需求的相关研究，需要对已有研究成果进行系统总结，主要体现在以下三个方面：

第一，需要从高校—城市视角开展高校技术转移网络研究。已有研究在研究对象上高度聚焦于微观层面的高校和企业，甚至更为微观的个人层面。虽有少量研究通过合作专利、专利转让、合作论文等高校技术转移数据分析区域层面的高校技术转移问题，但其研究对象仍然集中于高校、企业和政府等技术转移主体。在信息化和全球化趋势下，城市已经成为全球创新竞争的关键参与主体，因而以城市为研究对象的城市创新发展问题成为经济地理学的研究前沿。但遗憾的是，从空间视角研究高校技术转移问题及更深层次的高校技术转移与城市创新关系的研究尚不多见。在未来的研究过程中，经济地理学领域研究迫切需要深入开展高校技术转移网络的空间研究，应将高校和城市作为高校技术转移的关键主体，开展以中国高校为案例的高校技术转移空间演化与形成机制相关研究，这不仅更加符合当前中国创新驱动发展的现实需求，而且对经济地理学中创新系统理论的发展也具有十分重要的意义。

第二，需要从合作专利、专利转让、校办科技企业、校地共建研究院等多方面探讨高校技术转移网络特征。高校技术转移的渠道复杂多样，专利转让、合作专利或合作论文等的研究都是高校技术转移的一个方面。研究表明，大多数学者在构建高校技术转移网络和分析高校技术转移网络空间特征时，过于依赖合作专利这一指标，忽视了高校技术转移的其他渠道。合作专利数据的优势在于可以刻画所嵌入发明人的社会—专业网络，但劣势在于很多高校与企业的技术转移并不通过专利形式表达，导致在刻画高校技术转移网络特征时出现偏差。此外，虽然已有研究针对高校技术转移的机制、渠道和模式进行了大量理论探讨，但针对不同类型高校技术转移的比较研究几乎没有。因此，有必要对高校技术转移网络的科学表达进行重新审查，将当前学界讨论较多的专利转让、合作专利、校办科技企业、校地共建研究院等进行整合，在对高校技术转移模式进行科学分类的基础上，更加全面地对高校技术转移网络的基本特征进行刻画。

第三，需要分析不同类型高校技术转移网络的关键影响因子并探究网络形成与演化的驱动机制。高校技术转移网络形成与演化受多种因素影响，国内外研究成果表明，高校的声誉背景、研究质量与技术转移战略和企业的行业背景、规模实力与吸收能力，以及多维邻近性等均会对高校技术转移网络产生影响，当前研究主要从微观视角分析高校技术转移形成与演化的影响因素。虽然大量实证研究关注高校技术转移网络对高校学术产出、企业创新产出和区域发展的影响,从高校与城市的宏观层面对不同类型高校技术转移的空间演化与动力机制的比较研究几乎没有。因此,有必要开展合作专利、专利转让、校办科技企业、校地共建研究院等不同类型高校技术转移网络的比较分析,将微观主体层面的高校技术转移问题抽象至高校与城市层面,进而总结高校技术转移网络的共性影响因子。在此基础上,总结高校技术转移网络的形成与演化机制。

第3章

高校技术转移理论基础与理论假设

3.1 理论基础

3.1.1 区域创新系统

(1) 区域创新系统的概念内涵

自国家创新系统理论产生以后,在世界范围内掀起了一个创新体系研究的热潮,区域创新系统 (regional innovation systems) 由此诞生 (见图 3-1)。1992 年,英国卡迪夫大学 Philip Cooke 教授在对比分析日本、德国、法国和英国区域创新政策的基础上,发表了 "*Regional innovation systems: Competitive regulation in the new Europe*" 一文,首次提出区域创新系统的概念 (Cooke, 1992),并在其 1996 年主编的 "*Regional innovation systems: The role of governances in a globalized world*" 一书中,对区域创新系统的概念和内涵进行了系统说明。

Cooke et al (1997) 认为,区域创新系统是由在地理上相互分工与关联的生产性企业、中介、研究机构和高校等构成、能够持续产生创新的区域组织系统。区域创新系统的关键要素包括:①企业、研究机构和高校是

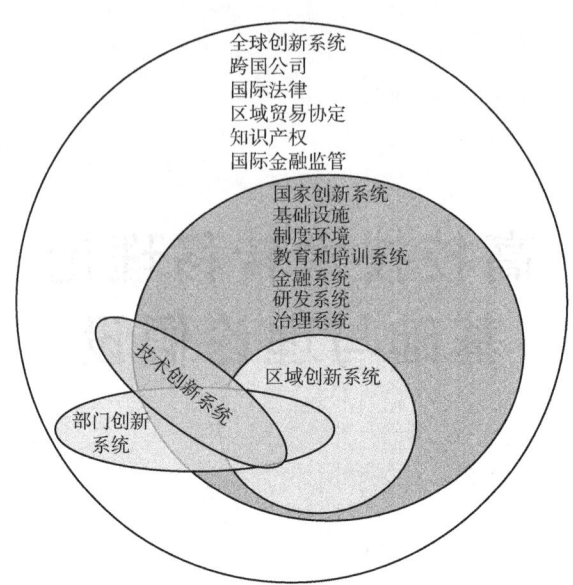

图 3-1 不同类型创新系统之间的关系

数据来源：Asheim et al. (2011)。

系统的核心主体；②需要政府的适当参与和中介组织的广泛参与；③系统运行的关键在于通过知识流、资源流和人力资本流动与互动产生新知识、新技能和新产品；④围绕新知识的流动、新技能的产生和新产品的创造形成区域创新网络；⑤最终目的是实现区域科技竞争力的提升和区域经济的增长（曾刚，2016）。

（2）区域创新系统的运行机理

区域创新系统的主要功能是通过促进区域内各主体间知识流、资源流和人力资本流动与互动，进行新知识和新技术的生产、转移和扩散。Autio（1998）指出，区域创新系统主要由根植于相同区域社会经济文化背景中的知识应用与开发子系统和知识生产与扩散子系统组成。如图3-2所示，知识应用与开发子系统主要由生产性企业及与企业垂直和水平关联的支持性企业组成，知识生产与扩散子系统主要由公共机构和中介机构组成。

高校、企业和政府是区域创新系统中的主要行为主体，它们彼此定位清晰、分工明确。高校主要负责人才培养和知识转移，政府主要负责为区域提供良好的创新环境和公共服务，企业主要通过技术创新必备的人力资

第3章 高校技术转移理论基础与理论假设

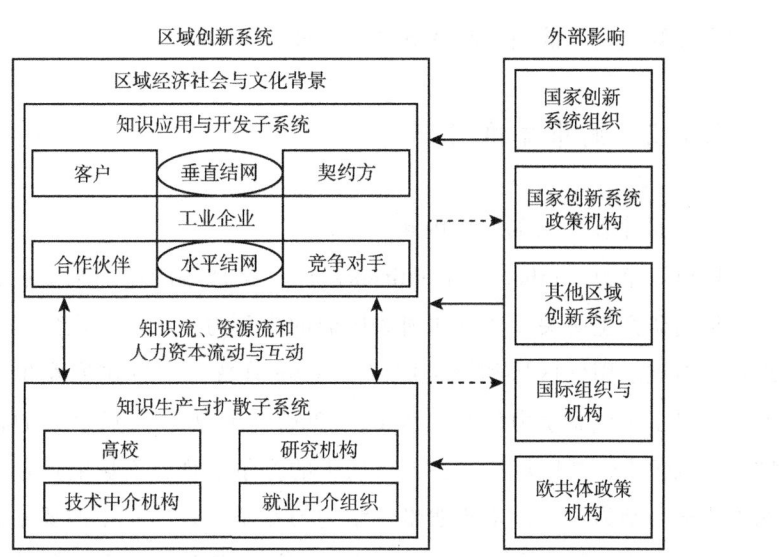

图3-2 Autio的区域创新系统框架

资料来源：Autio（1998）。

本和技术资源增强企业竞争力，进而提升区域竞争能力。因此，高校、企业和政府之间的长期、高效和灵活的合作是构建区域创新系统的关键。可见，创新主体通过知识流、资源流和人力资本流动等正式和非正式联系进行互动是支撑区域创新系统运行的核心内在结构。

（3）高校在区域创新系统中的功能定位

区域创新系统将高校在区域发展中的功能定位为区域知识的生产、扩散和转移。创新发生在特定的制度、政治和社会背景下，当存在空间集聚或地理邻近时，更有利于创新。因此，区域创新系统的政策重点是系统地促进本地化知识和技术转移以提升区域竞争力（Doloreux and Parto，2005）。从区域创新系统的构成上看，生产性企业属于创新的执行者和实现者，政府与中介机构属于创新的支持者，而高校和公共研发机构则是创新的动力和源泉。高校在本地化学习过程中发挥关键作用，是区域创新的主要行为主体。从本质上讲，高校是区域创新系统中的核心，其主要功能是通过人才培养、知识生产与扩散以及技术孵化与转移来促进区域内企业竞争力培育（Fernandes et al.，2021）。虽然区域创新系统并不是封闭的系统，但区域创新系统的开放度主要取决于区域内企业的国际化程度，高校并不作为区域内外知识网络的关键联系节点（Cooke，2002）。

3.1.2 城市竞争力

（1）城市竞争力的概念内涵

城市竞争力（urban competitiveness）一直是经济地理学重点关注的理论。早期研究主要关注企业和国家层面的竞争力，之后，竞争力的概念越来越多地被运用到区域和城市层面。Porter 在深入研究国家竞争力的基础上，提出了区域竞争力模型。Porter（2001）认为区域竞争力的核心是区域产业竞争力，即区域产业在大市场中的竞争表现，而影响产业竞争力的四大要素分别为：一是企业战略、结构与竞争力；二是生产要素，主要为企业可用于高质量和专业化投入的人力和资本资源、公共、行政和科技基础设施等；三是相关产业与支持产业，相关领域得力的本地供应商与支持性企业以集群形式发展；四是国内需求，主要包括成熟且苛刻的本地需求、不寻常的全球特色需求和其他需求。这四大要素共同构成了区域的竞争力（见图 3-3）。

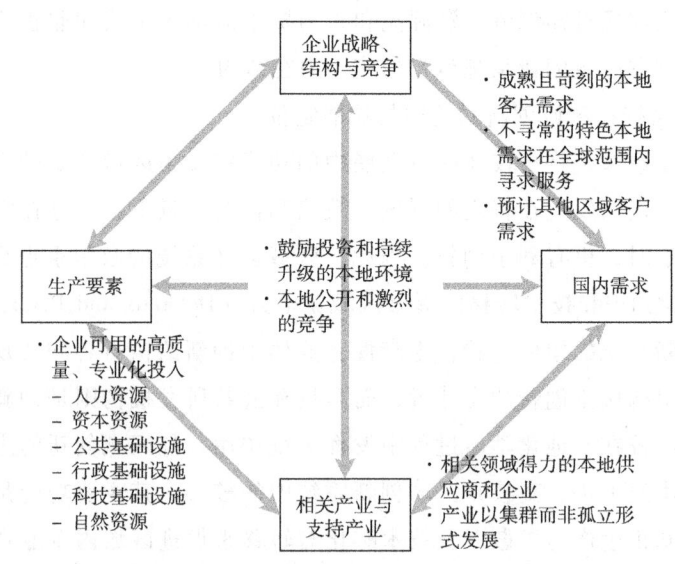

图 3-3 Porter 的区域竞争力模型

资料来源：Porter（2001）。

在借鉴国家和区域竞争力理论基础上，宁越敏和唐礼智（2001）对城市竞争力的概念和内涵进行了阐述，认为城市竞争力是在社会、经济结构、文化、价值观、制度政策等多个因素综合作用下创造和维持的，一个城市为其自身发展在其从属的大区域中进行资源优化配置的能力，从而获得城市经济的持续增长。城市竞争力由经济综合实力、产业竞争力、企业竞争力和科技竞争力四个核心因素组成，并且受金融环境、政府作用、基础设施、国民素质、对外对内开放程度、城市环境质量等基础和环境因素的支撑（见图3-4）。

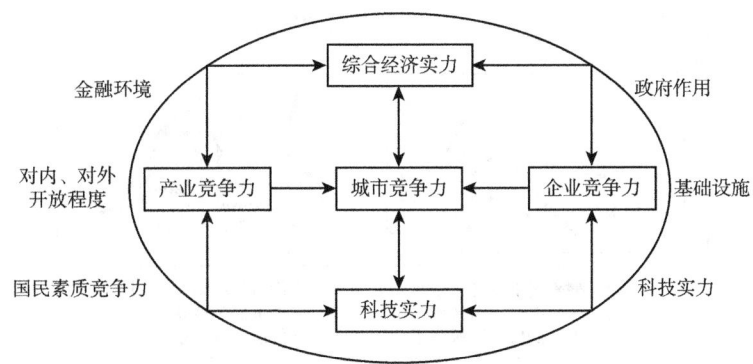

图3-4 宁越敏的城市竞争力模型

资料来源：宁越敏和唐礼智（2001）。

（2）网络资本与城市竞争力

近年来，英国卡迪夫大学Robert Huggins教授在对社会网络和城市竞争力研究基础上，将网络资本作为关系资产纳入区域增长模型，构建了基于网络资本的城市竞争力分析框架。在其主编的"*Handbook of regions and competitiveness: Theories and perspectives on economic development*"一书中，对网络资本与经济增长、网络资源与城市竞争力的关系进行了详细的理论研究（Huggins and Thompson，2017b），并指出除了人力资本、R&D、物质资本和劳动力外，促进知识与技术流动的组织间网络也应被视为支撑城市经济增长的关键资本投入。社会资本是个人使用网络关系提高个人回报的能力，通常局限于本地环境中。因此，本地化知识溢出在社会资本促进创新过程中发挥关键作用。但Huggins and Thompson（2014）认为，社会资本的出发点是社会合理性,个人投资社会网络是为了获得与社交和社会期望相关的根植性资源,而网络资本的出发点是经济合理性,企业投资可计算的关系网络是为了获得所需的知识。因此,经济增长的本质可看作是本地和非本地网络资本综合平衡的结果,区域的网络资本投资形式不同,其增长路径与增长速度也会有所差异(见图3-5)。

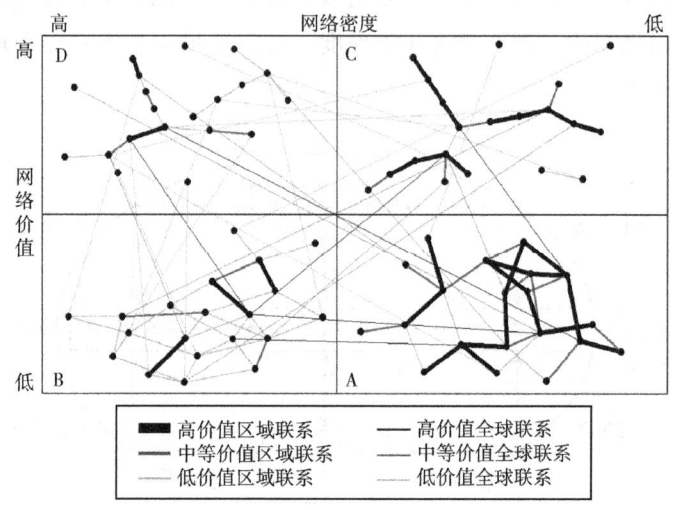

图3-5 Huggins的网络资本概念示意图

资料来源:Huggins and Thompson(2014)。

(3)城市竞争力在高校技术转移中的作用

基于网络资本的城市竞争力理论认为高校在城市发展中的作用主要取决于城市的技术吸收能力而非地理邻近。基于网络资本的城市竞争力理论指出,随着信息技术的发展,地理距离对知识流和知识转移的约束作用逐渐减弱(Tracey and Clark,2003),日益增加的国家尺度和跨国尺度的实证研究表明,无论是高校还是企业均不认为知识流动有必要受到空间限制(Huggins et al.,2008),高校技术转移的空间范围虽然受知识的编码程度影响,但只要有一个高效的网络结构,非地理邻近的行为主体同样能够跨区域转移复杂的知识(Huggins et al.,2016,2020)。知识网络是城市竞争力提升的关键要素,且高竞争力城市通常具有更为丰富的网络资本(曹贤忠等,2016),因而城市竞争力在高校技术转移网络中发挥关键作用。

3.1.3 全球—地方创新网络

(1) 全球—地方创新网络的概念内涵

创新的空间特征是经济地理学研究的核心领域。从空间尺度上来看，创新研究形成了以全球创新网络为核心的"关系地理学"流派和以区域创新系统为核心的"新区域主义"流派（司月芳等，2016）。创新过程涉及本地、区域和全球等多个空间尺度的知识互动，仅关注单一空间尺度存在较大片面性，忽视了本地和全球两个空间尺度的内在联系。需要指出的是，这里的全球尺度并不是特指跨国尺度，而是指本地尺度以外的其他尺度（Bathelt and Cohendet，2014）。将全球与地方融为一体的"全球—地方化"（Glocalization）概念能够更好地解析全球—地方互动关系（Dicken，2004）。经济地理学对创新的理解逐渐从新区域主义的地方性建构转向全球化背景下的区域内外知识互动，对"全球—地方"互动关系的探索应运而生（毛熙彦和贺灿飞，2019）。

Bathelt et al（2004）和 Bathelt and Cohendet（2014）在集群研究的基础上提出"本地蜂鸣—全球管道"（local buzz - global pipelines）模型后，又对本地创新主体与全球创新主体之间的知识交流进行了探讨，认为区域发展受益于本地知识与全球知识的交互作用。华东师范大学曾刚教授团队在总结地方创新网络和全球创新网络的基础上，较为系统地总结了全球—地方创新网络的概念、类型、机制和效应，认为全球—地方创新网络是指特定产业和技术领域内，分布在全球各地并具有关联关系的创新主体为追求创新而构建的全球和地方合作网络联系的总和（见图 3-6），是由多个地方创新网络相互联系而建立的全球网络系统（司月芳等，2016）。

(2) 全球—地方创新网络的分析框架

全球—地方创新网络认为来源于不同空间尺度的知识和技术的互动对创新活动具有重要影响。如图 3-7 所示，根据创新网络的空间距离和合作创新强度，可将城市在创新网络中的位置划分为外部创新型城市（城市 A）、网络创新型城市（城市 B）、孤立创新型城市（城市 C）和地方创新型城市（城市 D）四种类型。外部创新型城市具有从外部获取互补知识难

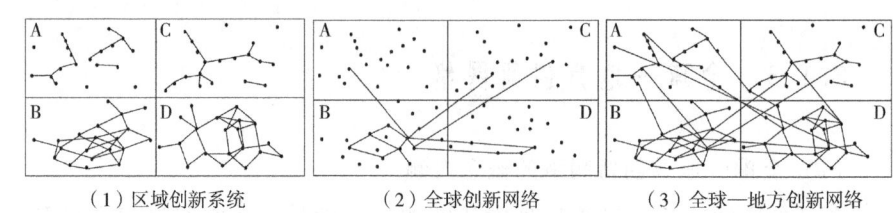

（1）区域创新系统　　（2）全球创新网络　　（3）全球—地方创新网络

图 3-6　区域创新系统、全球创新网络和全球—地方创新网络概念比较

资料来源：司月芳等（2016）。

以本地化溢出的不足（Morrison et al.，2013），孤立创新型城市在创新网络中处于孤立和边缘的不利位置，地方创新城市具有面临本地知识同质化的风险，因此三种类型城市的创新效率均较低。网络创新型城市同时具有高水平内部和外部创新联系，能够克服外部创新型城市和本地创新型城市的不足，在四种类型城市中创新效率最高（叶雷等，2019）。

（3）高校在全球—地方创新网络中的功能定位

司月芳等（2016）指出，全球—地方创新网络较好地解释了非本地知识传递和本地主体之间知识流动以及全球与地方的互动，有利于探讨国际组织、企业文化及地方法规等因素的互动演化以及较好地实现了定性与定量、局部与整体之间的互补三大优势。高校在创新网络中通常占据结构性位置，因此全球—地方创新网络将高校作为区域内外知识联系网络的关键节点（Ye et al.，2020）。

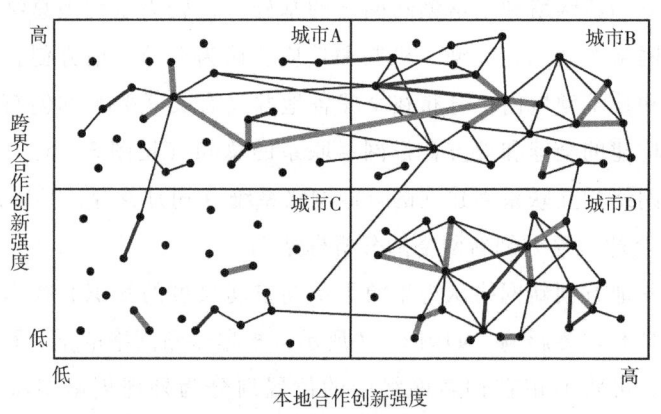

图 3-7　全球—地方创新网络的分析框架

数据来源：叶雷等（2019）。

3.2 概念模型

虽然上述理论都强调高校知识生产、溢出和转移对创新的重要性,但对高校在城市发展中的角色定位存在不同见解。区域创新系统强调空间共位和地理邻近,认为由空间共位和地理邻近所带来的认知邻近和社会邻近有助于提升高校技术转移效率。基于网络资本的城市竞争力理论则认为地理距离对知识流和知识转移的约束作用逐渐减弱,强调由网络资本所体现的城市技术吸收能力在高校技术转移中的决定性作用。全球—地方创新网络认为区域创新系统的过度根植性和技术锁定将大幅削弱区域创新能力,强调高校作为区域内外知识联系网络的关键节点作用。本书在总结上述理论的基础上,认为高校技术转移网络的形成与演化受高校特征、城市技术吸收能力、高校—城市距离的共同作用,并可能因高校技术转移渠道和时间演化而异。总体上,本书理论分析框架如图3-8所示。

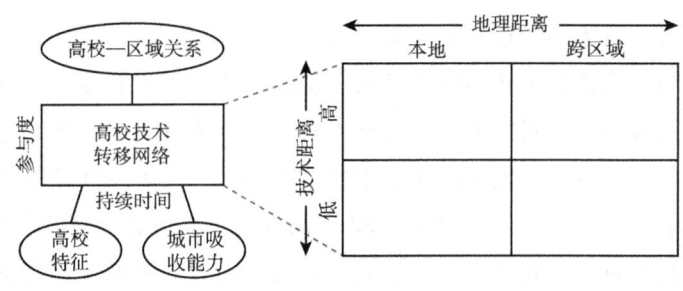

图3-8 理论框架

资料来源:作者自绘。

3.3 研究假设

3.3.1 高校技术转移能力的区位特征

虽然高等教育的区域差异与经济的区域差异表现出越来越强的相关

性，但已有研究对高校技术转移能力与区域的空间关系却未达成共识。从省域尺度来看，已有高校技术转移能力影响因素的相关实证研究关于高校外部环境对高校技术转移能力或转移效率的影响存在较大差异。例如，吴凡和董正英（2010）利用柯布—道格拉斯生产函数分析中国 36 所教育部直属高校技术转移收入的影响因素后发现，高校所在省或直辖市的经济发展水平是影响高校技术转移能力的重要因素，认为高校所在省或直辖市的经济发展水平发展到一定程度后便会进入技术需求市场阶段，企业对高校技术转移的需求也相应增加。而吕海萍等（2020）通过 4 个二级指标和 16 个三级指标评价省域高校技术转移能力，利用地理加权回归模型分析后发现高校技术转移能力主要受区域的信息化水平、基础设施水平和科技人力资源水平影响，而经济增长水平的影响较弱。

从城市尺度来看，已有研究关于高校所在城市环境对高校技术转移能力的影响同样存在较大分歧。部分高校技术转移能力相关研究将高校所在城市环境直接纳入高校技术转移能力评价指标体系。例如，于淳馨等（2017）将高校所在城市的经济基础和市场竞争度作为高校技术转移能力的外在环境，认为高校所在城市环境是对高校技术需求大小的重要体现，其内在逻辑是高校技术转移的规模主要受高校所在城市技术需求规模的影响。虽然高校科技创新能力与高校技术转移能力存在差异，但高校科技创新能力在一定程度上决定了高校技术转移能力。汪凡等（2017）利用空间滞后模型和空间误差模型对中国 1152 所高校科技创新能力的影响因素分析后发现，高校科技创新能力主要受高校所在城市教育财政支出的影响，而高校所在城市经济发展水平对高校科技创新能力的影响并不显著。

事实上，上述研究关于高校所在城市环境对高校技术转移能力影响的不同理解集中于高校所在城市的竞争力是否会促进高校的技术转移。城市技术吸收能力可以较好地衡量城市在知识网络和技术网络中所具备的竞争优势（Kitson et al., 2004；Malecki, 2007）。城市的竞争力越强，城市对高校技术的需求越多，但高校技术转移能力主要取决于高校的研发经费、科研实力和技术扩散能力，高校所在城市对本地高校的影响主要体现在高校科研经费投入。虽然大量研究表明高校的知识溢出倾向于在空间上高度集中，高校的技术转移能力在很大程度上取决于邻近区域产业部门的技术吸收（Friedman and Silberman, 2003; Zhang, 2018），但高校技术转移在空间上并非局限于本地（Huggins et al., 2008），在更大空间范围内占据创新网络关键位置的城市同样可以通过跨界创新网络吸收知识（周灿等，2017a；叶雷等，2019）。换言之，高校技术转移能力主要取决于高校可控的内部因素，高校所在城市的竞争力对高校技术转移能力并不重要。基于上述分析，本书提出如下研究假设：

H1a：高校科研经费投入对高校的技术转移能力具有显著促进作用。

H1b：城市技术吸收能力对本地高校的技术转移能力促进作用不显著。

3.3.2 高校技术供给与技术转移网络

已有研究主要从高校的办学层次、社会声誉和科研实力等视角研究高校异质性对高校技术转移的影响。知名高校往往更加注重科学研究，对寻求利用高校研究成果进行商业化利用的外部组织而言更具有吸引力，而知名度低的高校通常在基础研究方面较为薄弱（Huggins et al, 2012），这一点在中国尤为重要。高校与政府之间的关系长期以政府为核心，虽然改革开放后高校获得了一些自治权，但管理体制的行政逻辑却依然占据主导地位，高校的自主权仍较式微（姚宇华，2017）。无论是20世纪90年代启动的"985工程"和"211工程"，还是2017年开始实施的世界一流大学和一流学科的"双一流"国家战略，都是以政府意志为主导进行的。这些来自政府的行政措施为我国高校打上了深深的制度烙印，使得我国高校具有天然的制度背景（马荣康和李少敏，2019）。"985工程"和"211工程"的实施从制度层面赋予了中国112所高校具有合法性的官方声誉，并受到政府资源和政策大力支持进而变成我国社会声誉最高、科技资源最多、研究实力最强的一批高校（刘凤朝等，2011；Zhang et al., 2013）。这些高校不仅科研实力强劲，同时也具有丰富的技术转移经验。因此，与其他高校相比，"985"高校和"211"高校在高校技术转移网络中占据绝对优势。

然而，随着高校技术转移网络的演变，这种现象可能因高校技术转移类型而异，且随着高校技术转移网络的演化而有所改变。一方面，高校技术转移的时间周期长短可能对高校层次的要求有所不同。对于短期性技术转移而言，研究质量更为重要，而对于长期性技术转移，高校层次尤为重要。刘凯（2011）在对东南大学苏州研究院合作机制研究后发现，东南大学本部在共建研究院中扮演了重要角色，国内一流高校的品牌效应不仅在短期内可以增强研究院的学术声望，长期而言还可以帮助研究院在校风校貌和人文底蕴上得到传承。因此，可以预期高校层次对长期性高校技术转移网络的促进作用大于短期性高校技术转移网络。另一方面，随着我国创新驱动发展战略的实施，越来越多的高校已经意识到自身在国家创新体系中的作用，并积极加入高校技术转移网络（尹西明等，2017；Ye et al.，2020）。袁剑等（2017）对1985~2012年中国产学研合作网络的研究发现，产学研合作网络演化并没有形成明显大量网络主体强强合作的集聚现象，合作网络中"富人俱乐部"现象逐渐减弱，反而越来越多强关系主体趋向于选择与之前没有建立过合作关系或以往合作次数较少的主体合作。可以预期，高校技术转移网络的高校主体会随着时间的推移而增加，高校层次对高校技术转移的影响不断减弱。基于上述分析，本书提出如下研究假设：

H2a：高校层次能够促进高校技术转移网络的形成与演化，随着高校技术转移网络的演进，高校层次的作用有所减弱。

H2b：高校层次对长期性高校技术转移网络的促进作用大于短期性高校技术转移网络。

3.3.3 城市吸收能力与技术转移网络

基于网络资本的城市竞争力理论强调城市在更大区域范围内争夺技术和知识资源的吸收能力，因而城市技术吸收能力是分析城市在高校技术转移网络中作用的合理视角。低竞争力城市通常发展滞后，表现为典型的组织和制度薄弱，缺乏高水平高校、科技创新企业和专业化组织，且本地知识网络稀疏（Tödtling et al.，2013；De Noni et al.，2018），城市发展主要依赖于增长缓慢的中小型企业，对邻近和远距离的高校知识的吸收和利用均非常有限（Pugh，2017；Zhang，2018）。相反，高竞争力城市通常拥有高密度的科技创新企业、众多的公共研究机构和完善的科技服务机构，高校在本地创新系统和城市竞争力建设中通常发挥重要作用（Breschi and Lissoni，2009），因而密集的知识网络有助于促进本地技术、资源和人才的流动。此外，在高竞争力城市中，本地知识网络还可以作为企业获取非本地知识的跳板（Huggins et al.，2019），而低竞争力城市却不具备这一优势。因此，城市技术吸收能力对高校技术转移网络的形成与演化具有重要促进作用。

可以预期，高技术吸收城市在高校技术转移网络中占据核心位置，且随着国家创新驱动战略的深入实施和城市对科技创新资源争夺的日益加剧，城市技术吸收能力对高校技术转移网络形成与演化的影响将会逐渐增强。此外，城市技术吸收能力对不同类型技术转移的倾向可能有所差异。长期稳定的技术转移关系有助于高校和城市达成共同的战略目标并强化技术转移主体之间的信任关系，进而更有效地进行合作。对于城市而言，长期稳定的研究关系不仅能提供足够时间来评价、转移和消化具体的研究成果，而且还能强化城市自身的技术创新能力（Chen，1994）。长期性技术转移通常需要技术转移主体对最急需、最前沿的技术难题进行持续稳定的深度合作，因而对技术转移主体的研究能力要求更高。因此，长期性的高校技术转移需要城市配备高素质研发人员、对应的产业化系统和完善的科技服务机构，对城市的技术吸收能力具有一定的要求。基于上述分析，本书提出如下研究假设：

H3a：城市技术吸收能力能够促进高校技术转移网络的形成与演化，随着高校技术转移网络的演进，城市技术吸收能力的作用有所增强。

H3b：城市技术吸收能力对长期性技术转移网络的促进作用大于短期性技术转移网络。

3.3.4 高校—城市距离与技术转移网络

关于地理距离对高校技术转移网络影响的相关证据较为模糊。一方面，地理邻近主要通过降低技术转移过程中的交易成本和增加面对面交流机会促进高校技术转移网络的形成与演化。如果高校与技术吸收主体位于同一城市则享有共同的制度环境和丰富的社会资本，不仅可以增加主体之间信任、面对面频繁交流与隐性知识共享的机会，还可以降低技术转移过程中信息搜索、过程监督和合作协调所产生的风险与交易成本（Spithoven et al., 2020）。技术溢出效应呈现显著的距离衰减规律，地理邻近势必可以减少技术转移过程中的不确定性和机会主义行为，增加技术转移主体之间正式和非正式集体学习过程，成为高校技术转移的重要驱动力。另一方面，随着信息通信技术的发展和知识编码化程度的提高，地理距离在技术转移过程中的重要性受到质疑。Cairncross（2001）声称"距离已死"（the death of distance），甚至出现了"地理终结"（the death of geography）的论调（Morgan, 2004）。Audretsch 和 Stephan（1996）认为地理距离仅对非正式的知识溢出具有约束作用，而对于有意策划的高校与企业间正式的技术转移并不重要。Huggins et al（2008）认为日益增加的国家尺度和跨国尺度的实证研究表明无论是高校还是企业均不认为知识流动有必要受到空间限制，高校技术转移的空间范围虽然受知识的编码程度影响，但可以通过高效的知识网络结构向远距离地区转移复杂的知识。

事实上，城市对高校技术的需求因高校技术类型特征和城市技术吸收能力变化而异。由于高校的技术成熟度不高且距离产业化还具有一定差距，所以即使是编码化程度较高的专利在转让过程中同样也涉及隐性知识的交换。例如，Mowery and Ziedonis（2015）对美国哥伦比亚大学、斯坦福大学和加州大学专利转让和专利引用对比分析发现，基于市场交易的专利交易比基于知识溢出的专利引用更受地理距离的限制。随着国内技术转移网络的日益成熟，可以预期高校技术转移网络的地理距离会随着时间的推移而增加，地理距离对高校技术转移的空间阻隔不断减弱（袁剑锋和许治，2017）。此外，地理邻近对不同类型高校技术转移活动的约束作用有所不同（Perkmann and Walsh, 2007; Perkmann et al., 2013）。虽然地理距离在高校技术转移过程中发挥重要作用，但是地理距离对不同参与层次的高校技术转移网络形成与演化的影响有所不同。Ponds et al（2010）通过对荷兰的生物、光学和半导体等以科学为基础的高校技术转移研究发现，相较于高校衍生企业和知识产权等低参与层次的高校技术转移，地理距离对以科学为基础的技术转移的重要性有所降低。杨凡（2019）指出，产业资助的研发活动、校企之间的长期合作协议、校企共建的研究中心等高参与层次的技术转移并不需要很强的地理邻近性。基于上述分析，本书提出如下研究假设：

H4a：地理距离能够阻碍高校技术转移网络的形成与演化，随着高校技术转移网络的演进，地理距离的阻碍作用有所减弱。

H4b：地理距离对低参与度的高校技术转移网络形成与演化的阻碍作用强于高参与度的技术转移网络。

此外，高校与城市之间的技术兼容性可能会影响高校—城市技术转移。技术兼容性与技术关联性（technological - relatedness）（Petruzzelli, 2011）、技术距离（technological distance）（Lin et al., 2012）、知识基础相似性（similarity of the knowledge base）（Lane and Lubatkin, 1998）、技术重叠（technological overlap）（Lane and Lubatkin, 1998）、技术邻近性（technological proximity）（Angue et al., 2014）、技术邻居（technological neighbors）（Jaffe, 1986）等概念类似，指技术转移双方的知识基础相关性，在高校和城市层面则体现为城市与将要吸收的高校知识之间的关联程度（Mukherji and Silberman, 2021）。较高的技术兼容性有助于提升高校与城市之间进行技术转移的概率，并在一定程度上可以弥补高校—城市之间的地理距离，使高校能够与更远距离的城市建立技术转移联系。Mukherji and Silberman（2021）通过对美国91所研究型高校和142个城市之间的专利引用研究发现，技术兼容性可以显著促进高校与城市之间的知识流动，并对地理距离产生互补效应。技术兼容性虽然不能直接改变地理邻近程度，但可以凭借技术转移主体之间的相似知识基础克服地理距离的约束（张省, 2017）。基于上述分析，本书提出如下研究假设：

H4c：技术兼容性能够促进高校技术转移网络的形成与演化，并对地理距离产生互补效应。

3.4 本章小结

本章的重点在于架构高校技术转移网络形成与演化研究分析的理论解

析框架。区域创新系统、基于网络资本的城市竞争力和全球—地方创新网络理论对高校技术转移与城市创新发展关系形成了截然不同的观点,本书基于网络视角,从高校层次、城市技术吸收能力和高校—城市距离三个影响高校技术转移网络形成与演化的关键因素出发,提出了高校技术转移网络形成与演化的研究假设。总体上,本书理论分析框架如图3-9所示。

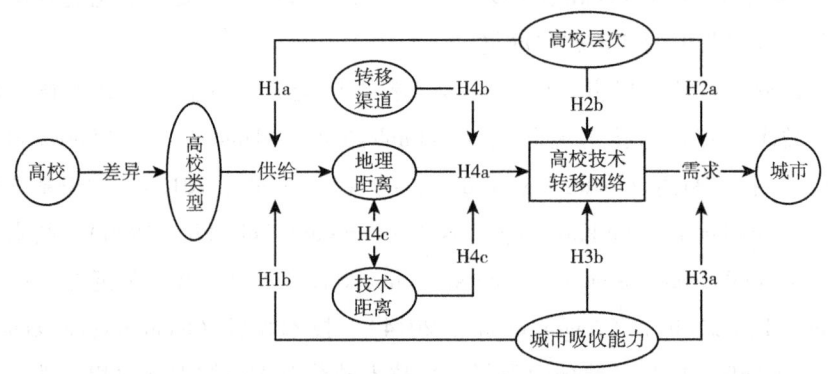

图3-9 高校技术转移网络形成与演化研究的分析框架

资料来源:作者自绘。

第 4 章

中国高校技术转移发展历程与特点

了解和梳理高校技术转移的发展历程与特点是研究后续问题的基础。本章首先对我国高校技术转移的发展历程进行梳理。其次,在高校技术转移发展历程梳理的基础上,总结我国高校技术转移活动的特点。最后,通过 OLS 回归定量分析组织特征和区位特征对高校技术转移能力的影响,对高校技术转移能力的组织与区位特征假设(H1a 和 H1b)进行验证。

4.1 中国高校技术转移的发展历程

回顾中国高校技术转移发展历程,不难发现高校技术转移与高校在国家创新系统中的功能定位和高校科技创新能力密切相关。新中国成立以来,高校在国家创新系统中的作用不断增强,已成为国家科学技术体系的主要力量。基于高校技术转移在国家创新系统中的地位演变,可以将中国高校技术转移的发展历程分为以下四个阶段。

4.1.1 起步探索阶段(1949~1977 年)

新中国成立之后,我国便开始引进苏联模式建立了国家创新系统。由于新中国科技创新基础薄弱,且众多技术领域亟待发展,因此这一时期的国家创新系统强调中央集中管理和单一计划调节（Motohashi and Yun，2007）。政府在国家创新系统中发挥绝对核心作用，是研发活动的唯一财政来源，并直接负责、组织和实施科技发展规划，是各创新主体之间技术流动的核心枢纽。在中央政府的统一管理和协调下，教学、科研、生产三者相互分离，即高校与研究机构、产业界之间彼此独立，教学活动由高校承担，研发活动由独立的科研机构承担，生产活动则由企业来承担，三者分工明确、各司其职（Chen et al.，2016）。研发活动主要由中国科学院、央属研究机构、部属研究机构和地方研究机构承担。中国科学院是研发活动中最重要的机构，承担着国家最主要的研究任务和计划，是基础科学研究和应用技术开发的主要承担者，高校和企业几乎不承担科研任务。

这一时期，高校的唯一任务为教学活动。虽然我国在1950~1955年就实施了以"工科先行"为主要方针的全国性高校院系调整，并尝试建立健全适应国家发展急需的高等工科教育体系（安心等，2020），但高校在国家创新系统中的作用主要是为科研机构和企业培养实用型人才。经过调整，高校大致可以被划分为综合类和专科类高校两大类型，综合类高校主要负责为研究机构和各类学校提供人才，专科类高校主要负责为企业提供输送毕业生。由于高校与科研机构之间的合作研究主要通过政府或上级主管部门进行协调，因此高校与研究机构彼此隔离，高校与研究机构之间的主要联系是输送高校毕业生就业（邵一华，2002）。除了输送高校毕业生，高校与企业之间几乎也没有任何直接的技术转移联系。此外，由于科研能力偏弱，高校在这一时期几乎没有可以进行转移转化的科技成果。

4.1.2 缓慢发展阶段（1978~1991年）

改革开放初期，国内的科学技术研究几乎停滞，科技与经济分离、研究与生产脱节的问题非常严重。1979年发布的《全国重点高等学校暂行工作条例（试行草案）》明确提出，高校"既是教育中心，又是科研中心"，将部分重点高校建设成为科研中心，标志着研究成为高校新的职能，高校开始进入国家科研体系（陈桂尧，2004）。1987年原国家教育委员会发布的《关于改革高等学校科学技术工作的意见》同样明确指出，高校"应该努力办成既是教育中心,又是科学研究中心""促进技术成果商品化,加速技术成果向生产转移"(国家教育委员会,1987),标志着研究正式成为高校的第二职能。自 1985 年科技体制改革以来,国家创新系统平稳地从政府主导的强形式("政府指令型")向政府主导的弱形式("政府指导型")过渡,高校和研究机构的自主权得到扩大(李正风和曾国屏,2000),高校、研究机构和企业等主体之间知识流动和技术转移开始显著增加。但这一时期高校的科研能力非常薄弱,几乎没有可以进行转移转化的重大科技成果(Zhu and Frame,1987)。

这一时期,校办企业成为高校技术转移的主要形式。校办企业的出现是特殊历史条件和制度条件下的综合产物。高校创办并运行企业的原始动力在于解决高校经费长期严重短缺的不足(陈桂尧和孙伯灿,2003)。企业在国家创新系统中研发能力薄弱和各级政府的政策激励是校办企业得以迅速发展的重要外部条件(常向阳和袁靖宇,2003)。1980 年,华东师范大学率先提出成立"学校基金",将校办工厂的部分收入用于改善办学条件和提高职工待遇,这一创新理念得到逐步推广(陈桂尧和孙伯灿,2003)。同年,清华大学成立了我国第一个科技型企业——清华技术服务公司(Chen and Kenney,2007)。北京大学于 1986 年成立的方正集团有限公司和清华大学于 1997 年成立的清华同方股份有限公司成为我国校办企业的典范。截至 1999 年,全国 597 所高校共有 5444 个校办企业,销售收入达 379.03 亿元,实现利润总额达 30.53 亿元(教育部科技发展中心,2002)。

4.1.3 快速发展阶段(1992~2011 年)

1992 年党的十四大正式确立了市场经济体制改革的目标,促进经济发展成为改革的主要任务,改革开放进入一个全新的历史阶段,也对高校提出了许多新任务和新要求(苏竣和眭纪刚,2018)。同年,原国家经贸委、教育部和中国科学院共同组织实施了"产学研联合开发项目",鼓励高校、企业和研究机构之间相互合作,通过共建技术中心、共同研究开发和共办研究实体等多种途径加快科技成果转移转化(谢旭人等,2003),高校与研究机构、高校与企业之间的联系与合作比以往更为紧密。1993 年,中共中央和国务院发布的《中国教育改革和发展纲要》明确规定了高等教育体制改革的目标和主要任务,"高等教育担负着培养高级专门人才、发展科学技术文化和促进现代化建设的重大任务"(中共中央和国务院,1993)。"三重任务"的提法将高校的使命正式扩展为教学、研究和经济发展三大职能。

虽然高校职能不断明确,但是高校的科研实力整体薄弱,高校在国家创新系统中的定位仍不明晰。随着1995年"211工程"和1998年"985工程"的启动,高校科研实力取得了长足发展,越来越多的高校跻身全球一流高校的行列,高校正式向国家创新系统中心位置迈进(Zhang et al.,2013)。2006年国务院发布了《国家中长期科学和技术发展规划纲要(2006~2020年)》,明确指出"国家创新体系是以政府为主导、充分发挥市场配置资源的基础性作用、各类科技创新主体紧密联系和有效互动的社会系统",实现从以研究机构和高校为主体的科学创新体系向以企业为主体、产学研结合的技术创新体系转变,"鼓励、推动大学与企业和科研院所进行全面合作,加大为国家、区域和行业发展服务的力度"(国务院,2006)。企业正式成为国家创新系统的主体,产学研结合成为企业获得持续创新能力的重要源泉。

这一时期,高校技术转移发展迅猛,高校的技术产出规模不断扩大,技术转移方式也日益多样化。根据国家专利局统计信息,高校授权发明专利数量从1991年的295件增加到2011年的26616件,年均增长率高达23.911%,高校创新产出高效增长。高校专利转让数量从1991年的331件增加到2011年的2143件,专利转让收入从1993年的0.235亿元增加到2011年4.345亿元,表明高校专利转让活动发展缓慢。与之相反,高校科技园与共建研究院成为这一时期高校技术转移的重要途径。自1991年东北大学成立中国首个高校科技园成立以来,高校科技园发展迅速。截止到2011年,全国共有85个国家级高校科技园,拥有6923个在孵企业。自1996年深圳和清华大学共建深圳清华大学研究院以来,校地共建研究院同样发展迅速。截止到2011年,全国共有144个校地共建研究院。

4.1.4 高质量发展阶段(2012年至今)

2012年11月,党的十八大强调要坚持走自主创新道路、实施创新驱动发展战略，把科技创新摆在国家发展全局的核心位置，对高校技术转移在国家创新系统中的作用提出了新的更高要求。高校不仅需要在内部实现教学、研究、经济发展三个使命的高效统一，建设世界一流的研究型高校，还需要与外部的科研院所、企业和政府等不同主体形成协同创新机制，为建设创新型国家和迈入世界科技强国作出新的贡献。高校在新时期虽然拥有60%的国家重点实验室，承担了全国60%以上的基础研究、60%以上的重大科研任务，每年获得60%以上的国家科技三大奖（雷朝滋，2019），但是高校的技术转移转化效率仍偏低。因此，内涵式高质量发展成为高校技术转移的发展目标。

以促进科技成果转化法修订和国家技术转移体系建设方案实施为契机，高校技术转移开始从以往的分散封闭式的发展模式向有机互动的协同发展模式转变。2012年教育部和财政部发布的《关于实施高等学校创新能力提升计划的意见》明确提出，依托高校优势建立一批"协同创新中心""推动知识创新、技术创新、区域创新的战略融合，支撑国家创新体系建设"（教育部和财政部，2012）。2017年开始建设的"双一流"高校和2018年开始实施的"珠峰计划"明确对标国际最高水平，对高校基础研究和科技创新能力提出更高要求。2018年教育部发布了《高等学校科技成果转化和技术转移基地认定暂行办法》，明确了高校科技成果转化和技术转移基地的认定条件、认定程序和组织实施（教育部，2018），高校科技成果转移转化的管理体系、制度体系和支撑服务体系建设成为新时期高校服务经济社会发展的重点任务。

4.2 中国高校技术转移的特点

4.2.1 高校地位日益显著，国家战略驱动明显

高校的科技创新和技术转移能力关乎我国创新型国家和世界科技强国建设的成败，高校在国家创新体系中的地位决定了其在未来具有巨大的发

展潜力。从世界各国高校技术转移水平来看，当前我国高校技术转移水平仍处于中等水平，与美国和欧洲等发达国家和地区存在较大差距。我国高校技术转移在国家创新体系中的地位并不是一成不变的，而是随着国家发展战略而演变的。在新中国成立之初，高校仅作为国家培养人才的教育教学中心，并不参与研发活动。改革开放初期，《全国重点高等学校暂行工作条例（试行草案）》明确提出，高校"既是教育中心，又是科研中心"，标志着研究成为高校的新职能。1993年，《中国教育改革和发展纲要》指出，"高等教育担负着培养高级专门人才、发展科学技术文化和促进现代化建设的重大任务"（中共中央和国务院，1993），经济发展成为高校的第三职能。可见，高校在国家创新系统中的地位日益突出，且高校技术转移持续受到国家战略的支持和推动。

4.2.2 高校技术成果具有巨大潜力亟待挖掘

高校在科技创新方面具有学科门类齐全、人才资源丰富和创新氛围浓厚的天然优势。21世纪以来，我国高校的科技创新成果呈现快速增长趋势，以发明专利为例，高校已成为我国科技创新的重要主体之一。

如图4-1所示，高校发明专利授权数量由1985年的15项增长到2019年的91188项，年均增长率高达29.208%，2005年以来高校发明专利授权数量占全国授权总量的比重始终保持在20%以上，高校发明专利的授权数量和所占比例均仅次于企业，是我国技术创新活动中的重要主体之一。此外，1985~2019年高校的发明专利授权比为37.781%，远高于企业的19.873%，表明高校在发明专利中所体现的潜在无形资产资源的质量要远高于企业。尽管如此，我国不少高质量的高校科技成果依然长期处于沉睡闲置状态，高校的科技创新成果具有巨大的潜力亟待挖掘。

4.2.3 高校技术转移的渠道和形式极为多样化

已有文献识别和分析了多种类型的高校技术转移。本书将高校技术转移定义为知识诀窍、技术知识或技术由高校向其他组织转移的过程，因此

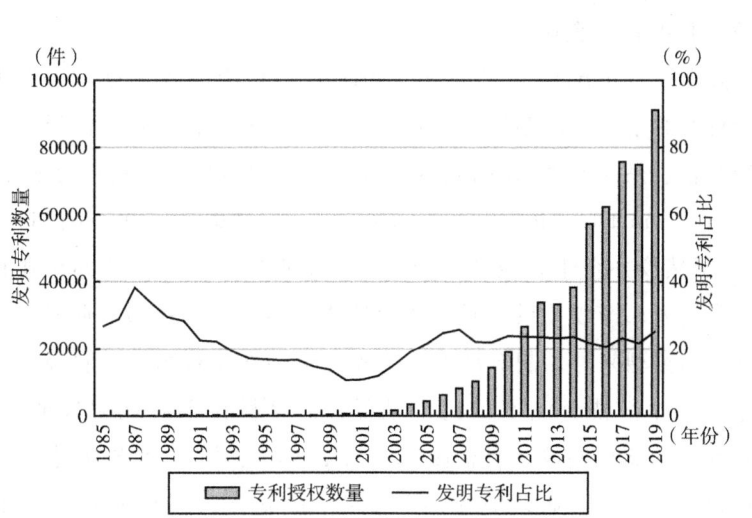

图 4-1　1985~2019 年中国高校发明专利授权数量与占比

数据来源：根据国家知识产权局（https://www.cnipa.gov.cn/）统计数据绘制。

未将发表论文、人员流动和学术会议等高校非商业化行为纳入考虑范畴。除了技术开发（technology development）、技术转让（technology assignment）、技术咨询（technology consultancy）和技术服务（technical service）等传统的技术转移方式外，常见的高校技术转移渠道和形式包括：

（1）知识产权许可与转让

知识产权的许可（license）与转让（transfer）主要包括专利、软件、集成电路设计等知识产权的出售或许可（Bozeman，2000）。与企业相比，高校在知识产权许可与转让过程中往往缺乏灵活性政策，因此促进高校知识产权的高效转移一直是世界各国面临的难题（Siegel et al.，2003）。近年来，虽然国家大力推动高校科技成果以转让或许可的方式对外扩散，但当前高校知识产权许可与转让的效率不升反降。以高校专利转让为例，2000 年我国高校共获得授权专利 3448 项，转出专利 299 项，转让专利占授权专利的 8.672%，而 2019 年我国高校共获得授权专利 340685 项，转出专利 9330 件，转让专利仅占授权专利的 2.739%[①]。

[①] 数据来源于《中国高等学校科技统计资料汇编》（2001~2019）和《中国科技统计年鉴》（2020）。

(2) 校办科技企业

校办企业（university-run enterprise）是指由高校创办或控股的、以营利为目的的企业。校办科技企业是高校科技成果转移转化的重要途径之一。校办企业是中国特有的现象，国外没有校办企业或校办科技企业（university-run technology-based enterprise）的概念（常向阳和袁靖宇，2003）。虽然校办企业为经济社会发展作出重要贡献，但校办企业存在数量与规模过大、产权关系不明晰和管理体制不规范等风险。此外，从企业的经营活动类型来看，制造加工、工程施工和文化智力等非科技型企业占据主导，校办科技企业不仅比重偏低，而且科技创新能力较弱。例如，2013年全国552所高校共有企业5279家，资产总额为3538.06亿元，负债为2203.54亿元，企业营业收入为2080.62亿元，但仅实现净利润仅为83.12亿元，拥有授权专利数仅3206项。2016年教育部发布的《高等学校"十三五"科学和技术发展规划》明确指出，"逐步实现高校与下属公司剥离，原则上不再新办企业"（教育部，2016），校办企业开始有序向校有企业（university-owned enterprise）转变（苏竣等，2007）。

(3) 衍生企业

衍生企业（spin-off 或 spin-out）一般是指依靠高校知识产权建立的新企业（Markman et al.，2008）。衍生企业的概念内涵具有狭义和广义之分，狭义上是指由高校教师或学生创建的企业（Doutriaux，1987）。随着衍生企业成立方式的多样化，衍生企业的学术型创业者逐渐扩展至高校以外的外部代理创业者（高晟和王世权，2020）。因此，衍生企业在广义上是指由学术发明人、外部企业家或将高校技术与外部企业家结合的投资人所创建的企业（Shane，2004）。衍生企业是国外高校技术转移的重要模式之一，但国内关注焦点主要集中于校办企业，对衍生企业的重要性尚未得到足够重视。

(4) 高校科技园

高校科技园（university science and technology parks）一般是指位于高校校园内部或附近，以利用高校知识库或进行中的研究为目标的科技型组织构成的集群（Link and Scott，2006；Hobbs et al.，2017）。2001年科技部和教育部发布的《国家大学科技园"十五"发展规划纲要》对高校科技园的概念做出明确界定，高校科技园是"以研究型高校或高校群体为依托，利用高校的人才、技术、信息、实验设备、文化氛围等综合资源优势，通过包括风险投资在内的多元化投资渠道，在政府政策引导和支持下，在大学附近区域建立的从事技术创新和企业孵化活动的高科技园"（科技部和教育部，2001），表明高校科技园是推进我国高新技术产业化发展的重要抓手。目前，我国已经形成了国家级、省级和高校自办三个级别的高校科技园体系，其中国家级高校科技园从 2004 年的 42 个增加到 2019 年的 115 个，在孵企业从 2004 年的 4978 个增加到 2019 年的 9483 个，累计孵出企业达 12052 个[①]。

（5）校地共建研究院

校地共建研究院（university-government joint research institutes）是以高校与地方政府为核心主体共建的、以服务地方产业发展和国家战略需求为主要目的和以企业化方式运作的独立研究机构。虽然校地共建研究院始于 20 世纪 50 年代，但其兴起是在 20 世纪 90 年代。与传统科研机构的单一发展目标、单主体独建、事业单位编制和行政化管理模式相比，校地共建研究院具有多元化发展目标、多主体投资建设、多样化单位性质和企业化管理的特点（丁珈和李进仪，2018）。校地共建作为一种新型政产学研用合作实体（王仲民和宋培培，2017），已成为我国最具潜力的高校技术转移模式之一。截至 2016 年，我国与美国高校合作建立了 42 个国际共建研究院，位居全球第一（Kolesnikov et al.，2019）。截至 2019 年，已有 136 所国内高校与 101 个地方政府合作建立了 457 个校地共建研究院[②]。

4.2.4 显性与有产权形式的技术转让效率偏低

我国高校技术转移效率偏低突出体现在显性与有产权形式的科技成果转移转化效率不高。如图 4-2 所示，虽然高校专利转让数量整体呈现波动式上升趋势，但专利转让率呈现波动式下降趋势。根据图 4-2 可以将中国

---

① 数据来源于《中国火炬统计年鉴》（2005~2020）。
② 数据来源于企查查数据库。

高校专利转让划分为三个发展阶段：第一阶段为 2000~2007 年，专利转让数量偏低，年均专利转让量仅为 604 件，年均专利转让率为 5.792%；第二阶段为 2008~2015 年，专利转让数量有一定幅度提升，年均专利转让量为 2048 件，年均专利转让率为 2.262%；第三阶段为 2016 年至今，专利转让数量有较大幅度提升，年均专利转让量为 6536 件，但年均专利转让率仅为 2.254%。我国高校的专利转让与美国等国外高校存在巨大差距。例如，2009~2012 年我国年均高校专利转让收入不足 5 亿元，专利转让收入占研发支出的比重仅为 0.6%~1.2%，而同期美国的年均高校专利转让收入高达 25 亿美元，专利转让收入占研发支出的比重高达 3.8%~6.0%（李修全等，2014）。可见，专利转让效率不高是我国高校科技成果转移转化面临的突出问题。

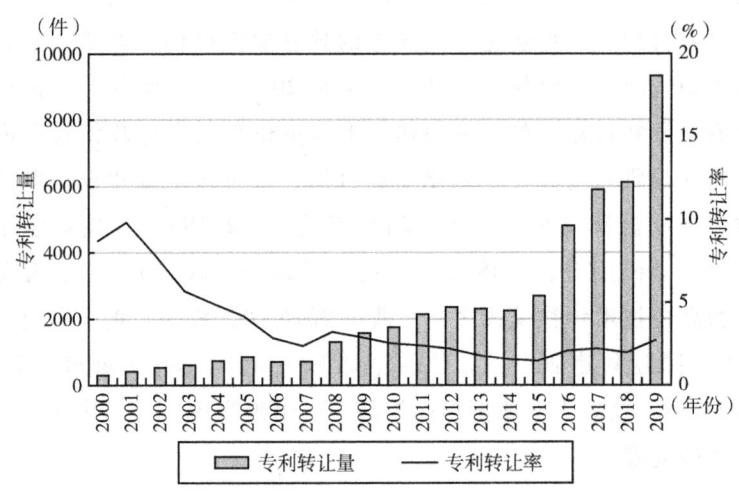

图 4-2　2000~2019 年中国高校专利申请量与专利转让率

数据来源：根据《中国高等学校科技统计资料汇编》（2001~2019）和《中国科技统计年鉴》（2020）整理。

与之相反，隐性与没有产权形式的科技成果转移转化成为我国高校技术转移的主要途径。图 4-3 为 2005~2019 年我国高校从企业获取研发经费占高校全部研发经费的比重。从图 4-3 中可以看出，高校研发经费中来自企业的资金数量呈现稳步上升趋势。来自企业的研发经费数量从 2005 年的 88.9 亿元上升至 2019 年的 417.0 亿元，年均增长率为 12.648%。高校研发经费的来源构成中,来自企业的比例非常高。近年来,虽然来自企业的研发经费占比呈现缓慢下降趋势,从2005年的36.690%下降至2019年的26.216%,但这一比例仍远高于美国等发达国家高校。例如,美国、日本、英国和法国等发达国家高校的研发经费来源于企业的比例仅有5%左右,德国和韩国高校的这一比例相对较高,但都不高于15%,均明显低于我国高校(杜德斌,2015)。

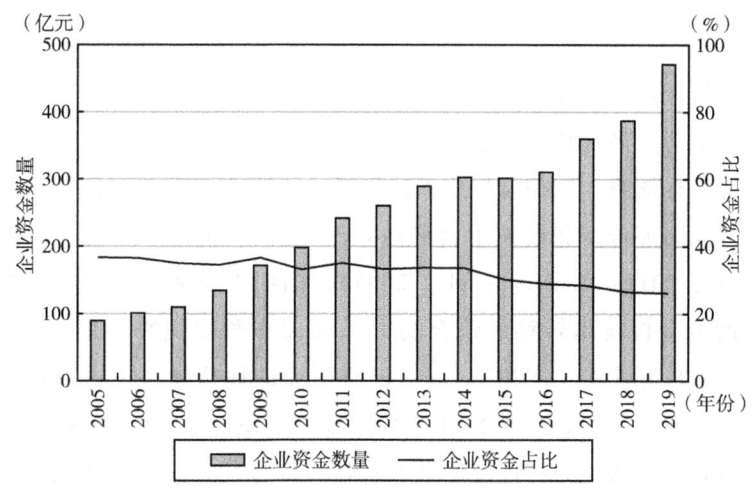

图4-3 2005~2019年中国高校研发经费中企业资金数量与占比

数据来源:根据《中国科技统计年鉴》(2006~2020)整理。

我国高校显性与有产权形式的科技成果转移转化效率不高,而隐性与没有产权形式的科技成果转移转化规模较大,表明虽然我国高校在国家创新系统中发挥了重要作用,但现阶段高校仍以解决企业的实际问题为主。造成这一现象的根本原因在于高校专利成熟度不高、实用性不强以及企业的技术吸收能力偏弱。高校技术转移的这一特点对本研究的启示在于:一是高校的专利转让活动只是高校技术转移活动的一小部分,仅从专利转让视角分析高校技术转移问题并不能全面真实地反映高校技术转移的全部面貌;二是技术承接主体的创新能力与吸收能力对高校技术转移具有重要影响,需要从高校技术供给能力和城市技术吸收能力两个维度对高校技术转移问题进行深入剖析。

4.3 城市吸收能力对本地高校技术转移的影响

4.3.1 指标选择与数据来源

(1) 变量选择

被解释变量为高校技术转移能力,并使用高校技术转让收入表征高校技术转移能力。高校技术转移能力的评价当前未形成一套被学界普遍认可的统一的指标体系。国外高校技术转移能力研究主要聚焦于高校技术转移办公室的能力评价或高校技术转移的效率评价(Siegel et al.,2003;Cardozo et al.,2011;Chapple et al.,2005),国内则是侧重于构建多指标评价体系衡量高校技术转移的综合实力(郭俊华和徐倪妮,2016;徐哲根等,2019;吕海萍等,2020)。国内已有研究的评价体系中通常将高校的人才数量、研发经费、论文数量以及外部城市环境等间接指标纳入评价,致使高校技术转移能力在评价体系上有与高校科技创新能力或高校综合实力概念相似之嫌。鉴于此,本书选用高校技术转让收入表征高校技术转移能力(吴凡和董正英,2010)。高校技术转让收入指高校进行技术转让活动产生的实际收入,是衡量高校科研成果对经济贡献大小和受市场认可程度的直接指标。由于不同年份的高校技术转让收入存在较大波动,因此将2014~2016年高校技术转移收入的平均值作为被解释变量。

在高校属性变量方面,核心解释变量为高校科研经费投入。高校科研经费主要用于促进技术突破以产生创新(Óhuallacháin and Leslie,2007),使用高校科技经费的拨入数量表征高校科研经费投入,为了消除两端离群值的影响,对该指标取自然度数处理。高校层面的控制变量包括高校综合声誉、高校研究人员数量、高校成立时间和高校类型。高校综合声誉能够体现高校拥有的科技创新资源的丰富程度与科研能力(孙玉涛和刘小萌,2018),利用分类变量将高校综合声誉分为"985/211"高校和普通高校两类。高校研究人员可以将自身已有知识与新的外部思想相结合以产生创新，使用高校研发人员的数量表征高校研发人员投入，但该指标与高校科研经费投入高度相关（见表4-1），因此将其剔除。此外，将高校类型和高校成立时间纳入模型，分别用于控制高校类型差异和高校技术积累方面的异质性。为了避免潜在的内生性问题，上述高校属性变量均使用2011~2013年数据的平均值。

表4-1 回归系数矩阵和数据描述性统计

	变量	1	2	3	4	5	6	7
1	高校技术转让收入	1						
2	城市行政等级	0.145***	1					
3	城市经济发展水平	0.139***	0.443***	1				
4	城市技术吸收能力	0.192***	0.292***	0.562***	1			
5	高校综合声誉	0.511***	0.088*	0.120***	0.222***	1		
6	高校科研经费投入	0.368***	0.336***	0.436***	0.474***	0.161***	1	
7	高校研究人员数量	0.334***	0.278***	0.268***	0.233***	0.427***	0.773***	1
	平均值	5.394	0.540	62.166	0.347	0.009	0.122	0.482
	标准差	25.265	0.499	32.606	0	0.094	0.143	0.734
	最小值	0	0	11.303	0		0.001	0.003
	最大值	472.316	1.000	233.806	0.001	1.000	1.145	6.841

注：* <10%，** <5%，*** <1%。

在城市属性变量方面，核心解释变量为城市技术吸收能力。本书利用城市技术吸收能力检验高校区位对高校技术转移能力的影响。城市技术吸收能力是构成城市充分利用不同空间尺度知识、信息和技术的能力的关键要素（Azagra-caro et al., 2006），利用城市R&D经费投入占GDP比重表征城市技术吸收能力。城市层面的控制变量包括城市行政等级和城市经济发展水平。城市行政等级也可能影响城市对高校技术的吸收和利用，将城市行政等级作为控制变量，利用分类变量将城市划分为省会城市和其他城市两类。类似地，城市经济发展水平与科技创新能力在空间上具有一定的耦合性（刘汉初等，2018），城市经济发展水平越高，城市对高校技术的需求也越大，因此将城市经济发展水平作为控制变量纳入模型。为了避免潜在的内生性问题,上述城市属性变量均使用 2011~2013 年数据的平均值。

(2) 数据来源

高校综合声誉、高校类型和高校成立年份数据主要来源于各高校官方网站;高校技术转让收入、高校科研经费投入和高校研发人员数量数据来源于《高等学院科技统计资料汇编》(2012~2017)。基于高校统计数据的可用性,本章选择中国 448 所高校作为研究样本。由于 2016 年之后的《高等学院科技统计资料汇编》并未对高校层面的数据进行统计,因此最新可用数据为 2016 年。城市技术吸收能力、城市经济发展水平和城市行政等级数据来源于《中国城市统计年鉴》(2012~2014)。

(3) 模型设置

为了减少历年高校技术转移数据的波动,将 2014~2016 年高校技术转移收入的平均值作为被解释变量。为了避免模型存在潜在的内生性问题,对核心解释变量和控制变量做滞后处理,且所有解释变量均选择 2011~2013 年相关数据的平均值。回归分析的模型如下:

$$tti_i = c + \theta_1 city_{i,t-1} + \theta_2 uni_{i,t-1} + \theta_3 tti_{i,t-1} + \mu \qquad (4-1)$$

式 (4-1) 中:tti 表示 2014~2016 年高校的平均技术转移收入;$city$ 表示高校所在城市的属性变量,包括 2011~2013 年城市技术吸收能力、城市行政等级和城市经济发展水平的平均值;uni 表示高校属性变量,包括 2011~2013 年高校成立年份和高校类型,以及高校综合声誉和高校科研经费投入的平均值。$tti_{i,t-1}$ 是测度高校 i 技术转移收入的滞后指标,用于控制潜在未观察到的高校异质性,使用 2011~2013 年高校的平均技术转移收入进行测度。c 为常数;θ 为变量系数;i 表示第 i 个高校;μ 为随机误差项。

4.3.2 结果分析

表 4-1 列出了所有变量的回归系数和数据描述性统计。解释变量之间的回归系数均较小,最大的相关系数为 0.562,低于可接受的阈值 0.7 (Natalicchio et al., 2019)。四个模型的平均 VIF 分别为 1.20、1.22、1.26 和 1.33,均低于普遍接受的阈值 10 (Ye et al., 2020)。因此,模型不存

在严重的多重共线性。表4-2列出 OLS 回归结果。模型1将所有高校属性变量纳入模型,模型2~模型4分别将城市行政等级、城市经济发展水平和城市技术吸收能力纳入模型,以考察城市吸收能力对高校技术转移能力的影响。

表4-2　　中国高校技术转移能力影响因素回归结果

因变量:技术转让收入	模型1	模型2	模型3	模型4
常数	-4.058 (5.151)	-3.875 (5.035)	-4.102 (5.049)	-4.736 (5.051)
城市行政等级		0.676 (0.970)	0.135 (0.933)	0.126 (0.939)
城市经济发展水平			-0.389 (0.135)	-0.188 (0.199)
城市技术吸收能力				-5.754 (3.510)
高校综合声誉	3.545 (1.582)**	3.559 (1.581)**	3.645 (1.575)**	3.886 (1.612)**
高校科研经费	1.950 (1.154)*	2.022 (1.278)*	2.302 (1.343)*	2.621 (1.333)*
技术转让收入(t-1)	0.667 (0.102)***	0.668 (0.102)***	0.667 (0.101)***	0.667 (0.099)***
高校成立时间	控制	控制	控制	控制
高校类型	控制	控制	控制	控制
高校数量	448	448	448	448
R^2	0.802	0.802	0.804	0.806

注:* <10%, ** <5%, *** <1%;括号内为稳健标准误。

表4-2列出了 OLS 回归结果。可以看出,四个模型的决定系数均在80%以上,表明模型的拟合优度均较高。高校科研经费在所有模型中的回归系数均为正,且均在10%水平上显著,高校科研经费投入对我国高校技术转移能力的提升产生了显著的促进作用,表明加大对高校科研经费的投

入可以有效推动高校科技成果的转移。因此，假设H1a得到证实。高校综合声誉在所有模型中的回归系数均为正，且均在5%水平上显著，表明高校综合声誉对我国高校技术转移能力的提升产生了显著的促进作用。2011~2013年高校技术转移的平均收入在所有模型中的回归系数均为正，且均在1%水平上显著，表明2014~2016年高校技术转移收入可能起源于较早时间的技术转移互动的特征被较好地控制。在所有模型中，城市技术吸收能力、城市经济发展水平和城市行政等级对本地高校技术转移能力的影响在统计上均不显著，表明高校的区位对高校技术转移能力的提升并无显著促进作用。城市技术吸收能力对本地高校技术转移能力影响不显著的原因可能在于高校的技术转移并不局限于本地尺度。因此，假设H1b得到证实。

综上，高校的区位对高校技术转移能力而言并不重要，高校的技术转移能力主要受高校的综合声誉和科研实力影响。这一结论与Huggins等（2016）的研究结论一致，但与Ye等（2020）关于高校技术创新能力的研究结论不同。Ye等（2020）的研究表明高校技术创新活动是与外部环境相互作用的多层次过程，高校所在城市的创新能力对高校技术创新具有显著促进作用。高校区位对高校技术创新能力和高校技术转移能力产生异质性影响的可能原因在于，高校区位对高校技术创新的影响可以通过集聚外部性发挥作用，城市技术吸收能力的提升虽然可以增加城市对高校技术的需求，但高校技术转移在空间上却并非局限于本地。因此，非常有必要从高校技术转移研究的"地方观"向"网络观"进行转变，通过网络空间视角对高校技术转移进行进一步深入分析。

4.4
本章小结

本章研究的重点在于回答高校技术转移能力是否受高校的空间区位影响。首先，通过中国高校技术转移的发展历程、高校在国家创新系统中的功能变化、高校技术特征的分析，形成对中国高校技术转移发展动态的总体认识；其次，运用OLS回归对中国高校技术转移能力的影响因素进行分

析。得出如下主要研究结论:

（1）中国高校的技术转移历程随着高校在国家创新系统中的功能和高校研究实力的增长而演变，大致经历了1949～1977年的起步探索、1978～1990年的缓慢发展、1991～2011年的快速发展以及2012年至今的高质量发展4个阶段。通过对高校技术转移发展历程的梳理发现，高校在国家创新系统中的地位日益突出且国家战略驱动明显，高校科技成果具有巨大潜力亟待挖掘，高校技术转移的渠道和形式也逐渐呈现多样化趋势，高校显性的、有产权形式的技术转让效率偏低，而隐性的、没有知识产权形式的、根据需求开发的技术转让发展迅速。

（2）中国高校技术转移能力主要受高校组织层面因素的影响，高校的空间区位特征并不重要。高校层次、高校基础研究实力和高校科研经费投入对高校技术转移能力具有显著的促进作用，而通过城市技术吸收能力衡量的区位特征对本地高校技术转移能力的影响均不显著，表明高校的空间区位对高校技术转移能力的提升并无显著促进作用。因此，非常有必要从高校技术转移研究的"地方观"向"网络观"进行转变，通过网络空间视角对高校技术转移进行进一步深入分析。

第 5 章

中国高校技术转移网络的空间演化特征

刻画高校技术转移网络的空间演化特征是高校技术转移研究从"地方观"向"网络观"转变的基础。根据高校技术转移的关系参与时间和关系参与层次二分法，本书将高校技术转移模式划分为低参与—短期、低参与—长期、高参与—短期、高参与—长期四种技术转移类型，并分别选取专利转让、校办科技企业、合作专利和校地共建研究院四种代表性高校技术转移渠道，构建单模和双模高校技术转移网络。在构建高校技术转移网络的基础上，本章从技术转移网络的主体（高校和城市）、空间组织（空间尺度和空间距离）和网络结构（拓扑结构和空间结构）三个维度对不同时期、不同类型的高校技术转移网络格局演化特征进行刻画和对比。

5.1 研究方法与数据处理

5.1.1 技术转移网络构建

（1）网络类型选择

网络的基本组成要素包括行动者（actor）及其关系（relationship）。行动者也被称为节点（node）和顶点（vertice）。在无向网络中，关系也被称为联系（relation）和连结（link），在有向网络中，关系也被称为弧（arc）和边（edge）。根据关系的衡量方式，可以将网络划分为二值网络（binary network）和加权网络（valued network）；根据关系是否存在方向性，可以将网络划分为有向网络（directed network）和无向网络（undirected network）；根据行动者集合类型的数目，可以将网络划分为单模网络（one - mode network 或 unipartite network，也称为1 - 模网络）、双模网络（two - mode network 或 bipartite network，也称为2 - 模网络、二部图网络）和多模网络（multi - mode network）。

本书通过构建加权单模和双模网络开展中国高校技术转移网络研究。本书主要关注高校与城市之间的技术转移关系，应该构建双模网络分析中国高校技术转移网络的特征，但目前双模网络结构分析的理论与技术均尚不成熟，仅能从中心度（centrality）、凝聚子群（cohesive subgroup）和结构对等性（structural equivalence）等少数领域直接描述双模网络特征（Scott and Carrington，2011）。已有研究通常是将双模网络直接转换为单模网络进行分析，例如在高校—城市技术转移网络研究中，将高校节点投影至城市节点，构建城市—城市的技术转移网络（尹西明等，2017；袁剑锋和许治，2017）。虽然这种转换能够简化分析流程，但会丢失被投影到新网络中节点的特征信息（Spithoven et al.，2021）。因此，本书同时构建单模和双模网络，试图在分析高校技术转移网络的结构特征过程中同时捕捉高校和城市特征。

（2）网络构建步骤

利用高校—企业合作专利、高校转让专利、高校校办企业和校地共建研究院四种高校技术转移数据，构建中国高校技术转移网络数据库。高校技术转移网络构建的主要步骤如下：

①确定高校和城市样本。参考 Ye et al（2020）的研究，以2019年教育部公布的全国高校名单为依据，筛选合适的高校样本数据（见表5-1）。2019年中国共有2956所高等学校，由于成人高校（268所）、职业院校（1423所，包含322所民办高校）和民办高校（434所）基本不从事R&D相关的活动，首先将其剔除。其次，在剩余的831所高校中进一步剔除了财经类（53所）、民族类（13所）、政法类（36所）、语言类（14所）、

艺术类（35所）、体育类（14所）共计165所高校，这些高校主要从事教学和与R&D不相关的活动；最后，为保持样本的完整性，在剩余的666所高校中进一步剔除了40所在2000年以后成立的高校和18所缺乏属性数据的高校。最终剩余的608所高校构成了本书的高校研究样本。

表5-1　　　　　　　　　　高校样本选择

步骤	剔除对象	剔除数（个）	剩余数（个）	剔除原因
1	成人高校	268	2688	基本不从事R&D活动
2	职业院校	1423	1265	基本不从事R&D活动
3	民办高校	434	831	以教学为主，较少从事科研工作
4	财经、民族、政法、语言、艺术、体育类院校	165	666	基本不从事R&D活动
5	2000年后成立的高校	40	626	保持样本完整性
6	缺乏属性数据的高校	18	608	保持样本完整性

注：根据教育部公布的2019年全国高校名单整理而得，http://www.gov.cn/fuwu/2019-06/18/content_5401164.htm。

在城市样本选择方面，考虑到城市数据的可获得性，将省直辖县级行政单位、地区和在2000年后进行行政区划调整的部分地级市剔除，保留中国大陆285个地级及以上城市作为城市样本。

②数据收集与整理。高校转让专利数据来源于incoPat专利数据库。通过检索法律状态为"转移"且转让人包含高校的专利，检索并下载2001~2018年高校转出专利记录31275项，剔除样本高校和样本城市以外的专利，获得28492条转让信息。

高校—企业合作专利数据来源于国家知识产权局的专利检索及分析平台，通过检索申请人为两个及以上且申请人中包含高校的专利，检索并下载2000~2018年高校合作专利记录99814项，借鉴叶雷等（2019）对合作专利的处理方法，并剔除样本高校和样本城市以外的专利数据，获得110840条合作专利信息。

校办科技企业数据来源于企查查数据库,通过高校名称,逐个检索高校控股企业,共检索和下载1980~2019年高校控股企业记录21051项,剔除经营范围为后勤、出版和非科技领域的企业,仅保留从事科技活动的校办企业(校办科技企业),获得15328条记录。

校地共建研究院数据来源于企查查数据库,校地共建研究院大多为事业单位且名称中带有高校全称或简称,因此以组织结构的类型与高校名称作为检索变量,共检索和下载5815项记录,逐一剔除校办医院、规划院和附属中小学等机构后,获得428条校地共建研究院信息。

考虑到不同技术转移网络之间的横向可比性,选取2001~2018年的数据作为最终的分析数据,最终保留了102854条高校—企业合作专利、28492条高校转让专利、11153条高校校办企业和349条校地共建研究院信息(见表5-2)。

表5-2　　　　　高校技术转移网络数据来源与整理

数据名称	时间段(年)	原始下载量	整理后数据量	数据来源
高校—企业合作专利	2000~2018	99814项	102854条	国家知识产权局
高校转让专利	2001~2018	31275项	28492条	incoPat专利数据库
校办科技企业	1980~2019	21051个	11153条	企查查数据库
校地共建研究院	1998~2019	5815个	349条	企查查数据库

③构建技术转移网络。由于本书主要关注高校技术向城市的转移,因此构建的双模网络是无向网络,而单模网络则是有向网络。如图5-1所示,针对双模网络,将高校作为第一类节点的集合,城市作为第二类节点的集合,以高校与城市之间的技术转移量作为边的权重,构建加权无向高校—城市技术转移网络;针对单模网络,在双模网络的基础上将所有高校归入所属的城市,构建加权有向城市—城市技术转移网络。

④技术转移网络阶段划分。以中国高校技术转移发展历程为参照,并结合2001~2018年高校技术转移的数量变化特征和我国科技创新发展战略演变历程,以2007年和2013年作为关键节点,本书按6年为一个时间段将高校技术转移发展历程划分为2001~2006年、2007~2012年和2013~

第 5 章　中国高校技术转移网络的空间演化特征

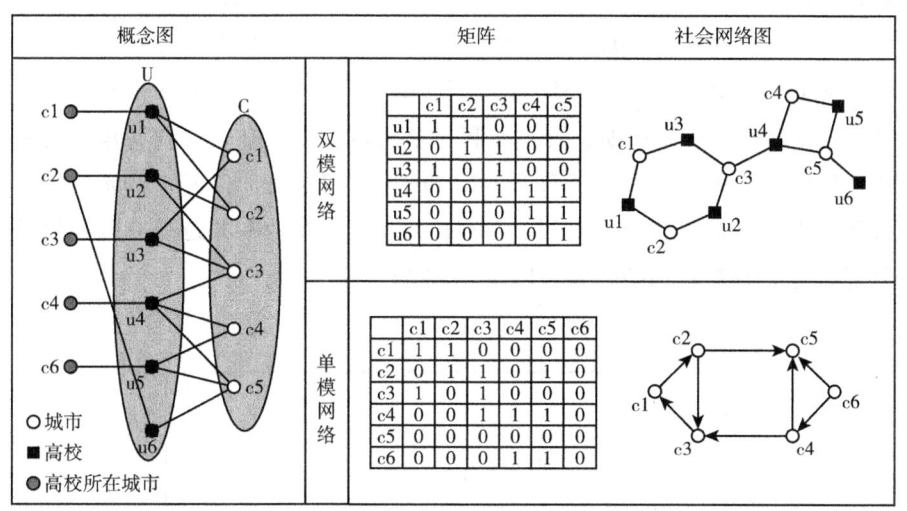

图 5-1　高校技术转移网络构建示意图

资料来源：作者自绘。

2018 年三个阶段。以 2007 年和 2013 年作为关键时间节点的主要原因在于这两个时间点是国家宏观科技创新发展战略的重要转折点，同时也是高校技术转移发展历程的重要转折点。

在国家科技创新发展战略方面，2006 年我国开始实行自主创新战略，通过构建以企业为主体、产学研相结合的技术创新体系，不仅促使国内技术市场尝试摆脱对国外技术市场的深度依赖，提升了技术自给率和原始创新能力（Wang et al.，2015），同时也提升了高校在国家创新体系中的作用（Sun and Liu，2010）。2012 年我国开始实施创新驱动发展战略，强化原始创新能力和增强源头知识供给水平成为实施创新驱动型发展战略的重点之一，高校作为我国各类原始性、基础性和前沿性知识创新成果的主阵地，在国家创新体系中的地位得到进一步提升（游小珺等，2014）。

在高校技术转移发展历程方面，如图 5-2 所示，2001~2006 年为高校技术转移发展的探索发展阶段，高校技术转移整体处于较低水平，合作专利、专利转让和共建研究院的数量均较少，校办企业数量相对较多但处于下降态势。2007~2012 年为高校技术转移的缓慢发展阶段，高校技术转移持续增加，合作专利、专利转让和共建研究院的数量均呈现稳步增长态

· 85 ·

势,合作专利、专利转让和共建研究院的数量分别从2007年的2142条、200条和11个增长到2012年的5567条、1884条和25个,校办企业也开始波动上升,由2007年的350个增至2012年的454个。2013~2018年为高校技术转移跃升发展期,合作专利、专利转让、校办企业和共建研究院的平均年增长率分别为23.871%、22.869%、17.655%和19.170%,均呈跳跃式增长,2018年合作专利、专利转让、校办企业和共建研究院的数量分别高达19747条、5761条、1118个和54个。

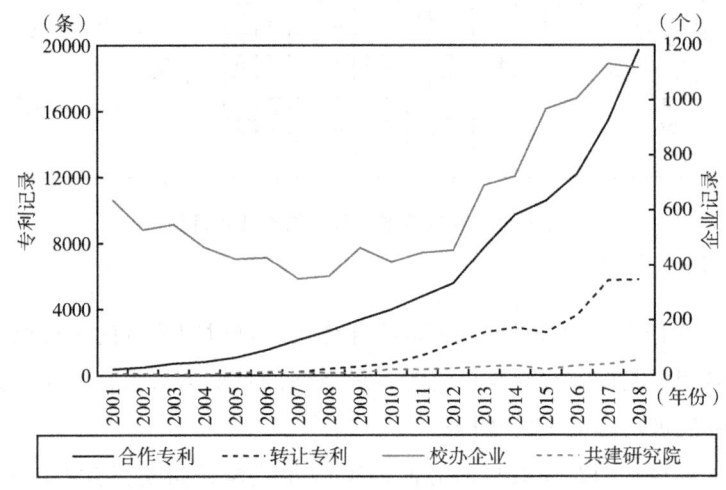

图5-2 2001~2018年中国高校技术转移数量

资料来源:作者自绘。

5.1.2 社会网络分析方法

社会网络分析(social network analysis)是由图论(graph theory)衍生而来的一整套用于描述行动者之间关系的属性与结构的方法,被誉为社会关系研究的一种全新范式(Borgatti et al.,2009)。21世纪以来,社会网络分析在区域经济学和经济地理学领域得到广泛运用(Ter Wal and Boschma,2009),如技术转移网络(刘承良等,2018;Yang et al.,2019)、创新网络(周灿等,2017b;叶雷等,2019)和人才流动网络(Trippl,2013;Miguelez and Noumedem Temgoua,2020)等。本书利用Ucinet、Pajek、Arc-

GIS 等软件，构建单模与双模网络，从双模网络节点地位和复杂网络结构两个维度综合考察我国高校技术转移网络的空间格局演化特征。

（1）双模网络节点地位指标

引入双模网络的程度中心度、加权度中心度和相对度中心度三个指标刻画高校和城市在高校技术转移网络中的位置和优势差异。

①程度中心度

在单模网络中，程度中心度（degree centrality）是指网络中与特定节点直接连结的其他节点的数量，表征节点与其他所有节点联系的程度和处于网络中心位置的程度。公式如下：

$$C_D(i) = \sum_{j=1}^{N} x_{ij} \quad (i \neq j) \tag{5-1}$$

式（5-1）中：$C_D(i)$ 为节点 i 的程度中心度；x_{ij} 为技术转移网络邻接矩阵，节点 i 与节点 j 之间存在技术转移则为 1，否则为 0。

在双模网络中，程度中心度是指网络中其他节点集合中与特定节点直接连结的节点数量。在高校技术转移网络中，高校的程度中心度为与高校存在技术转移关系的城市数量，城市的程度中心度为与城市存在技术转移关系的高校数量。公式如下：

$$C_D(i) = \sum_{j=1}^{N} x_{ij} \quad i \in V_1, j \in V_2 \tag{5-2}$$

$$C_D(j) = \sum_{i=1}^{N} x_{ij} \quad i \in V_1, j \in V_2 \tag{5-3}$$

式（5-2）和式（5-3）中：V_1 和 V_2 分别表示双模网络中两类不同类型节点的集合；$C_D(i)$ 和 $C_D(j)$ 分别表示集合 V_1 和 V_2 中节点 i 与节点 j 的程度中心度；x_{ij} 的含义同上。

②加权度中心度

在单模网络中，加权度中心度（weighted degree centrality）是指网络中与节点 i 直接连结的边的加权总和，表征节点与其他所有节点联系的强度。公式如下：

$$C_W(i) = \sum_{j=1}^{N} x_{ij} w_{ij} \quad (i \neq j) \tag{5-4}$$

式（5-4）中，$C_W(i)$ 为节点 i 的加权度中心度；w_{ij} 为节点 i 与节点 j 之

间的技术转移总量；x_{ij}的含义同上。

在双模网络中，加权度中心度指网络中其他节点集合中与特定节点直接连结的边的加权总和。在高校技术转移网络中，高校的加权度中心度为高校技术转移的数量，城市的加权度中心度为与城市承接技术转移的数量。公式如下：

$$C_W(i) = \sum_{j=1}^{N} x_{ij} w_{ij} \quad (i \in V_1, j \in V_2) \tag{5-5}$$

$$C_W(j) = \sum_{i=1}^{N} x_{ij} w_{ij} \quad (i \in V_1, j \in V_2) \tag{5-6}$$

式（5-5）和式（5-6）中：$C_W(i)$和$C_W(j)$分别表示集合V_1和V_2中节点i与节点j的加权度中心度；V_1、V_2、w_{ij}和x_{ij}的含义同上。

③相对度中心度

当网络的规模不同时，不同网络中节点的中心度无法直接对比。为了比较不同规模网络中的度中心度的大小，在度中心度的基础上进一步考虑相对度中心度（normalized degree centrality），即节点的程度中心度与网络中节点的最大可能程度中心度的比值。在单模网络中，相对度中心度的公式如下：

$$C_N(i) = \frac{\sum_{j=1}^{N} x_{ij} w_{ij}}{N-1} \quad (i \neq j) \tag{5-7}$$

式（5-7）中：$C_N(i)$为节点i的相对中心度；N为网络中节点数量，$N-1$为任何一个节点的最大可能的程度中心度；x_{ij}和w_{ij}的含义同上。

在双模网络中，节点集合内部的节点无法互相连结，考虑到无法通过$N-1$获得最大可能的程度中心度，将V_1中节点的最大可能的程度中心度定义为V_2中的节点数量，V_2中节点的最大可能的程度中心度定义为V_1中的节点数量（Scott and Carrington，2011）。公式如下：

$$C_N(i) = \frac{\sum_{j=1}^{N} x_{ij} w_{ij}}{n_2} \quad (i \in V_1, j \in V_2) \tag{5-8}$$

$$C_N(j) = \frac{\sum_{i=1}^{N} x_{ij} w_{ij}}{n_1} \quad (i \in V_1, j \in V_2) \tag{5-9}$$

式 (5-8) 和式 (5-9) 中: $C_N(i)$ 和 $C_N(j)$ 分别表示集合 V_1 和集合 V_2 中节点 i 和 j 的相对度中心度; n_1 和 n_2 分别表示集合 V_1 和 V_2 的节点数量; x_{ij} 和 w_{ij} 的含义同上。

(2) 复杂网络结构指标

构建单模网络,引入网络密度和网络中心势指标测度高校技术转移网络的中心化程度,引入平均路径长度和集聚系数刻画高校技术转移网络的小世界效应,引入度分布、度度相关性和核心边缘结构描述高校技术转移网络的等级结构特征。

①网络密度

网络密度 (network density) 用于描述网络凝聚力的整体水平。网络密度越大,表示网络中节点之间的联系越紧密。在有向网络中,网络密度通过网络中实际存在的关系总数与理论上最多可能存在的关系总数的比值进行测度。公式如下:

$$d = \frac{m}{n(n-1)} \quad (5-10)$$

式 (5-10) 中: d 表示网络密度; m 为网络中实际存在的关系总数; n 为网络中节点的数量。

②网络中心势

网络中心势 (network centralization) 描述网络紧凑性的总体水平,即网络在多大程度上围绕某些特定的节点进行组织 (约翰·斯科特, 2007)。网络中心势越大,表示网络中的节点越倾向于与某个节点或某些特点节点建立联系。在有向网络中,网络中心势通过网络中最大出度 (入度) 中心度数值占该最大中心度数值与其他节点出度 (入度) 中心度差值总和的最大可能值的比例进行测度 (Freeman, 1978)。公式如下:

$$C_{NC} = \frac{\sum_{i=1}^{n}[C_{max} - C_i]}{\max \sum_{i=1}^{n}[C_{max} - C_i]} \quad (5-11)$$

式 (5-11) 中, C_{NC} 为网络出度 (入度) 中心势, 取值范围为 [0, 1]; n 为网络节点数量; C_{max} 为网络中的最大出度 (入度) 中心度数值; C_i 为网络中节点 i 的出度 (入度) 中心度; $C_{max} - C_i$ 表示网络中最大出度 (入度) 中心度数值与其他节点出度 (入度) 中心度的差值。

③平均路径长度

平均路径长度 (average path length) 是指网络中任意两个节点之间距离的均值 (杨文龙等, 2017)。平均路径长度越短, 表示网络的整体可达性越强。公式如下:

$$L = \frac{\sum_{i \neq j} d_{ij}}{n(n-1)} \tag{5-12}$$

式 (5-12) 中: L 为平均路径长度; n 为网络节点数量; d_{ij} 为节点 i 和 j 之间最短路径的边数。

④集聚系数

集聚系数 (clustering coefficient) 是指网络中任意一个节点与其所有相邻节点的实际边数占可能最大边数的比重 (吴康等, 2015)。集聚系数越大, 表示网络中节点的集聚程度越高。公式如下:

$$C_C = \frac{\sum_{i=1}^{n} \frac{2e_i}{k_i(k_i-1)}}{n} \tag{5-13}$$

式 (5-13) 中: C_C 为网络的集聚系数; n 为网络节点数量; e_i 为与节点 i 实际相连节点的边数; $k_i(k_i-1)$ 为节点 i 的最大可能边数。

⑤小世界性判定

真实世界的网络处于规则网络 (regular network) 和随机网络 (random network) 之间, 表现为小世界网络 (small world network)。与具有相同节点和边数的随机网络相比, 小世界网络具有较大的集群系数和较短的平均路径长度 (Watts and Strogatz, 1998), 即节点之间的平均距离较小且传递性较高。Davis et al (2003) 将集群系数和平均路径长度综合为小世界商 (small world quotient), 用于比较不同类型或不同规模网络的小世界性强弱。公式如下:

$$Q_{SW} = \frac{C_{OBS}/C_{RN}}{L_{OBS}/L_{RN}} \tag{5-14}$$

式 (5-14) 中, Q_{SW} 为小世界商, Q_{SW} 越大表明真实网络的集聚系数越大且平均路径长度越小, 小世界性越强; C_{OBS} 和 L_{OBS} 分别表示真实网络的集聚系数和平均路径长度；C_{RN}和L_{RN}分别表示随机网络的集聚系数和平均路径长度。

⑥度度相关性

度度相关性（degree－degree correlation）也被称为同配性（assortative）和异配性（disassortative）分析，可用于判断网络中的节点是倾向于与自身水平相似的还是相异的节点联系（Li et al.，2015）。一般通过节点与其直接相连节点的平均度的相关系数判定度度相关性。当网络中高中心度的节点倾向于与高中心度的节点连结，且低中心度的节点倾向于与低中心度的节点连结时，网络是同配性的；当网络中低中心度的节点倾向于与高中心度的节点连结，且高中心度的节点倾向于与低中心度的节点连结时，网络是异配性的（Crespo et al.，2014；Newman，2003）。度度相关性分析的主要步骤如下：

首先，计算与节点 h 直接相连的节点的平均度数，公式如下：

$$\bar{k}_h = \frac{1}{k_h} \sum_{i \in V_h} k_i \qquad (5-15)$$

式（5－15）中：$\bar{k}_h$为与节点 h 直接相连的节点的平均度数；k_h为与节点 h 直接相连的节点的边数；V_h为与节点 h 直接相连的节点的集合；k_i为集合V_h中的节点。

其次，估计节点 h 的中心度（k_h）与节点 h 直接相连的节点的平均中心度（$\bar{k}_h$）之间的线性关系，公式如下：

$$\bar{k}_h = ak_h + b \qquad (5-16)$$

式（5－16）中：$\bar{k}_h$和k_h含义同上；b为常数；a为捕捉度度相关性的回归系数，$a>0$表示网络呈现同配性特征，$a<0$表示网络呈现异配性特征。

5.2 高校技术转移网络结构

5.2.1 低参与—短期技术转移网络格局演化

在高校技术转移模式划分的基础上，选取高校专利转让网络分析低参与一短期技术转移网络的格局演化特征。

（1）专利转让网络的高校与城市主体

利用 Ucinet 软件统计高校和城市主体的程度中心度、加权度中心度和相对度中心度，以分析高校和城市在专利转让网络中的地位和优势差异。专利转让双模网络中专利转出主体高校和专利流向主体城市的中心度描述性统计分别如表 5-3 和表 5-4 所示，专利转让双模网络中程度中心度排名前 20 位的专利转出主体高校和专利流向主体城市分别如表 5-5 和表 5-6 所示。可以看出：

表 5-3　　2001~2018 年中国高校专利转让网络高校中心度描述性统计

时间段	2001~2006 年			2007~2012 年			2013~2018 年		
指标	C_D	C_W	C_N	C_D	C_W	C_N	C_D	C_W	C_N
总数	165	412	2.500	1328	4941	5.902	4550	23143	16.430
最大值	10	53	0.152	37	349	0.164	92	1002	0.332
最小值	1	1	0.015	1	1	0.004	1	1	0.004
中位数	1	2	0.015	3	5.500	0.013	5	14	0.018
平均值	1.684	4.204	0.026	4.847	18.033	0.022	9.724	49.451	0.035
标准差	1.426	6.251	0.022	5.574	39.205	0.025	11.250	97.371	0.041
方差	2.033	39.081	0.000	31.071	1536.995	0.001	126.571	9481.094	0.002
变异系数	0.847	1.487	0.847	1.150	2.174	1.150	1.157	1.969	1.157

注：C_D 表示程度中心度，C_W 表示加权度中心度，C_N 表示相对度中心度。

①高校专利转让网络的主体数量迅速扩大，且网络规模增长迅速。2001~2006 年参与专利转让的高校和城市数量分别为 99 个和 66 个，专利转出数量仅有 412 条，2007~2012 年参与专利转让的高校和城市数量为 275 个和 225 个，专利转出数量为 4941 条，2013~2018 年参与专利转让的高校和城市数量为 467 个和 277 个，专利转出数量为 23143 条，转让专利年均增长率高达 39.132%，高校专利转让的参与主体和专利转让数量均迅速增加。

表 5－4　2001～2018 年中国高校专利转让网络城市中心度描述性统计

时间段	2001～2006 年			2007～2012 年			2013～2018 年		
指标	C_D	C_W	C_N	C_D	C_W	C_N	C_D	C_W	C_N
总数	165	412	1.684	1328	4941	4.847	4550	23139	9.743
最大值	22	84	0.224	88	843	0.321	191	2723	0.409
最小值	1	1	0.010	1	1	0.004	1	1	0.002
中位数	1	2	0.010	3	4	0.011	8	16	0.017
平均值	2.500	6.242	0.026	5.902	21.960	0.022	16.426	83.534	0.035
标准差	3.377	13.901	0.034	9.514	76.930	0.035	23.697	240.829	0.051
方差	11.402	193.244	0.001	90.515	5918.216	0.001	561.551	57998.451	0.003
变异系数	1.351	2.227	1.351	1.612	3.503	1.612	1.443	2.883	1.443

注：C_D 表示程度中心度，C_W 表示加权度中心度，C_N 表示相对度中心度。

②高校转让专利的来源集中而去向广泛，且转让专利的来源和去向差异均呈现扩大趋势。从三个时间段的高校和城市中心度数值的大小变化来看，高校程度中心度的变异系数分别为 0.847、1.150 和 1.157，加权度中心度的变异系数分别为 1.487、2.174 和 1.969，相对度中心度的变异系数分别为 0.847、1.150 和 1.157（见表 5－3），整体呈现扩大趋势，表明高校在专利转让的范围和数量方面呈现两极分化的特点，且这种差异性逐渐增强；城市程度中心度的变异系数分别为 1.351、1.612 和 1.443，加权度中心度的变异系数分别为 2.227、3.503 和 2.883，相对度中心度的变异系数分别为 1.351、1.612 和 1.443（见表 5－4），整体呈现扩大趋势，表明城市在吸收转让专利的范围和数量方面也呈现两极分化的特点，且这种差异性也逐渐增强。从高校和城市中心度数值的大小比较来看，三个时间阶段城市的程度中心度、加权度中心度和相对度中心度的变异系数均要大于高校，表明城市中心度的差异要远大于高校中心度的差异，高校转让专利的来源相对集中而去向较为广泛。

③综合类和理工类"985/211"高校成为专利转让网络的核心节点。从专利转让的数量来看，2001～2006 年"985/211"高校转出 324 条，普通

表 5-5 2001~2018 年中国高校专利转让网络中心度前 20 位高校

排序	高校名称	2001~2006 年			高校名称	2007~2012 年			高校名称	2013~2018 年		
		C_D	C_W	C_N		C_D	C_W	C_N		C_D	C_W	C_N
1	清华大学	10	53	0.152	上海交通大学	37	322	0.164	江南大学	92	561	0.332
2	四川大学	6	16	0.091	江南大学	32	92	0.142	北京工业大学	59	364	0.213
3	天津大学	6	11	0.091	浙江大学	30	259	0.133	清华大学	53	1002	0.191
4	浙江大学	6	12	0.091	清华大学	26	203	0.116	陕西科技大学	52	132	0.188
5	东华大学	5	7	0.076	中南大学	23	58	0.102	上海交通大学	51	638	0.184
6	华东理工大学	4	5	0.061	天津大学	21	62	0.093	华南理工大学	49	389	0.177
7	中国药科大学	4	7	0.061	武汉大学	21	144	0.093	重庆大学	49	344	0.177
8	中南大学	4	9	0.061	西安交通大学	21	80	0.093	哈尔滨工业大学	47	398	0.170
9	北京邮电大学	3	16	0.045	北京科技大学	20	58	0.089	广西大学	46	151	0.166
10	东南大学	3	5	0.045	哈尔滨工业大学	20	82	0.089	江苏大学	46	343	0.166
11	上海交通大学	3	22	0.045	北京工业大学	19	92	0.084	江苏科技大学	46	246	0.166
12	沈阳药科大学	3	11	0.045	东华大学	18	57	0.080	浙江大学	46	353	0.166
13	武汉大学	3	4	0.045	同济大学	17	77	0.076	北京科技大学	43	149	0.155

第5章 中国高校技术转移网络的空间演化特征

续表

排序	2001~2006年				2007~2012年				2013~2018年			
	高校名称	C_D	C_W	C_N	高校名称	C_D	C_W	C_N	高校名称	C_D	C_W	C_N
14	武汉理工大学	3	5	0.045	华南理工大学	16	71	0.071	中南大学	42	149	0.152
15	浙江工业大学	3	4	0.045	上海大学	16	80	0.071	武汉大学	41	235	0.148
16	中国农业大学	3	5	0.045	北京航空航天大学	15	49	0.067	西安交通大学	40	486	0.144
17	北京大学	2	6	0.030	东南大学	15	73	0.067	南京林业大学	39	139	0.141
18	北京科技大学	2	6	0.030	华东理工大学	15	55	0.067	天津大学	38	141	0.137
19	江南大学	2	2	0.030	山东大学	15	45	0.067	西安理工大学	36	181	0.130
20	同济大学	2	6	0.030	中国药科大学	15	32	0.067	东南大学	33	678	0.119

注：C_D表示程度中心度，C_W表示加权度中心度，C_N表示相对度中心度；按照程度中心度大小进行排序。

高校转出 88 条，综合类（248 条）、理工类（105 条）和医药类（40 条）高校转出数量位居前三。2007~2012 年"985/211"高校转出 3628 条，普通高校转出 1313 条，综合类（2785 条）、理工类（1707 条）和农林类（171 条）高校转出数量位居前三；2013~2018 年"985/211"高校转出 12341 条，普通高校转出 10802 条，综合类（10548 条）、理工类（10513 条）和农林类（1100 条）高校转出数量位居前三。从专利转让网络程度中心度前 20 位的高校数量来看（见表 5-5），三个时间阶段程度中心度排名前 20 的高校中，综合类和理工类的"985/211"高校的数量分别是 18 个、19 个和 15 个。可见，综合类和理工类"985/211"高校在专利转让网络中占据绝对优势。

表 5-6　2001~2018 年中国高校专利转让网络中心度前 20 位城市

排序	城市	2001~2006 年			城市	2007~2012 年			城市	2013~2018 年		
		C_D	C_W	C_N		C_D	C_W	C_N		C_D	C_W	C_N
1	北京	22	79	0.224	北京	88	843	0.321	北京	191	2723	0.409
2	上海	17	84	0.173	上海	52	579	0.190	广州	161	1115	0.345
3	南京	7	17	0.071	深圳	50	178	0.182	上海	131	1371	0.281
4	成都	6	18	0.061	苏州	40	386	0.146	深圳	119	762	0.255
5	重庆	6	12	0.061	广州	33	137	0.120	南京	102	1029	0.218
6	广州	5	9	0.051	南京	33	218	0.120	杭州	86	549	0.184
7	杭州	5	9	0.051	天津	32	132	0.117	南通	86	1396	0.184
8	深圳	5	13	0.051	杭州	29	190	0.106	苏州	85	636	0.182
9	大连	4	7	0.041	成都	26	138	0.095	无锡	70	557	0.150
10	天津	4	12	0.041	无锡	24	80	0.088	东莞	68	334	0.146
11	武汉	4	10	0.041	宁波	23	57	0.084	天津	66	385	0.141
12	长沙	4	9	0.041	泉州	22	27	0.080	佛山	63	199	0.135
13	常州	3	3	0.031	厦门	20	33	0.073	武汉	60	615	0.128
14	湖州	3	4	0.031	武汉	19	136	0.069	青岛	58	214	0.124
15	昆明	3	8	0.031	大连	17	64	0.062	西安	57	533	0.122
16	宁波	3	5	0.031	南通	17	38	0.062	重庆	57	341	0.122

第 5 章 中国高校技术转移网络的空间演化特征

续表

排序	城市	2001~2006年			城市	2007~2012年			城市	2013~2018年		
		C_D	C_W	C_N		C_D	C_W	C_N		C_D	C_W	C_N
17	无锡	3	3	0.031	青岛	16	26	0.058	成都	55	478	0.118
18	珠海	3	3	0.031	扬州	16	33	0.058	常州	50	595	0.107
19	合肥	2	2	0.020	常州	15	44	0.055	徐州	50	259	0.107
20	济南	2	6	0.020	合肥	14	31	0.051	合肥	49	203	0.105

注：C_D 表示程度中心度，C_W 表示加权度中心度，C_N 表示相对度中心度；按照程度中心度大小进行排序。

④直辖市和省会城市成为高校专利转让的主要目的地。从高校专利转让总量来看，2001~2018年三个时间段高校转让专利流向直辖市和省会城市的数量分别为314条、2935条和11992条，分别占转让专利总量的76.214%、59.401%、51.826%。虽然流向直辖市和省会城市的转让专利比重不断下降，但直辖市和省会城市作为省域教育和科技中心，是高等院校和科研院所的集聚地，也是科研机构的主要知识溢出地和技术转移承接地，在专利转让网络中占据"半壁江山"（叶雷等，2019）。从专利转让网络程度中心度前20位的城市来看（见表5-6），2001~2018年三个时间段程度中心度排名前20的城市中直辖市和省会城市数量分别是13个、9个和11个，其余为深圳、大连、苏州等经济发展的区域中心城市。

（2）专利转让网络的空间尺度与距离

中国高校专利转让网络的空间尺度与空间距离如图5-3所示。可以发现：

①专利转让网络的空间尺度呈现由大幅波动向逐渐平稳的趋势演变，城市和全国尺度成为专利转让网络的主要空间尺度。2001~2006年专利转让的空间尺度波动较大，城市尺度转让专利的比重大幅度下降，全国尺度大幅度提升，城市尺度的转让专利比重由2001年的76.190%下降至2006年的55.556%，全国尺度的转让专利比重由2001年的23.810%提升至2006年的39.776%。2007~2012年专利转让网络的空间尺度相对平稳，2013~2018年专利转让网络的空间尺度虽然有小幅度的波动，但城

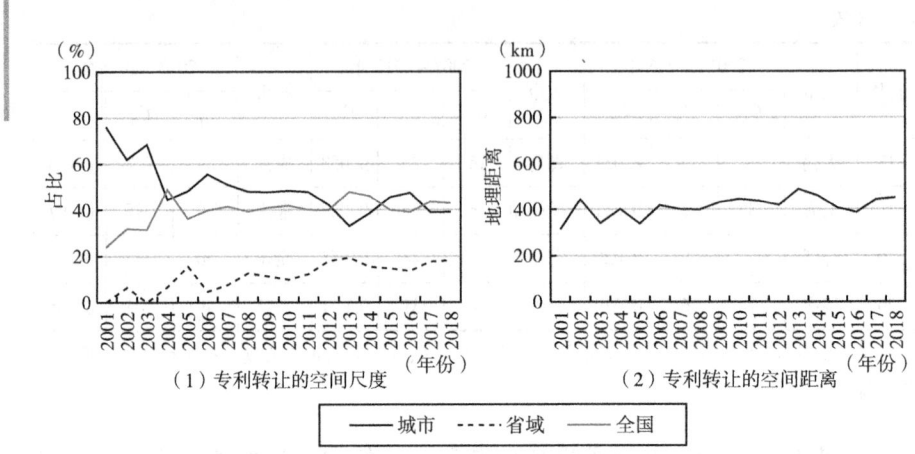

图 5-3　2001~2018 年中国高校专利转让网络的空间尺度与距离

资料来源：作者自绘。

市尺度和全国尺度均保持在 40% 左右。省域尺度的转让专利比重最低，始终保持在 20% 以下。可见，城市和全国尺度成为专利转让网络的主要空间尺度。

②专利转让网络的空间距离稳定保持在 400km 左右。以专利转出高校和专利流向主体之间的地理距离计算历年高校专利转让的平均空间距离。可以看出，专利转让网络的空间距离始终稳定保持在 400km 左右。2001~2006 年专利转让网络的空间距离在 400km 左右小幅度波动，2007~2012 年专利转让网络的空间距离略高于 400km，2013~2018 年专利转让网络的空间距离呈现小幅度波动，但也同样始终保持在 400km 左右。

（3）专利转让网络的拓扑结构

以单模网络为基础，利用 Ucinet 软件对 2001~2018 年中国高校专利转让网络的拓扑结构进行定量分析（见表 5-7 和图 5-4）。结果显示：

①高校专利转让网络具有明显小世界性特征，且小世界性不断增强。2001~2006 年、2007~2012 年和 2013~2018 年三个时间段高校专利转让网络的集聚系数分别为 0.153、0.398 和 0.479，均大于同时期随机网络的集聚系数 0.055、0.017 和 0.033。三个时间段高校专利转让网络的平均路径长度分别为 2.773、2.728 和 2.459，均小于同时期随机网络的平均路径长度 4.997、3.905 和 2.663。高校专利转让网络具有较大的集

聚系数和较小的平均路径长度,表明具有明显的小世界性特征。三个时间阶段的小世界商值分别为 1.544、16.356 和 13.403,表明 2001~2006 年专利转让网络的小世界性较弱,2007~2012 年和 2013~2018 年小世界性显著提高。

表 5-7 　 2001~2018 年中国高校专利转让网络拓扑结构

网络拓扑结构指标	2001~2006 年	2007~2012 年	2013~2018 年
节点数量	64	224	277
边数	91	803	2683
网络密度	0.023	0.016	0.035
平均路径长度	2.773	2.728	2.459
平均路径长度(随机网络)	4.997	3.905	2.663
集聚系数	0.153	0.398	0.479
集聚系数(随机网络)	0.055	0.017	0.033
传递性	0.129	0.121	0.196
传递性(随机网络)	0.042	0.015	0.033
平均入度/出度中心度	1.422	3.585	9.686
平均入度/出度中心度(加权网络)	2.766	11.933	49.856
网络入度中心势	13.83%	13.70%	21.93%
网络出度中心势	18.67%	35.32%	47.39%
出度—入度相关性	-0.208 (0.287)	-0.234 (0.051)	-0.297 (0.000)
总度—总度相关性	-0.236 (0.227)	-0.170 (0.159)	-0.291 (0.000)
出度—入度相关性(加权网络)	-0.136 (0.492)	-0.144 (0.233)	-0.183 (0.024)
总度—总度相关性(加权网络)	-0.192 (0.326)	-0.077 (0.527)	-0.194 (0.017)

注:为分析专利转让网络的可达性和集聚性,利用实际网络的度分布构建模拟网络;括号内数值为 p 值。

②高校专利转让网络逐渐趋于异配性特征。2001~2006 年和 2007~

2012年,高校专利转让二值网络和加强网络的出度—入度相关性、总度—总度相关性系数虽然均为负数,但在统计上不显著。2013~2018年,高校专利转让二值网络和加权网络的出度—入度相关性、总度—总度相关性系数均在5%及以上水平上呈现显著负相关,高校专利转让网络开始表现出异向匹配特征,表明中心度低的城市倾向于向中心度高的城市进行专利转让,网络连接呈现异配性,城市创新能级在专利转让网络中的作用开始突显。

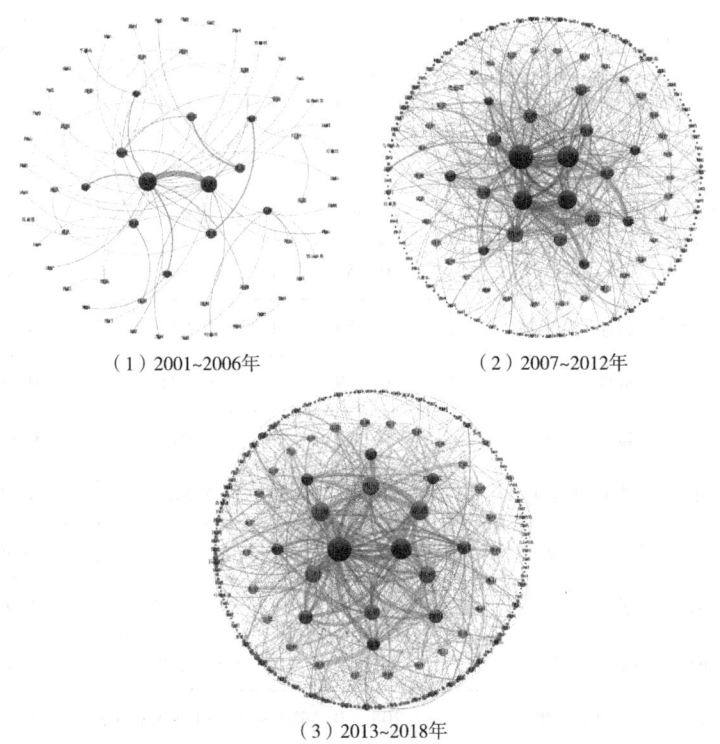

(1) 2001~2006年　　　　(2) 2007~2012年

(3) 2013~2018年

图5-4　2001~2018年中国高校专利转让网络核心—边缘结构

注:节点越大表示加权度中心度越大,连接线越粗表示转让专利数量越多。

③高校专利转让网络呈现"核心—边缘"结构,核心圈层基本稳定。2001~2006年、2007~2012年和2013~2018年三个时间段高校专利转让网络的入度中心势分别为13.83%、13.70%和21.93%,出度中心势分别为18.67%、35.32%和47.39%,整体网络具有从某个或某些节点集中向

外扩散的态势，表明网络存在明显的"核心—边缘"结构。利用 Pajek 软件块模分析中的层次聚类算法，将中国高校专利转让网络划分为强核心层、核心层、强半边缘层、弱半边缘层和边缘层 5 个层次（见图 5-4）。可以看出，在三个时间阶段中，虽然城市数量不断增加，网络联系强度不断增强，但核心圈层的城市基本保持稳定。第一阶段核心圈层包括北京、上海、杭州、深圳、南京、成都和沈阳 7 个城市，第二阶段在此基础上增加了无锡、西安、天津、武汉、广州、苏州 6 个城市，仅沈阳成为了弱半边缘层城市。第三阶段仅深圳、成都、天津、武汉、苏州下跌为强半边缘层，北京、南京、上海、杭州、无锡、西安、广州 6 个城市仍占据核心圈层位置。可见，"核心—边缘"结构中核心城市基本保持稳定。

(4) 专利转让网络的空间结构

①京津和长江经济带核心城市成为高校专利本地转让的主要城市。从高校专利本地转让的强度可以看出，2001~2006 年、2007~2012 年和 2013~2018 年三个时间段，北京、天津成为我国北方地区高校专利本地转让的主要城市，长江经济带的上海、南京、杭州、重庆、成都等直辖市和省会城市作为区域中心城市具有较强的技术吸收能力，成为我国南方地区高校专利自产自销的主要城市。反观西北地区的西安和兰州、东北地区的辽宁和沈阳等高校资源丰裕的城市，由于自身缺乏技术吸收能力，高校专利本地转让数量较少，[①] 表明高校技术产出与城市发展存在一定程度的空间不匹配。

②"专利东南飞"现象显著。从高校专利跨区域转让的强度来看，区域内部和东部地区成为专利转让的主要目的地。2001~2006 年、2007~2012 年和 2013~2018 年三个时间阶段东部地区的高校转出专利数量分别为 261 个、3416 个、14541 个，其中东部地区内部转让数量分别为 244 个、3085 个和 12989 个，对中部地区、西部地区和东北地区的专利转让均较

---

① 根据国家统计局东西中部和东北地区划分方法，东部地区包括北京、天津、河北、山东、江苏、上海、浙江、福建、广东、海南 10 个省级行政单元，中部地区包括山西、河南、湖北、湖南、江西、安徽 6 省，西部地区包括重庆、四川、广西、贵州、云南、陕西、甘肃、内蒙古、宁夏、新疆、青海、西藏 12 个省级行政单元，东北地区包括辽宁、吉林和黑龙江 3 省。

少，表明东部地区成为高校专利转让的主要目的地。

从专利转让的主要空间方向来看，京津—长三角、京津—珠三角、长三角—珠三角、哈长沈—长三角、成渝—珠三角等成为高校专利转让的主要方向。三个时间段东北地区的高校转出专利数量分别为36个、329个、1813个，其中东北地区内部转让数量分别为22个、170个、994个，转让至东部地区的专利数量分别为14个、131个、375个，高于东北地区向中部地区和西部地区的专利转让量；三个时间阶段中部地区的高校转出专利数量分别为61个、645个和2980个，其中中部地区内部转让数量分别为39个、351个、1845个，转让至东部地区的专利数量分别为19个、264个、997个，高于中部地区向东北地区和西部地区的专利转让量；三个时间阶段西部地区的高校转出专利数量分别为54个、551个和3805个，其中西部地区内部转让数量分别为42个、307个、1961个，转让至东部地区的专利数量分别为12个、211个、1626个，高于西部地区向东北地区和中部地区的专利转让量。

③以菱形为核心的空间结构逐渐明晰。2001～2006年高校专利转让网络的密度较低，空间结构特征不显著，随后中国高校专利转让网络逐渐形成以菱形为核心的空间结构。菱形的四个角分别由京（北京）津（天津）、沪（上海）宁（南京）、成（成都）渝（重庆）和广（广州）深（深圳）等节点城市构成，菱形结构内部形成了杭州、武汉、长沙、西安等次一级高校专利转让联系干线，这些核心城市在高校专利转让网络中占据中心性和结构洞位置，是我国城市创新的高地（吴康等，2015；周灿等，2017b），而东北、西北、西南和东南等外围地区则通过次一级的专利转让网络与核心城市保持联系。可见，中国高校跨区域专利转让主要发生在核心节点城市之间，地理距离对高校跨区域专利转让的影响并不显著。

5.2.2 低参与—长期技术转移网络格局演化

在高校技术转移模式划分的基础上，选取校办科技企业网络分析低参与—长期技术转移网络的格局演化特征。

(1) 校办企业网络的高校与城市主体

利用 Ucinet 软件统计高校和城市主体的程度中心度、加权度中心度和相对度中心度,以分析高校和城市在校办企业网络中的地位和优势差异。校办企业双模网络中校办企业创建主体高校和校办企业所在城市主体的中心度描述性统计分别如表 5-8 和表 5-9 所示,校办企业双模网络中程度中心度排名前 20 位的高校和城市分别如表 5-10 和表 5-11 所示。可以看出:

表 5-8 2001~2018 年中国高校校办科技企业网络高校中心度描述性统计

时间段	2001~2006 年			2007~2012 年			2013~2018 年		
指标	C_D	C_W	C_N	C_D	C_W	C_N	C_D	C_W	C_N
总数	719	3032	4.087	813	2485	4.185	1432	5638	5.561
最大值	59	234	0.328	93	304	0.484	171	1165	0.671
最小值	1	1	0.006	1	1	0.005	1	1	0.004
中位数	1	3	0.006	1	3	0.005	1	4	0.004
平均值	2.199	9.272	0.012	2.606	7.965	0.013	3.902	15.362	0.015
标准差	4.241	23.296	0.023	6.520	22.467	0.034	11.631	71.891	0.046
方差	17.982	542.718	0.001	42.508	504.746	0.001	135.287	5168.269	0.002
变异系数	1.929	2.512	1.878	2.502	2.821	2.533	2.981	4.680	2.961

注:C_D 表示程度中心度,C_W 表示加权度中心度,C_N 表示相对度中心度。

①校办企业网络的主体数量迅速扩大,但网络规模增长缓慢。从校办企业网络的范围来看,2001~2006 年建立校办企业关系的高校和城市数量分别为 237 个和 180 个,2007~2012 年分别为 312 个和 192 个,2013~2018 年分别为 367 个和 255 个,创办校办企业的高校数量稳步增加,校办企业的空间分布范围也不断扩大。从校办企业网络的规模来看,2001~2006 年新增校办企业 3032 个,2007~2012 年新增 2485 个,2013~2018 年新增 5638 个(见表 5-8),呈现先降后升的趋势,2001~2018 年校办企业的年均增长率仅为 3.214%。可见,参与校办企业网络的高校和城市主体稳步增加,但校办企业网络的增长十分缓慢。

表 5-9 2001~2018 年中国高校校办科技企业网络城市中心度描述性统计

时间段	2001~2006 年			2007~2012 年			2013~2018 年		
指标	C_D	C_W	C_N	C_D	C_W	C_N	C_D	C_W	C_N
总数	719	3032	2.182	813	2485	2.582	1432	5638	3.891
最大值	57	467	0.174	60	304	0.192	53	730	0.144
最小值	1	1	0.003	1	1	0.003	1	1	0.003
中位数	2	3	0.006	2	3	0.006	3	5	0.008
平均值	3.994	16.844	0.012	4.234	12.943	0.013	5.616	22.110	0.015
标准差	6.164	52.467	0.019	6.420	34.008	0.021	7.130	61.996	0.019
方差	37.994	2752.831	0.000	41.221	1156.564	0.000	50.833	3843.541	0.000
变异系数	1.543	3.115	1.557	1.516	2.628	1.533	1.270	2.804	1.273

注：C_D 表示程度中心度，C_W 表示加权度中心度，C_N 表示相对度中心度。

②校办企业的来源广泛而去向集中，校办企业的来源差异逐渐扩大、去向差异逐渐缩小。从高校和城市中心度的数值大小变化来看，2001~2006 年、2007~2012 年和 2013~2018 年高校程度中心度的变异系数分别为 1.929、2.502 和 2.981，加权度中心度的变异系数分别为 2.512、2.821 和 4.680，相对度中心度的变异系数分别为 1.878、2.533 和 2.961（见表 5-8），均呈现递增趋势，表明高校在建立校办企业的范围和数量方面呈现两极分化的特点，且这种差异性逐渐增强。三个时间段城市程度中心度的变异系数分别为 1.543、1.516 和 1.270，加权度中心度的变异系数分别为 3.115、2.628 和 2.804，相对度中心度的变异系数分别为 1.557、1.533 和 1.273（见表 5-9），整体呈现下降趋势，表明城市在吸引校办企业的范围和数量方面呈现两极分化的特点，但这种差异性逐渐缩小。从高校和城市中心度数值大小的比较来看，除了 2001~2006 年城市加权度中心度的变异系数大于高校加权度中心度的变异系数，三个时间阶段城市的程度中心度、加权度中心度和相对度中心度的变异系数均要大于高校，高校中心度的差异要远大于城市中心度的差异，表明校办科技企业的来源相对广泛而去向较为集中。

③综合类和理工类"985/211"高校成为校办企业网络的核心节点，清华大学和北京大学地位突出。从高校层次来看，2001~2006年、2007~2012年和2013~2018年三个时间段"985/211"高校分别建立校办企业2283个、1680个和4140个，分别占总数的76.559%、68.044%和74.420%，"985/211"高校在校办企业网络中占据主导地位。从校办企业网络程度中心度排名前20位的高校来看，三个时间阶段程度中心度排名前20的高校中，"985/211"高校数量分别为19个、19个和20个。从高校类型来看，2001~2006年综合类高校和理工类高校数量建立校办企业1745个和857个，两者占总数的87.257%，2007~2012年综合类高校和理工类高校分别建立校办企业1322个和838个，两者占总数的87.485%，2013~2018年综合类高校和理工类高校分别建立校办企业3098个和1929个，两者占总数的90.365%。从校办企业网络程度中心度排名前20位的高校来看（见表5-10），三个时间阶段程度中心度排名前20的高校中，综合类和理工类的"985/211"高校的数量分别是18个、19个和20个。可见，综合类和理工类"985/211"高校在校办企业网络中占据绝对优势。

清华大学和北京大学在校办企业网络中的地位突出。在2001~2006年、2007~2012年和2013~2018年三个时间段，清华大学通过各种方式控股的新增校办企业数量分别为222个、304个和1165个，相对中心度高达0.328、0.484和0.671，北京大学的新增校办企业数量分别为234个、214个和605个，相对中心度高达0.211、0.302和0.435。可见，清华大学和北京大学的中心度在三个时间段均远高于其他高校，在校办企业网络中的地位突出。

④直辖市和省会城市成为校办企业的主要目的地。从各城市拥有的校办企业总量来看，2001~2006年、2007~2012年和2013~2018年三个时间段校办企业流向省级行政中心的数量分别为2982个、2469个和5563个，分别占校办企业总数的75.654%、63.994%、61.999%，直辖市和省会城市成为高校校办企业的主要目的地。从校办企业网络程度中心度前20位的城市来看（见表5-11），三个时间段程度中心度排名前20的城市中省会数量分别是17个、15个和14个，北京、上海、天津、武汉等经济发展

表 5-10 2001~2018 年中国高校校办科技企业网络中心度前 20 位高校

排序	2001~2006 年				2007~2012 年				2013~2018 年			
	高校名称	C_D	C_W	C_N	高校名称	C_D	C_W	C_N	高校名称	C_D	C_W	C_N
1	清华大学	59	222	0.328	清华大学	93	304	0.484	清华大学	171	1165	0.671
2	北京大学	38	234	0.211	北京大学	58	214	0.302	北京大学	111	605	0.435
3	武汉大学	15	41	0.083	东北大学	20	35	0.104	哈尔滨工业大学	59	343	0.231
4	上海交通大学	13	142	0.072	华中科技大学	20	72	0.104	华中科技大学	32	103	0.125
5	东北大学	12	37	0.067	中山大学	16	49	0.083	北京航空航天大学	29	89	0.114
6	浙江大学	12	147	0.067	上海交通大学	15	53	0.078	上海交通大学	28	134	0.110
7	哈尔滨工业大学	11	55	0.061	复旦大学	12	32	0.063	东北大学	27	89	0.106
8	中国地质大学	11	30	0.061	武汉大学	11	33	0.057	同济大学	27	101	0.106
9	华南理工大学	10	27	0.056	哈尔滨工业大学	10	36	0.052	南京大学	19	60	0.075
10	华中科技大学	9	75	0.050	同济大学	10	41	0.052	中山大学	17	77	0.067
11	大连理工大学	8	23	0.044	浙江大学	10	32	0.052	浙江大学	16	68	0.063
12	同济大学	8	62	0.044	北京航空航天大学	8	23	0.042	哈尔滨工程大学	15	37	0.059
13	北京理工大学	7	21	0.039	东南大学	8	22	0.042	中国地质大学	15	97	0.059

续表

排序	2001~2006年 高校名称	C_D	C_W	C_N	2007~2012年 高校名称	C_D	C_W	C_N	2013~2018年 高校名称	C_D	C_W	C_N
14	复旦大学	7	111	0.039	南京航空航天大学	7	13	0.036	北京交通大学	14	37	0.055
15	北京化工大学	6	11	0.033	西南交通大学	7	29	0.036	东北师范大学	13	19	0.051
16	北京师范大学	6	23	0.033	北京科技大学	6	12	0.031	武汉大学	13	37	0.051
17	东南大学	6	27	0.033	大连理工大学	6	32	0.031	西安交通大学	13	41	0.051
18	广西师范大学	6	12	0.033	合肥工业大学	6	17	0.031	中国科学技术大学	13	44	0.051
19	合肥工业大学	6	28	0.033	华东理工大学	6	24	0.031	北京理工大学	12	46	0.047
20	吉林大学	6	57	0.033	兰州交通大学	6	16	0.031	北京师范大学	12	29	0.047

注：C_D 表示程度中心度，C_W 表示加权度中心度，C_N 表示相对度中心度；按照程度中心度大小进行排序。

活跃、高校资源密集城市的加权度中心度在三个时间段始终位居前列,经济发达的省会成为校办企业的主要目的地。

表 5-11　2001~2018 年中国高校校办科技企业网络中心度前 20 位高校

排序	城市	2001~2006 年			城市	2007~2012 年			城市	2013~2018 年		
		C_D	C_W	C_N		C_D	C_W	C_N		C_D	C_W	C_N
1	北京	57	443	0.174	北京	60	304	0.192	北京	53	730	0.144
2	上海	32	467	0.098	苏州	34	77	0.109	深圳	39	165	0.106
3	深圳	32	99	0.098	上海	28	272	0.090	苏州	39	138	0.106
4	南京	20	122	0.061	深圳	28	73	0.090	上海	36	375	0.098
5	武汉	19	144	0.058	南京	21	133	0.067	成都	29	189	0.079
6	广州	18	74	0.055	武汉	19	120	0.061	重庆	28	126	0.076
7	杭州	15	158	0.046	杭州	17	51	0.054	南京	26	155	0.071
8	成都	14	92	0.043	无锡	17	44	0.054	武汉	25	250	0.068
9	南昌	14	35	0.043	广州	16	74	0.051	天津	24	258	0.065
10	沈阳	13	49	0.040	天津	16	55	0.051	青岛	23	121	0.063
11	重庆	13	59	0.040	西安	15	45	0.048	西安	22	106	0.060
12	哈尔滨	12	89	0.037	成都	13	69	0.042	广州	20	119	0.054
13	西安	12	63	0.037	哈尔滨	12	51	0.038	郑州	20	99	0.054
14	天津	11	54	0.034	沈阳	12	34	0.038	杭州	19	118	0.052
15	合肥	10	51	0.031	重庆	12	45	0.038	宁波	19	64	0.052
16	昆明	10	50	0.031	常州	10	18	0.032	哈尔滨	18	201	0.049
17	南宁	10	21	0.031	合肥	10	36	0.032	长沙	18	66	0.049
18	青岛	10	33	0.031	东莞	9	20	0.029	肇庆	18	32	0.049
19	苏州	10	29	0.031	济南	9	26	0.029	合肥	17	106	0.046
20	长沙	10	64	0.031	昆明	9	57	0.029	南通	16	39	0.044

注:C_D 表示程度中心度,C_W 表示加权度中心度,C_N 表示相对度中心度;按照程度中心度大小进行排序。

(2)校办企业网络的空间尺度与距离

校办企业网络的空间尺度与空间距离如图 5-5 所示。可以发现:

①校办企业网络的空间尺度呈现由城市尺度逐渐下降与国家尺度逐渐提升向城市和国家尺度齐头并进、省域尺度低水平平稳的趋势演化。2001~2006年、2007~2012年和2013~2018年城市尺度的校办企业网络占比分别为76.694%、65.006%和52.849%，呈现下降趋势，全国尺度的校办企业网络占比分别为18.444%、28.433%和40.805%，2016年全国尺度的校办企业网络与城市尺度的校办企业网络的差距进一步缩小，并在2018年超越了城市尺度的校办企业网络，城市和全国尺度成为校办企业网络的主要空间尺度。省域尺度的校办企业网络比重最低，三个时间段的比重分别为4.863%、6.561%和6.345%，始终保持在7%以下。可见，城市和全国尺度已成为校办企业网络的主要空间尺度。

②校办企业网络的地理距离在2013年前缓慢增加，2013年以后大幅度增加。以创办校办企业的高校和校办企业之间的地理距离计算历年校办企业网络的平均空间距离。可以看出，2013年以前，校办企业网络的地理距离整体增加幅度较小，年均增加9.094km。2013~2018年，校办企业网络的地理距离呈现跨越式提升，年均增加46.018km。

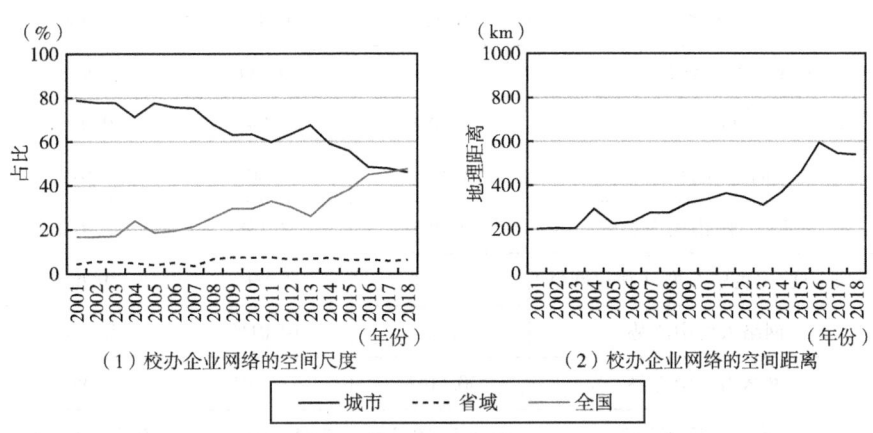

图5-5 2001~2018年中国高校校办科技企业网络的空间尺度与距离

(3) 校办企业网络的拓扑结构

以单模网络为基础，利用Ucinet软件对2001~2018年中国高校校办企业网络拓扑结构进行定量分析（见表5-12和图5-6）。结果显示：

①校办企业网络具有明显的小世界性特征，且小世界性不断增强。

2001~2006年、2007~2012年和2013~2018年三个时间段校办企业网络的集聚系数分别为0.408、0.434和0.539，均大于同时期随机网络的0.013、0.011和0.010，平均路径长度分别为2.487、2.341和2.708，均小于同时期随机网络的6.328、6.348和4.857，校办企业网络具有较大的集聚系数和较小的平均路径长度，表明校办企业网络具有明显的小世界性特征。此外，三个时期的小世界商值分别为12.335、14.550和30.052，呈现递增趋势，表明校办企业网络的小世界性不断增强。

表5-12　2001~2018年中国高校校办科技企业网络拓扑结构

网络拓扑结构指标	2001~2006年	2007~2012年	2013~2018年
节点数量	160	170	251
边数	313	372	731
网络密度	0.012	0.013	0.012
平均路径长度	2.487	2.341	2.708
平均路径长度（随机网络）	6.328	6.348	4.857
集聚系数	0.408	0.434	0.539
集聚系数（随机网络）	0.013	0.011	0.010
传递性	0.059	0.049	0.059
传递性（随机网络）	0.008	0.008	0.010
平均入度/出度中心度	1.956	2.188	2.912
平均入度/出度中心度（加权网络）	4.344	5.094	10.633
网络入度中心势	12.69%	10.01%	6.06%
网络出度中心势	50.66%	67.74%	78.35%
出度—入度相关性	-0.147（0.326）	0.047（0.756）	-0.210（0.104）
总度—总度相关性	-0.093（0.536）	-0.022（0.882）	-0.133（0.305）
出度—入度相关性（加权网络）	-0.135（0.365）	-0.034（0.822）	-0.138（0.288）
总度—总度相关性（加权网络）	-0.099（0.508）	-0.113（0.450）	-0.089（0.469）

注：为分析技术转移网络的可达性和集聚性，利用实际网络的度分布构建模拟网络；括号内数值为p值。

②校办企业网络的异配性特征不明显。2001~2006年、2007~2012年和2013~2018年三个时间段校办企业二值网络的出度—入度相关性和总度—总度相关性虽然均为负数,但均在10%水平上不显著,加权网络的出度—入度相关性和总度—总度相关性虽然均为负数,但也均在10%水平上不显著。可见,虽然校办企业网络表现异向匹配的特征,但异配性特征并不明显。

③校办企业网络呈现以北京为强核心的"核心—边缘"结构。2001~2006年、2007~2012年和2013~2018年三个时间段校办企业网络的网络入度中心势仅为12.69%、10.01%和6.06%,呈现下降趋势,而网络出度中心势分别50.66%、67.74%和78.35%,整体网络具有从某个或某些节点集中向外扩散的态势,表明网络存在非常明显的"核心—边缘"结构。将校办企业网络划分为强核心层、核心层、强半边缘层、弱半边缘层和边缘层5个层次(见图5-6)。可以看出,北京在校办企业网络中始终是唯一的强核心城市。2001~2006年核心层的城市包括上海、武汉和深圳,2007~2012年包括深圳、上海、武汉、南京和苏州,2013~2018年包括上海和哈尔滨,核心层城市数量少且变动较大,与北京的差距较大,三个时间段的强半边缘层较为稳定,主要包括广州、杭州和沈阳等城市。

(4)校办企业网络的空间结构

①本地校办企业在直辖市和省会城市呈钉状分布。从高校本地创建的校办企业数量可以看出,校办企业在空间上呈现大分散、小集聚和高值孤立分布的特征。2001~2006年、2007~2012年和2013~2018年三个时间段具有本地校办企业的城市数量不断上升,但整体上分布零散。高值区始终分布于北京、上海、南京、武汉、重庆、哈尔滨等直辖市和省会城市,这些城市呈现钉状零散分布,与周边城市存在巨大差距。这些城市高教资源不仅数量多而且质量高,如北京拥有67所普通高等学校,其中"985"高校8所,"211"高校26所,排名全国第一;武汉拥有46所普通高等学校,其中"211"高校7所,"985"高校2所;哈尔滨拥有27所普通高等学校,其中"211"高校4所,"985"高校1所。

②校办企业"由北向南"转移现象显著。从校办企业跨区域联系的总量和强度来看,京津、武汉、哈长沈和长三角地区是校办企业的主要输出

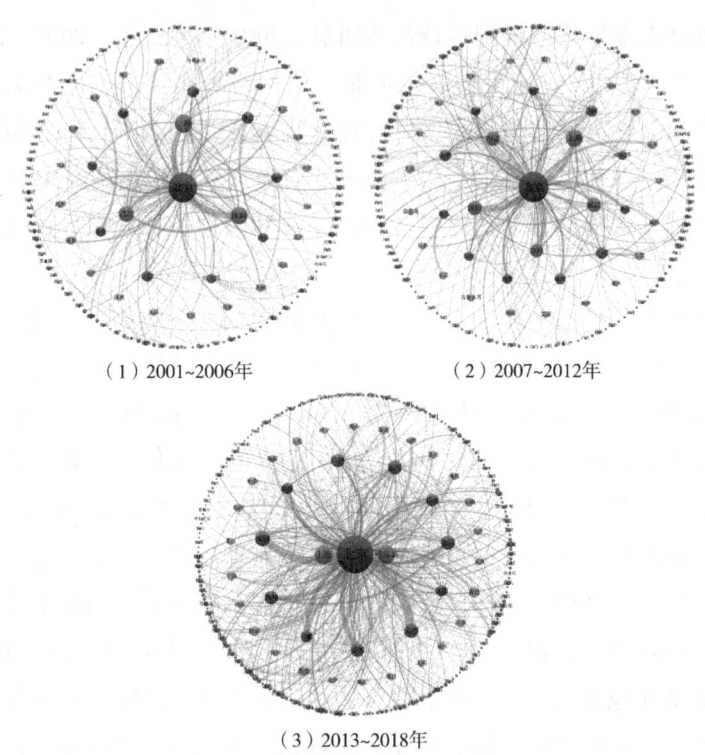

图 5-6 2001~2018 年中国高校校办科技企业网络核心—边缘结构

注：节点越大表示加权度中心度越大，连接线越粗表示校办企业联系越多。

地。北京和天津的校办企业对邻近的河北、山东、内蒙古等省份的辐射作用不强，反而与长三角和珠三角地区保持了高强度联系。武汉的主要联系方向为珠三角地区的广州和深圳。哈长沈在 2001~2006 年和 2007~2012 年的主要联系方向为长三角地区，2013~2018 年开始向珠三角地区拓展。长三角地区跨区域联系主要在长三角地区内部和珠三角地区。西部地区的重庆、成都、西安等城市虽然优质高校资源密集但校办企业的跨区域联系较弱，向长三角和珠三角地区进行校办企业输出的数量也较少。可见，校办企业"由北向南"转移现象十分显著，而"由西向东"转移的现象并不突出。

③北京"单核辐射"的空间结构稳定。2001~2006 年、2007~2012 年和 2013~2018 年三个时间段北京在校办企业网络中始终占据绝对核心位置。从校办企业跨区域联系的总量和强度来看，2001~2006 年和 2007~2012 年北京与深圳、上海、苏州等城市形成了高强度的校办企业联系，而

同时期其他城市间的联系强度均较低。2013~2018年北京的辐射作用进一步增强，同时与深圳、上海、苏州、合肥、重庆、武汉等多个城市形成了高强度的校办企业联系。虽然哈尔滨在该时期的地位大幅度提升，与上海、苏州、合肥、深圳等城市的联系强度有所提升，但与北京相比在校办企业数量和联系强度方面仍有不小差距，校办企业网络呈现稳定的"单核辐射"空间结构特征。

5.2.3　高参与—短期技术转移网络格局演化

在高校技术转移模式划分的基础上，选取高校合作专利网络分析高参与—短期技术转移网络的格局演化特征。

（1）合作专利网络的高校与城市主体

利用 Ucinet 软件统计高校和城市主体的程度中心度、加权度中心度和相对度中心度，以分析高校和城市在合作专利网络中的地位和优势差异。合作专利双模网络中高校主体和城市主体的中心度描述性统计分别如表 5-13 和表 5-14 所示，合作专利双模网络中程度中心度排名前 20 位的高校主体和城市主体分别如表 5-15 和表 5-16 所示。可以看出：

表 5-13　　2001~2018 年中国高校合作专利网络高校中心度描述性统计

时间段	2001~2006 年			2007~2012 年			2013~2018 年		
指标	C_D	C_W	C_N	C_D	C_W	C_N	C_D	C_W	C_N
总数	982	4927	5.295	3196	22523	12.058	6776	75404	23.992
最大值	49	835	0.266	86	2681	0.323	124	4932	0.438
最小值	1	1	0.005	1	1	0.004	1	1	0.004
中位数	2	4	0.011	4	12.500	0.015	6	26.5	0.021
平均值	4.058	20.360	0.022	8.112	57.165	0.031	12.595	140.156	0.045
标准差	5.555	65.768	0.030	11.364	176.586	0.043	17.169	374.906	0.061
方差	30.856	4325.495	0.001	129.145	31182.473	0.002	294.765	140554.526	0.004
变异系数	1.369	3.230	1.385	1.401	3.089	1.394	1.363	2.675	1.359

注：C_D 表示程度中心度，C_W 表示加权度中心度，C_N 表示相对度中心度。

表 5-14　　2001~2018 年中国高校合作专利网络城市中心度描述性统计

时间段	2001~2006 年			2007~2012 年			2013~2018 年		
指标	C_D	C_W	C_N	C_D	C_W	C_N	C_D	C_W	C_N
总数	982	4927	4.044	3196	22523	8.131	6776	75404	12.594
最大值	89	1256	0.368	185	4529	0.470	323	15694	0.600
最小值	1	1	0.004	1	1	0.003	1	1	0.002
中位数	3	4	0.012	6.5	14	0.017	12	45	0.022
平均值	5.337	26.777	0.022	12.015	84.673	0.031	23.943	266.445	0.045
标准差	9.187	118.867	0.038	17.955	344.343	0.046	32.744	976.657	0.061
方差	84.397	14129.423	0.001	322.583	118572.228	0.002	1072.188	953857.928	0.004
变异系数	1.721	4.439	1.730	1.494	4.067	1.491	1.368	3.666	1.367

注：C_D 表示程度中心度，C_W 表示加权度中心度，C_N 表示相对度中心度。

①合作专利网络的规模和范围迅速扩大，且网络规模增长迅速。从合作专利网络的规模来看，2001~2006 年、2007~2012 年和 2013~2018 年参与联合申请专利的高校数量分别为 242 个、394 个和 538 个，城市数量分别为 184 个、266 个和 283 个，高校和城市数量均稳步增加。三个时间段合作专利网络的加权度中心度分别为 4927、22523 和 75404（见表 5-13），2001~2018 年合作专利的年均增长率高达 26.625%，表明合作专利网络的规模和范围迅速扩大。

②高校合作专利的来源集中而去向广泛，且合作专利的来源和去向差异均呈现缩小趋势。从合作专利网络中高校和城市中心度的变化程度来看，三个时间阶段高校程度中心度的变异系数分别为 1.369、1.401 和 1.363，加权中心度的变异系数分别为 3.230、3.089 和 2.675，相对中心度的变异系数分别为 1.385、1.394 和 1.359（见表 5-13），整体呈下降趋势，表明高校在与城市构建合作专利关系方面存在两极分化特征，但这种差异性在逐渐缩小。三个时间段城市程度中心度的变异系数分别为 1.721、1.494、1.368，加权中心度的变异系数分别为 4.439、4.067 和 3.666，相对中心度的变异系数分别为 1.730、1.491 和 1.367（见表 5-14），中心度均呈下降趋势，表明城市在与高校构建合作专利关系方面同样存在两极分化

表 5-15 2001~2018 年中国高校合作专利网络中心度前 20 位高校

排序	2001~2006 年				2007~2012 年				2013~2018 年			
	高校名称	C_D	C_W	C_N	高校名称	C_D	C_W	C_N	高校名称	C_D	C_W	C_N
1	清华大学	49	835	0.266	清华大学	86	2681	0.323	清华大学	124	4932	0.438
2	华东理工大学	32	201	0.174	华东理工大学	64	597	0.241	上海交通大学	94	2212	0.332
3	浙江大学	23	293	0.125	上海交通大学	60	773	0.226	西安交通大学	90	1913	0.318
4	上海交通大学	22	244	0.120	浙江大学	54	983	0.203	中南大学	88	865	0.311
5	大连理工大学	21	53	0.114	西安交通大学	53	356	0.199	华中科技大学	85	1939	0.300
6	北京科技大学	18	66	0.098	北京科技大学	52	253	0.195	华北电力大学	84	2953	0.297
7	四川大学	18	87	0.098	中南大学	51	331	0.192	浙江大学	81	1824	0.286
8	西安交通大学	18	42	0.098	华中科技大学	47	337	0.177	江南大学	75	882	0.265
9	东华大学	17	77	0.092	北京化工大学	46	240	0.173	武汉大学	75	1385	0.265
10	华南理工大学	16	61	0.087	大连理工大学	45	282	0.169	天津大学	73	1026	0.258
11	江南大学	15	38	0.082	江南大学	42	311	0.158	华东理工大学	72	851	0.254
12	中南大学	15	49	0.082	天津大学	42	242	0.158	东南大学	71	2442	0.251
13	山东大学	14	27	0.076	东华大学	41	431	0.154	重庆大学	71	1365	0.251

续表

排序	高校名称	2001~2006年			高校名称	2007~2012年			高校名称	2013~2018年		
		C_D	C_W	C_N		C_D	C_W	C_N		C_D	C_W	C_N
14	中国科学技术大学	14	60	0.076	东北大学	40	180	0.150	东华大学	66	1048	0.233
15	东南大学	13	63	0.071	华南理工大学	40	555	0.150	哈尔滨工业大学	64	659	0.226
16	复旦大学	13	263	0.071	武汉理工大学	37	156	0.139	四川大学	64	554	0.226
17	中山大学	13	92	0.071	华北电力大学	36	230	0.135	北京科技大学	62	524	0.219
18	北京航空航天大学	12	37	0.065	武汉大学	35	178	0.132	北京化工大学	61	527	0.216
19	北京理工大学	12	42	0.065	四川大学	34	236	0.128	华南理工大学	61	1845	0.216
20	天津大学	12	44	0.065	南京林业大学	31	92	0.117	合肥工业大学	60	577	0.212

注：C_D表示程度中心度，C_W表示加权度中心度，C_N表示相对度中心度；按照程度中心度大小进行排序。

特征，但这种差异性也在逐渐缩小。从合作专利网络中高校和城市中心度的大小来看，三个时间段高校的程度中心度、加权中心度和相对中心度的变异系数均小于城市，城市中心度的差异要远大于高校中心度的差异，表明高校合作专利的来源相对集中而去向相对广泛。

表5-16　2001～2018年中国高校合作专利网络中心度前20位城市

排序	城市	2001～2006年			城市	2007～2012年			城市	2013～2018年		
		C_D	C_W	C_N		C_D	C_W	C_N		C_D	C_W	C_N
1	北京	89	1256	0.368	北京	185	4529	0.470	北京	323	15694	0.600
2	上海	60	894	0.248	上海	106	2233	0.269	上海	167	4682	0.310
3	深圳	31	459	0.128	南京	72	757	0.183	广州	143	4116	0.266
4	天津	30	139	0.124	深圳	71	1838	0.180	深圳	141	3329	0.262
5	广州	27	110	0.112	广州	69	998	0.175	南京	138	4264	0.257
6	无锡	26	68	0.107	苏州	68	745	0.173	苏州	120	1920	0.223
7	杭州	25	178	0.103	成都	61	458	0.155	天津	118	1422	0.219
8	南京	20	161	0.083	无锡	61	360	0.155	成都	111	1481	0.206
9	宁波	17	82	0.070	杭州	60	766	0.152	杭州	108	2030	0.201
10	常州	16	34	0.066	天津	57	385	0.145	武汉	107	1616	0.199
11	武汉	16	80	0.066	常州	45	352	0.114	济南	96	1015	0.178
12	成都	15	60	0.062	西安	45	322	0.114	郑州	95	910	0.177
13	青岛	14	31	0.058	武汉	44	410	0.112	西安	94	1585	0.175
14	苏州	14	59	0.058	昆明	38	233	0.096	无锡	89	999	0.165
15	重庆	14	68	0.058	南通	38	218	0.096	青岛	88	851	0.164
16	昆明	13	52	0.054	绍兴	38	250	0.096	重庆	83	1075	0.154
17	沈阳	13	26	0.054	青岛	37	186	0.094	昆明	81	738	0.151
18	绍兴	12	55	0.050	佛山	35	206	0.089	合肥	76	700	0.141
19	淄博	12	20	0.050	扬州	35	140	0.089	宁波	72	431	0.134
20	佛山	11	35	0.045	镇江	35	192	0.089	南通	70	967	0.130

注：C_D表示程度中心度，C_W表示加权度中心度，C_N表示相对度中心度；按照程度中心度大小进行排序。

③综合类和理工类"985/211"高校成为合作专利网络的核心节点。从高校层次来看，2001～2006年、2007～2012年和2013～2018年三个时间段"985/211"高校参与的合作专利数量分别为4246个、17219个和53011个，分别占总数的85.178%、76.451%和70.303%，"985/211"高校在合作专利网络中占据主导地位。从合作专利网络程度中心度前20位的高校来看（见表5-15），三个时间阶段程度中心度排名前20的高校中，"985/211"高校的数量分别是20个、19个和20个。从高校类型来看，2001～2006年综合类高校和理工类高校参与的合作专利数量分别为3243个和1336个，两者占总数的92.937%，2007～2012年综合类高校和理工类高校参与的合作专利数量分别为7850个和12863个，两者占总数的91.964%，2013～2018年综合类高校和理工类高校参与的合作专利数量分别为30768个和37985个，两者占总数的91.180%。从合作网络程度中心度前20位的高校来看，三个时间阶段程度中心度排名前20的高校中，综合类和理工类的"985/211"高校的数量分别是20个、19个和20个。可见，综合类和理工类"985/211"高校在合作专利网络中占据绝对优势。

④直辖市和省会城市成为高校合作专利的主要目的地。从各城市参与申请的合作专利数量来看，2001～2006年、2007～2012年和2013～2018年三个时间段高校与直辖市和省会城市联合申请专利的数量分别为3319个、13186个和48770个，分别占合作专利总数的67.364%、58.545%和64.678%，直辖市和省会城市成为高校合作创新的主要目的地。从高校合作专利网络程度中心度前20位的城市来看（见表5-16），2001～2006年、2007～2012年和2013～2018年三个时间段程度中心度排名前20的城市中省会数量分别是11个、10个和14个，北京、上海、广州、深圳等经济发展活跃、高校资源密集的城市的加权度中心度在三个时间段始终位居前列，经济发达的直辖市和省会城市成为高校合作创新的主要目的地。

（2）合作专利网络的空间尺度与距离

中国高校合作专利网络的空间尺度与空间距离如图5-7所示。可以发现：

①合作专利网络的空间尺度呈现由小幅度波动向平稳的趋势演变，城市和全国尺度成为合作专利的主要空间尺度。2001～2006年合作专利的空

间尺度呈现小幅度波动，其中城市尺度的合作专利的比重小幅度下降，从2001年的57.983%下降至2006年的51.611%，全国尺度的合作专利的比重小幅度上升，从2001年的33.333%上升至2006年的37.145%，省域尺度的合作专利的比重也小幅度上升，从2001年的8.683%上升至2006年的11.243%。2007~2012年城市尺度的合作专利的比重平稳降低，反而全国尺度的合作专利的比重平稳上升，省域尺度的合作专利的比重变化较小。2013年全国尺度的合作专利比重开始超过城市尺度的合作专利比重，但基本在40%左右保持持平，成为合作专利网络的主要空间尺度。省域尺度的转让专利比重最低，始终保持在20%以下。

②合作专利网络的空间距离稳定保持在400km左右。以合作专利的高校主体和其他主体之间的空间距离计算历年高校合作专利的平均空间距离。可以看出，合作专利网络的空间距离始终稳定保持在400km左右。2001~2003年地理距离在400km上下波动，但2004~2018年在400km处基本平稳。

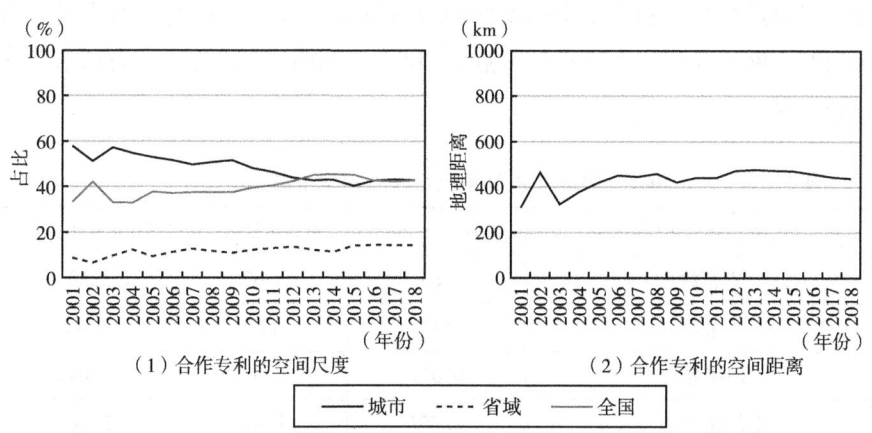

（1）合作专利的空间尺度　　　（2）合作专利的空间距离

——城市　----省域　——全国

图5-7　2001~2018年中国高校合作专利网络的空间尺度与距离

资料来源：作者自绘。

(3) 合作专利网络的拓扑结构

以单模网络为基础，利用Ucinet软件对2001~2018年中国高校合作专利网络的拓扑结构进行定量分析（见表5-17和图5-8）。结果显示：

①高校合作网络具有明显小世界性特征，且小世界性基本稳定。2001~

2006年、2007～2012年和2013～2018年三个时间段高校合作专利网络的集聚系数分别为0.432、0.571和0.595，均大于同时期随机网络的集聚系数0.019、0.026和0.042，三个时间段高校合作专利网络的平均路径长度分别为2.762、2.415和2.307，均小于同时期随机网络的平均路径长度3.755、3.032和2.529，高校合作专利网络具有较大的集聚系数和较小的平均路径长度，表明具有明显的小世界性特征。三个时间阶段的小世界商值分别为16.724、17.492和12.923，表明2001～2006年合作专利网络的小世界性较强，且整体波动幅度较小。

②高校合作专利网络逐渐趋于异配性特征。2001～2006年和2007～2012年合作专利二值网络的出度—入度相关性、总度—总度相关性均为负数且均在5%及以上水平上显著，合作专利加权网络的出度—入度相关性、总度—总度相关性均为负数但均在5%水平上不显著。2013～2018年，合作专利二值网络和加权网络的出度—入度相关性、总度—总度相关性均在5%及以上水平上呈现显著负相关，表明中心度高的城市倾向于和中心度低的城市进行合作创新，中心度低的城市倾向于和中心度高的城市进行合作创新，网络连接呈现异配性特点，高校对创新能级较低城市的辐射作用开始突显。

表5-17　　2001～2018年中国高校合作专利网络拓扑结构

网络拓扑结构指标	2001～2006年	2007～2012年	2013～2018年
节点数量	186	267	283
边数	577	1736	3341
网络密度	0.017	0.024	0.042
平均路径长度	2.762	2.415	2.307
平均路径长度（随机网络）	3.755	3.032	2.529
集聚系数	0.432	0.571	0.595
集聚系数（随机网络）	0.019	0.026	0.042
传递性	0.106	0.147	0.196
传递性（随机网络）	0.018	0.026	0.041
平均入度/出度中心度	3.102	6.502	11.806

续表

网络拓扑结构指标	2001~2006 年	2007~2012 年	2013~2018 年
平均入度/出度中心度（加权网络）	12.28	44.06	152.739
网络入度中心势	17.34%	22.07%	34.23%
网络出度中心势	39.07%	56.41%	65.55%
出度—入度相关性	-0.320（0.011）	-2.290（0.002）	-0.288（0.000）
总度—总度相关性	-0.304（0.016）	-0.254（0.007）	-0.290（0.000）
出度—入度相关性（加权网络）	-0.194（0.131）	-0.167（0.079）	-0.158（0.038）
总度—总度相关性（加权网络）	-0.211（0.100）	-0.128（0.180）	-0.153（0.045）

注：为分析合作专利网络的可达性和集聚性，利用实际网络的度分布构建模拟网络；括号内数值为 p 值。

③高校合作专利网络呈现"核心—边缘"结构，核心圈层基本稳定。2001~2006 年、2007~2012 年和 2013~2018 年三个时间段高校合作专利网络的入度中心势分别为 17.34%、22.07%和 34.23%，出度中心势分别为 39.07%、56.41%和 65.55%，整体网络具有从某个或某些节点集中或扩散的态势，表明网络存在明显的"核心—边缘"结构。将中国高校合作专利网络划分为强核心层、核心层、强半边缘层、弱半边缘层和边缘层 5 个层次（见图 5-8）。可以看出，三个时间阶段城市数量不断增加，网络联系强度不断增强，但核心圈层的城市基本保持稳定。第一阶段核心圈层包括北京、上海、深圳、杭州 4 个城市，第二阶段在此基础上增加了广州和南京 2 个城市，第三阶段增加了西安和武汉 2 个城市，核心圈层的城市数量随着网络规模的扩展而增加，但并无城市等级下降，表明"核心—边缘"结构中核心城市基本保持稳定。

（4）合作专利网络的空间结构

①本地合作专利在空间上呈现东高西低、由沿海向内陆延伸的趋势，直辖市和省会城市呈现钉状分布。从高校本地合作专利的空间分布来看，2001~2006 年本地合作专利主要分布于东部沿海地区和中西部的省会城市，分布较为零散，2007~2012 年拥有本地合作专利的城市进一步增多，长三角地区开始连片分布，并向中西部地区扩张，2013~2018 年东部和中部地区基本集中连片分布。从高校本地合作专利的强度来看，2001~2018

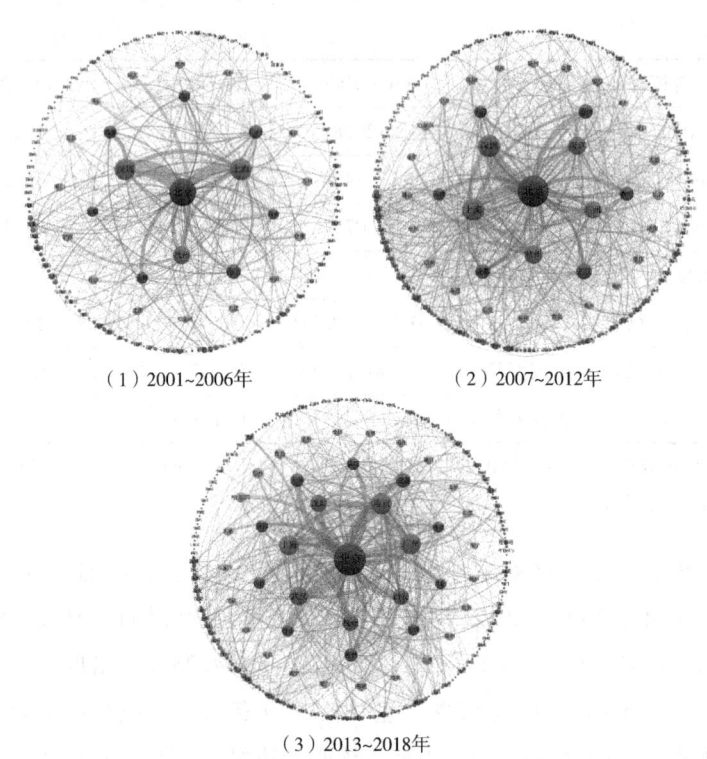

图 5-8 2001~2018 年中国高校合作专利网络核心—边缘结构

注：节点越大表示加权度中心度越大，连接线越粗表示合作专利数量越多。

年本地合作专利分布不均衡，大部分城市本地合作专利数量较少，北京、上海、杭州、南京等直辖市和省会城市本地合作专利数量众多，远高于周边城市，呈现钉状空间分布特征。

②东部地区成为合作创新的高地。从高校跨区域合作专利的强度来看，东部地区成为合作专利的主要目的地。2001~2006年、2007~2012年和2013~2018年三个时间阶段东北地区的高校跨区域合作专利关系数量分别为141个、736个和3098个，其中与东部地区的合作专利关系数量分别为75个、485个和2041个，高于东北地区与中部地区、西部地区以及东北地区内部跨区域的合作专利关系数量；中部地区三个时间段的高校跨区域合作专利关系数量分别为273个、1554个和6951个，其中与东部地区的合作专利关系数量分别为177个、874个和3916个，高于中部地区与东北地区、西部地区以及中部地区内部跨区域的合作专利关系数量；西部地

区三个时间段的高校跨区域合作专利关系数量分别为 254 个、1331 个和 6601 个,其中与东部地区的合作专利关系数量分别为 154 个、833 个和 4048 个,高于西部地区与东北地区、中部地区以及西部地区内部跨区域的合作专利关系数量;东部地区三个时间段的高校跨区域合作专利关系数量分别为 1616 个、8143 个和 26575 个,其中东部地区内部跨区域的合作专利关系数量分别为 1408 个、6894 个和 21620 个,对中部地区、西部地区和东北地区的合作专利输出均较少,表明东部地区成为高校合作专利的主要目的地。从高校合作专利的主要空间方向来看,京津—长三角、京津—珠三角、长三角—珠三角、哈长沈—长三角、成渝—珠三角等成为合作专利的主要方向。

③由三角形向菱形为核心的空间结构演变逐渐明晰。2001~2006 年高校合作专利网络呈现以京津、沪杭和广深等节点城市构成三角形的空间结构。2007~2012 年和 2013~2018 年形成以菱形为核心的空间结构。菱形的四个顶点分别为京津、沪宁、成渝和广深,菱形结构内部形成了杭州、武汉、长沙、西安等次一级高校合作专利联系干线,这些核心城市在高校合作专利网络中占据中心性和结构洞位置,是我国城市创新的高地,而东北、西北、西南和东南等外围地区则通过次一级的合作专利网络与核心城市保持联系。可见,中国高校跨区域合作专利主要发生在核心节点城市之间,地理距离对高校跨区域合作专利的影响并不显著。

5.2.4 高参与—长期技术转移网络格局演化

在高校技术转移模式划分的基础上,选取校地共建研究院网络分析高参与—长期技术转移网络的格局演化特征。

(1) 共建研究院网络的高校与城市主体

利用 Ucinet 软件统计高校和城市主体的程度中心度、加权度中心度和相对度中心度,以分析高校和城市在共建研究院网络中的地位和优势差异。共建研究院双模网络中高校主体和城市主体的中心度描述性统计分别如表 5-18 和表 5-19 所示,共建研究院双模网络中程度中心度排名前 20 位的高校和城市分别如表 5-20 和表 5-21 所示。可以看出:

表 5-18　2001~2018 年中国高校共建研究院网络高校中心度描述性统计

时间段	2001~2006 年			2007~2012 年			2013~2018 年		
指标	C_D	C_W	C_N	C_D	C_W	C_N	C_D	C_W	C_N
总数	35	36	2.061	91	97	2.937	199	216	2.587
最大值	5	5	0.294	9	11	0.290	11	12	0.143
最小值	1	1	0.059	1	1	0.032	1	1	0.013
中位数	1	1	0.059	2	2	0.065	1	2	0.013
平均值	1.591	1.636	0.094	2.068	2.205	0.067	2.314	2.512	0.030
标准差	1.030	1.110	0.060	1.615	1.914	0.052	2.227	2.395	0.029
方差	1.060	1.231	0.004	2.609	3.663	0.003	4.960	5.738	0.001
变异系数	0.647	0.678	0.645	0.781	0.868	0.781	0.962	0.954	0.962

注：C_D 表示程度中心度，C_W 表示加权度中心度，C_N 表示相对度中心度。

表 5-19　2001~2018 年中国高校共建研究院网络城市中心度描述性统计

时间段	2001~2006 年			2007~2012 年			2013~2018 年		
指标	C_D	C_W	C_N	C_D	C_W	C_N	C_D	C_W	C_N
总数	35	36	1.586	91	97	2.069	199	216	2.327
最大值	9	9	0.409	14	16	0.318	14	15	0.163
最小值	1	1	0.045	1	1	0.023	1	1	0.012
中位数	1	1	0.045	2	2	0.045	2	2	0.023
平均值	2.059	2.118	0.093	2.935	3.129	0.067	2.584	2.805	0.030
标准差	2.235	2.246	0.102	2.816	3.160	0.064	2.381	2.643	0.028
方差	4.997	5.045	0.010	7.931	9.983	0.004	5.671	6.988	0.001
变异系数	1.086	1.061	1.090	0.959	1.010	0.958	0.921	0.942	0.914

注：C_D 表示程度中心度，C_W 表示加权度中心度，C_N 表示相对度中心度。

①校地共建研究院网络的主体数量迅速增加，且网络规模增长迅速。2001~2006 年参与校地共建研究院的高校和城市数量分别为 22 个和 17 个，共建研究院数量为 36 个，2007~2012 年参与共建研究院的高校和城市数量为 44 个和 31 个，共建研究院数量为 97 个，2013~2018 年参与共建

表 5-20　2001~2018 年中国高校共建研究院网络中心度前 20 位高校

排序	2001~2006 年				2007~2012 年				2013~2018 年			
	高校名称	C_D	C_W	C_N	高校名称	C_D	C_W	C_N	高校名称	C_D	C_W	C_N
1	华南理工大学	5	5	0.294	南京大学	9	11	0.290	上海交通大学	11	11	0.143
2	华中科技大学	3	4	0.176	北京大学	6	6	0.194	北京航空航天大学	10	10	0.130
3	西安交通大学	3	3	0.176	东南大学	5	5	0.161	清华大学	10	11	0.130
4	中山大学	3	3	0.176	江苏大学	4	4	0.129	浙江大学	9	12	0.117
5	北京交通大学	2	2	0.118	南京工业大学	4	5	0.129	北京大学	7	7	0.091
6	清华大学	2	2	0.118	清华大学	4	5	0.129	华中科技大学	7	7	0.091
7	中国科学技术大学	2	2	0.118	山东大学	4	4	0.129	东南大学	6	6	0.078
8	北京邮电大学	1	1	0.059	中山大学	4	5	0.129	南京大学	6	6	0.078
9	电子科技大学	1	1	0.059	北京航空航天大学	2	2	0.065	大连理工大学	5	5	0.065
10	东北林业大学	1	1	0.059	北京化工大学	2	2	0.065	同济大学	5	5	0.065
11	合肥工业大学	1	1	0.059	北京交通大学	2	2	0.065	哈尔滨工业大学	4	4	0.052
12	华东理工大学	1	1	0.059	电子科技大学	2	2	0.065	吉林大学	4	4	0.052
13	吉林大学	1	1	0.059	复旦大学	2	2	0.065	南京农业大学	4	4	0.052

续表

排序	2001~2006 年				2007~2012 年				2013~2018 年		
	高校名称	C_D	C_W	C_N	高校名称	C_D	C_W	C_N	高校名称	C_D	C_W	C_N
14	兰州理工大学	1	1	0.059	哈尔滨工业大学	2	3	0.065	山东大学	4	5	0.052
15	南京大学	1	1	0.059	华中科技大学	2	2	0.065	武汉理工大学	4	4	0.052
16	陕西科技大学	1	1	0.059	南京理工大学	2	2	0.065	浙江工业大学	4	4	0.052
17	天津大学	1	1	0.059	南京农业大学	2	2	0.065	复旦大学	3	3	0.039
18	武汉理工大学	1	1	0.059	上海交通大学	2	2	0.065	广东工业大学	3	3	0.039
19	西北工业大学	1	1	0.059	苏州大学	2	2	0.065	南京航空航天大学	3	4	0.039
20	浙江大学	1	1	0.059	同济大学	2	2	0.065	南京师范大学	3	3	0.039

注：C_D 表示程度中心度，C_W 表示加权度中心度，C_N 表示相对度中心度；按照程度中心度大小进行排序。

研究院的高校和城市数量为 86 个和 77 个，共建研究院数量为个 216，共建研究院年均增长率高达 15.024%（见表 5-18），共建研究院的参与主体和共建研究院的数量均迅速增加。

②校地共建研究院的由来源广泛而去向集中，校地共建研究院的来源差异呈扩大趋势、去向呈缩小趋势。从高校和城市中心度的数值大小变化来看，2001~2006 年、2007~2012 年和 2013~2018 年三个时间段高校的程度中心度的变异系数分别为 0.647、0.781 和 0.962，加权度中心度的变异系数分别为 0.678、0.868 和 0.954，相对度中心度的变异系数分别为 0.645、0.781 和 0.962（见表 5-18），均呈现扩大趋势，表明高校在校地共建研究院的范围和数量方面呈现两极分化的特点，且这种差异性逐渐增强；城市的程度中心度的变异系数分别为 1.086、0.959 和 0.921，加权度中心度分别为 1.061、1.010 和 1.010，相对度中心度分别为 1.090、0.958 和 0.914（见表 5-19），均呈现缩小趋势，表明城市在吸引校地共建研究院的范围和数量方面也呈现两极分化的特点，且这种差异性也逐渐缩小。从高校和城市中心度数值大小的比较来看，虽然 2001~2006 年和 2007~2012 年城市的程度中心度、加权度中心度和相对度中心度的变异系数均要大于高校的程度中心度、加权度中心度和相对度中心度的变异系数，城市中心度的差异要远大于高校中心度的差异，但 2013~2018 年高校中心度的变异系数开始高于城市中心度的变异系数，表明校地共建研究院的来源相对广泛而去向较为集中。

表 5-21　　2001~2018 年中国高校共建研究院网络中心度前 20 位城市

排序	城市	2001~2006 年			城市	2007~2012 年			城市	2013~2018 年		
		C_D	C_W	C_N		C_D	C_W	C_N		C_D	C_W	C_N
1	佛山	9	9	0.409	苏州	14	16	0.318	青岛	14	15	0.163
2	深圳	7	7	0.318	东莞	7	7	0.159	苏州	12	12	0.140
3	上海	2	2	0.091	连云港	7	8	0.159	宁波	8	9	0.093
4	苏州	2	2	0.091	无锡	7	8	0.159	南通	6	7	0.081
5	温州	2	3	0.091	常州	6	6	0.136	佛山	6	7	0.070
6	西安	2	2	0.091	深圳	5	5	0.114	合肥	6	7	0.070

续表

排序	城市	2001~2006年			城市	2007~2012年			城市	2013~2018年		
		C_D	C_W	C_N		C_D	C_W	C_N		C_D	C_W	C_N
7	常州	1	1	0.045	南通	4	4	0.091	成都	5	5	0.058
8	潮州	1	1	0.045	盐城	4	4	0.091	淮安	5	5	0.058
9	大庆	1	1	0.045	镇江	4	4	0.091	泉州	5	5	0.058
10	东莞	1	1	0.045	佛山	3	4	0.068	深圳	5	6	0.058
11	杭州	1	1	0.045	南京	3	3	0.068	泰州	5	7	0.058
12	嘉兴	1	1	0.045	淄博	3	3	0.068	天津	5	6	0.058
13	揭阳	1	1	0.045	广州	2	2	0.045	宜宾			
14	廊坊	1	1	0.045	上海	2	2	0.045	北京	4	4	0.047
15	梅州	1	1	0.045	泰州	2	2	0.045	常州	4	4	0.047
16	阳江	1	1	0.045	宿迁	2	2	0.045	东莞	4	4	0.047
17	云浮	1	1	0.045	云浮	2	2	0.045	嘉兴	4	4	0.047
18					包头	1	1	0.023	鞍山	3	3	0.035
19					成都	1	1	0.023	东营	3	3	0.035
20					东营	1	1	0.023	连云港	3	3	0.035

注：C_D表示程度中心度，C_W表示加权度中心度，C_N表示相对度中心度；按照程度中心度大小进行排序。

③综合类和理工类"985/211"高校成为校地共建研究院网络的核心节点。从高校层次来看，2001~2006年、2007~2012年和2013~2018年三个时间段"985/211"高校参与共建研究院的数量分别为34个、113个和166个，分别占总数的94.444%、88.281%和76.852%，"985/211"高校在共建研究院网络中占据主导地位。从共建研究院网络程度中心度排名前20位的高校来看，三个时间阶段程度中心度排名前20的高校中，"985/211"高校的数量分别是18个、18个和18个。从高校类型来看，2001~2006年综合类高校和理工类高校参与的共建研究院数量分别为16个和19个，两者占总数的97.222%，2007~2012年综合类高校和理工类高校参与的共建研究院数量分别为80个和40个，两者占总数的93.750%，2013~2018年综合类高校和理工类高校参与的共建研究院数量分别为121个和76

个，两者占总数的91.204%。从共建研究院网络程度中心度排名前20位的高校来看，三个时间阶段程度中心度排名前20的高校中（见表5-20），综合类和理工类的"985/211"高校的数量分别是17个、17个和17个。可见，综合类和理工类"985/211"高校在共建研究院网络中占据绝对优势。

④经济发达但高校资源较少的城市成为校地共建研究院的主要目的地。从各城市参与校地共建研究院的数量来看（见表5-21），2001~2006年排名靠前的城市为佛山和深圳，2007~2012年为苏州，2013~2018年为青岛和苏州，可以看出，这些城市自身拥有的高层次高校数量均较少。例如，当前深圳拥有深圳大学、香港中文大学（深圳）、南方科技大学、深圳北理莫斯科大学和深圳技术大学5所普通高等学校，但除了深圳大学外，其他高校建成时间均较晚；当前苏州拥有苏州大学、常熟理工学院、苏州大学文正学院、苏州科技大学、苏州科技大学天平学院、苏州大学应用技术学院、江苏科技大学苏州理工学院和西交利物浦大学8所普通高等学院，但除了苏州大学外，其他高校实力较弱或成立时间较晚，对城市经济发展的知识和技术供给能力较弱。

（2）共建研究院网络的空间尺度与距离

中国校地共建研究院网络的空间尺度与空间距离如图5-9所示。可以发现：

①校地共建研究院网络的空间尺度呈现大幅度波动特征，城市尺度重要性逐渐提升。2001~2006年、2007~2012年和2013~2018年三个时间段城市尺度的共建研究院网络占比分别为5.556%、7.216%和19.444%，呈现波动上升趋势，省域尺度的共建研究院网络占比分别为27.778%、40.206%和33.333%，整体呈现波动上升趋势，全国尺度的共建研究院网络占比分别为66.667%、52.577%和47.222%，呈现波动下降趋势，全国尺度仍是共建研究院网络的主要空间尺度，但城市和省域尺度的重要性逐渐提升。

②校地共建研究院网络的空间距离波动下降。以创办共建研究院的高校和城市之间的地理距离计算历年校地共建研究院网络的平均空间距离。2001~2006年、2007~2012年和2013~2018年三个时间段的平均空间距离分别为829.891km、582.183km和507.065km，呈现波动下降趋势。

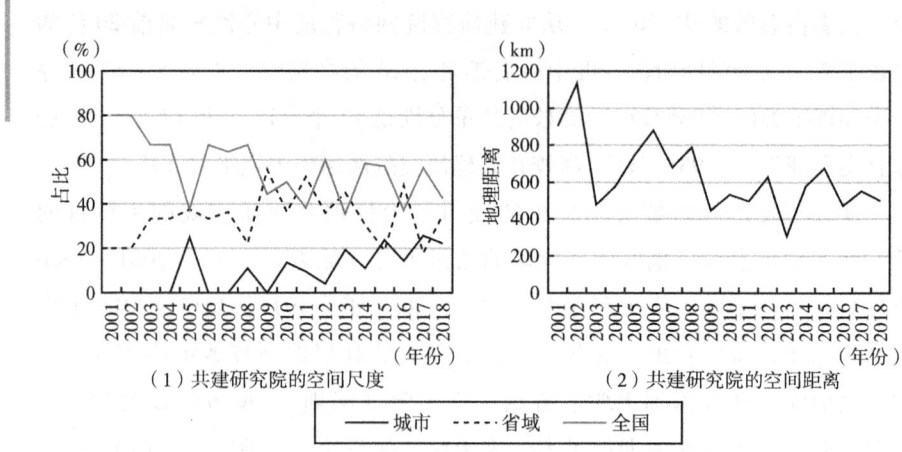

图5-9 2001~2018年中国高校共建研究院网络的空间尺度与距离

资料来源:作者自绘。

(3) 共建研究院网络的拓扑结构

2001~2018年中国高校共建研究院网络拓扑结构的定量分析结果如表5-22和图5-10所示。可以发现:

①高校共建研究院网络具有明显小世界性特征,且小世界性不断增强。2001~2006年、2007~2012年和2013~2018年三个时间段共建研究院网络的集聚系数分别为0.053、0.077和0.143,均大于同时期随机网络的0.001、0.036和0.015,三个时间段共建研究院网络的平均路径长度分别为1.065、1.198和1.420,均小于同时期随机网络的3.571、4.654和5.445,共建研究院网络具有较大的集聚系数和较小的平均路径长度,表明共建研究院网络具有明显的小世界性特征。此外,三个时期的小世界商值分别为0.526、0.551和2.486,呈现递增趋势,表明共建研究院网络的小世界性特征不断增强。

②高校共建研究院网络的异配性特征不明显。2001~2006年、2007~2012年和2013~2018年三个时间段共建研究院的二值网络的出度—入度相关性和总度—总度相关性虽然均为负数,但均在5%水平上不显著,加权网络的出度—入度相关性和总度—总度相关性虽然均为负数,但也均在5%水平上不显著。可见,虽然共建研究院网络表现异向匹配的特征,但异配性特征并不明显。

第 5 章　中国高校技术转移网络的空间演化特征

表 5-22　2001~2018 年中国高校共建研究院网络拓扑结构

网络拓扑结构指标	2001~2006 年	2007~2012 年	2013~2018 年
节点数量	27	43	87
边数	29	65	136
网络密度	0.041	0.036	0.018
平均路径长度	1.065	1.198	1.420
平均路径长度（随机网络）	3.571	4.654	5.445
集聚系数	0.053	0.077	0.143
集聚系数（随机网络）	0.001	0.036	0.015
传递性	0.020	0.058	0.039
传递性（随机网络）	0.001	0.034	0.018
平均入度/出度中心度	1.074	1.512	1.563
平均入度/出度中心度（加权网络）	1.259	2.093	2.000
网络入度中心势	19.68%	15.82%	8.75%
网络出度中心势	23.67%	35.32%	27.57%
出度—入度相关性	-0.319（0.288）	-0.290（0.242）	-0.132（0.493）
总度—总度相关性	-0.160（0.601）	-0.288（0.247）	-0.019（0.923）
出度—入度相关性（加权网络）	-0.283（0.348）	-0.355（0.148）	-0.054（0.779）
总度—总度相关性（加权网络）	-0.190（0.535）	-0.310（0.211）	-0.046（0.812）

注：为分析共建研究院网络的可达性和集聚性，利用实际网络的度分布构建模拟网络；括号内数值为 p 值。

③高校共建研究院网络呈现"核心—边缘"结构，但各圈层更替明显。2001~2006 年、2007~2012 年和 2013~2018 年三个时间段高校共建研究院网络的网络入度中心势仅为 19.68%、15.82% 和 8.75%，呈现下降趋势，而网络出度中心势分别 23.67%、35.32% 和 27.57%，整体网络具有从某个或某些节点集中向外扩散的态势，表明网络存在"核心—边缘"结构。将中国高校共建研究院网络划分为强核心层、核心层、强半边缘层、弱半边缘层和边缘层 5 个层次（图 5-10）。可以看出，"核心—边

缘"结构中的各个圈层更替明显。2001~2006年核心层城市包括深圳、武汉和北京，2007~2012年替换为北京、苏州、南京、无锡、东莞等城市，2013~2018年南京、杭州、青岛等城市升级为核心层城市，其他圈层的城市更替也十分显著，表明网络结构并不稳定。

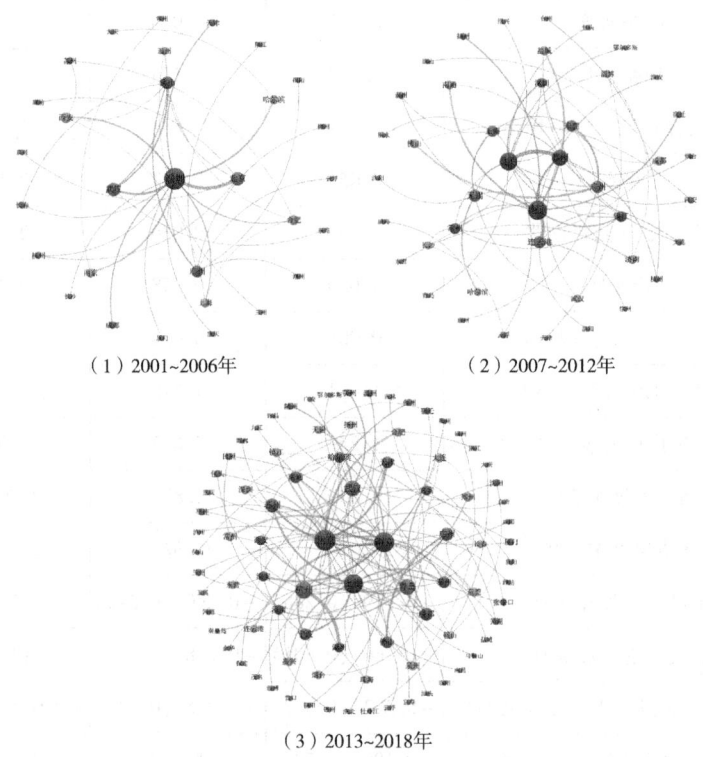

图5-10　2001~2018年中国高校共建研究院网络核心—边缘结构

注：节点越大表示加权度中心度越大，连接线越粗表示共建研究院数量越多。

（4）共建研究院网络的空间结构

①本地校地共建研究院呈现由零星点状分布向"T"形空间分布转变。2001~2006年和2007~2012年，本地共建研究院的数量非常少，仅存在于北京、西安、广州等城市，2013~2018年本地共建研究院的数量大幅度提升，主要分布于沿海地区和长江沿岸地区构成的"T"字形区域。

②校地共建研究院呈现"由北向南"到"向东向南"转移的趋势。从校地共建研究院的数量来看，东部地区是校地共建研究院的主要目的地。

2001~2006年、2007~2012年和2013~2018年三个时间阶段在东部地区设立的共建研究院数量分别为33个、94个和158个，分别占总数的91.667%、96.907%和73.148%。从共建研究院的主要空间转移方向来看，2001~2006年京津—珠三角、长三角—珠三角、哈长沈—长三角、成渝—珠三角等成为校地共建研究院的主要方向，2007~2012年和2013~2018年，京津—长三角、哈长沈—长三角、成渝—长三角等成为校地共建研究院的主要方向，校地共建研究院呈现"由北向南"到"向东向南"转移的趋势。

③由广深"单核吸收"向以三角结构为基础的菱形结构转变，地理邻近作用逐渐显现。2001~2006年共建研究院网络在空间上呈现长三角、京津、成渝、哈长向广深转移的特征。长三角地区虽然也与京津、西安等城市的高校建立共建研究院关系，但在数量与规模均较小。这一时期的共建研究院网络主要发生在核心节点城市之间，地理距离对共建研究院网络形成的阻碍并不明晰。2007~2012年和2013~2018年，共建研究院网络发育出以京津—长三角—珠三角、京津—成渝—长三角、长三角—珠三角—成渝等三角形为架构网，以京津、长三角、珠三角为核心的菱形结构。与共建研究院网络初期形成阶段不同，在这两个时间阶段，城市内部和长三角地区内部开始逐渐发育出大量共建研究院网络，呈现出空间集聚趋势，地理邻近的作用逐渐显现。

5.3 四种高校技术转移网络特征比较

5.3.1 高校技术转移网络的高校与城市主体

从技术转移主体来看，四种类型高校技术转移网络呈现出高度的趋同性。在高校主体方面，高水平理工类和综合类高校成为高校技术转移网络中的核心技术输出主体。2001~2018年共有473所高校参与专利转让活动，其中81所理工类和综合类"985/211"高校转出专利记录15669个，占总数的 54.994%；共有 449 所高校参与校办企业建设，其中 78 所理工类和综合类 "985/211" 高校创建校办企业 7700 个，占总数的 69.905%；共有 549 所高校参与构建合作专利关系，其中 79 所理工类和综合类 "985/211" 高校合作专利数量为 70976 个，占总数的 69.007%；共有 100 所高校参与建立共建研究院，其中 56 所理工类和综合类 "985/211" 高校参与建立共建研究院 313 个，占总数的 77.364%。

在城市主体方面，直辖市、省会城市和区域中心城市成为高校技术转移网络中的核心技术吸收主体。2001~2018 年共有 279 个城市参与吸收高校转让专利，其中 31 个直辖市和省会吸收高校专利 15241 个，占总数的 53.492%；校办企业共分布于 270 个城市，其中 7285 个校办企业分布于 31 个直辖市和省会，占总数的 66.143%；共有 283 个城市参与构建合作专利关系，其中 31 个直辖市和省会的合作专利数量为 65275 个，占总数的 63.464%；共有 89 个城市参与建立共建研究院，其中 14 个直辖市和省会参与共建研究院 54 个，占总数的 14.362%，其余城市主要为深圳、苏州、佛山等区域中心城市。

5.3.2 高校技术转移网络的空间尺度与距离

在高校技术转移网络的空间尺度方面，四种类型技术转移网络逐渐呈现出趋同。城市和全国尺度的技术转移在低参与—短期、低参与—长期和高参与—短期技术转移网络中占据主导，省域尺度的高校技术转移占比较低。2001~2006 年专利转让网络中城市尺度和全国尺度占比分别为 57.034% 和 37.136%，2003~2018 年占比分别变化为 40.317% 和 43.040%；2001~2006 年校办企业网络中城市和全国尺度占比分别为 76.694% 和 18.444%，2003~2018 年占比分别变化为 52.849% 和 40.805%；2001~2006 年合作专利网络中城市和全国尺度占比分别为 53.643% 和 36.229%，2003~2018 年占比分别变化为 42.676% 和 43.630%。三种类型网络的城市尺度比重逐渐下降，全国尺度的比重逐渐提升，省域尺度的比重较低且变化不大。2001~2006 年共建研究院网络全国和省域尺度占比分别为 66.667% 和 27.778%，2003~2018 年占比分别变化为 47.222% 和 33.333%，全国尺度的比重不断下降，而省域尺度的比较提升较快。

在高校技术转移网络的空间尺度方面，低参与层次技术转移的空间距离要小于高参与层次的技术转移。短期技术转移网络的平均地理距离趋于保持在400km左右，低参与—长期技术转移网络的平均距离提升较快，高参与—长期网络的空间距离呈现大幅度波动下降。2001~2018年，专利转让网络的空间距离稳定保持在400km左右且波动幅度较小；合作专利网络的空间距离稳定保持在400km左右，基本无明显波动；校办企业网络的地理距离在2013年前缓慢增加，2013年以后大幅度增加，在2016年后开始趋于500km；校地共建研究院网络的空间距离呈现大幅度波动下降，三个时间段的平均空间距离分别为829.891km、582.183km和507.065km，但在2016年后开始趋于500km。总体上，高参与层次的技术转移网络的空间距离要大于低参与层次的技术转移网络。

5.3.3 高校技术转移网络的拓扑结构

四种类型技术转移网络的拓扑结构呈现出高度的相似性。在网络小世界性方面，四种类型技术转移网络均具有明显的小世界特征，且小世界性均保持稳定或不断增强，表明四种类型技术转移网络中节点之间的平均距离逐渐变小且传递性不断提升。在网络匹配性方面，四种类型技术转移网络均呈现出异向匹配的特征，专利转让网络和合作专利网络的二值和加权出度—入度相关性和总度—总度相关性的系数均显著为负。虽然校办企业和共建研究院二值和加权网络的出度—入度相关性和总度—总度相关性的系数在统计上不显著，但系数符号均为负数，表明位于小度数城市中的高校倾向于将技术转移至度数大的城市，网络连接呈现异配性，城市能级在技术转移网络中发挥关键作用。在"核心—边缘"结构方面，四种类型网络均呈现明显的"核心—边缘"结构。专利转让网络、校办企业网络和合作专利网络的"核心—边缘"结构保持稳定，各圈层之间的变化与更替不明显。共建研究院网络由于网络规模较小，"核心—边缘"的各圈层的城市更替较为明显，但整体上直辖市、省会城市和区域性中心城市始终占据核心位置。

5.3.4 高校技术转移网络的空间结构

四种类型技术转移网络的空间结构也呈现出高度的相似性。在本地技术转移方面,高校本地技术转移的高值区主要分布于直辖市和省会城市。虽然专利转让、校办企业和合作专利空间分布差异存在一定的差异,但高校本地技术转移的高值区主要于北京、上海、南京、武汉、重庆、哈尔滨等直辖市和省会城市,这些城市呈现钉状零散分布,与周边城市存在较大差距。高校与所在城市共建研究院的数量虽然较少,但参与共建研究院的高校主要为分布于直辖市和省会城市的高水平高校。因此,高校本地技术转移的高值区主要分布于优质高校资源密集的直辖市和省会城市。

从高校技术转移的方向来看,东部地区成为高校技术转移的主要目的地。从中国四大地理分区视角看,2001~2018年东北、中部和西部三大地区向东部地区转让专利的数量分别占各区域转出专利总数37.649%、34.726%和41.927%;与东部地区建立校办企业联系的数量分别占各区域所创建校办企业总数的22.930%、14.031%和9.398%;与东部地区建立合作专利关系分别占各区域所创建合作专利总数的46.747%、36.795%和35.527%;与东部地区建立共建研究院关系分别占各区域所创建共建研究院总数的60.000%、66.667%和63.415%;东部地区城市内部或东部地区城市间的转让专利、校办企业、合作专利与共建研究院的数量分别占总数的89.571%、84.091%、90.790%与91.538%,向东北、中部和西部地区技术转移数量均较少。

从高校技术转移的空间结构来看,四种类型技术转移网络整体上呈现京津、沪宁、成渝和广深为核心节点城市和以京津—长三角、京津—珠三角、长三角—珠三角等为主要渠道的菱形空间结构,多核互联的技术转移模式逐渐形成和强化。校办企业网络则呈现以北京为绝对核心的"单核辐射"空间结构,主要原因在于清华大学和北京大学在校办企业网络中的地位突出。不过,校办企业网络在主要转移渠道与专利转让网络、合作专利网络和共建研究网络类似,同样以北京—长三角、北京—珠三角、北京—成渝等为主。

5.4 本章小结

本章的研究重点在于从网络视角分析不同类型、不同时间阶段高校技术转移网络的格局演化特征。根据高校技术转移的关系参与时间和关系参与层次二分法，将高校技术转移模式划分为低参与—短期、低参与—长期、高参与—短期、高参与—长期技术转移四种类型，并分别选取专利转让、校办科技企业、合作专利和校地共建研究院四种代表性高校技术转移渠道，构建单模和双模高校技术转移网络。基于2001~2018年中国高校专利转让、校办科技企业、合作专利和校地共建研究院四种技术转移网络，从技术转移网络的主体、空间组织和网络结构三个维度对不同时期、不同类型的高校技术转移网络格局演化特征进行刻画和对比，得出如下主要研究结论：

（1）高校技术转移网络具有典型的复杂网络特性，且不同类型高校技术转移网络的拓扑结构呈现出高度相似性。从网络核心主体来看，高水平理工类和综合类高校成为高校技术转移网络中的核心技术输出主体，直辖市、省会城市和区域性中心城市成为高校技术转移网络中的核心技术吸收主体。从网络空间尺度和距离来看，城市和全国尺度的技术转移在低参与—短期、低参与—长期和高参与—短期技术转移网络中占据主导，全国和省域尺度在高参与—长期网络中占据主导，低参与层次技术转移的空间距离要小于高参与层次的技术转移。从网络拓扑结构来看，四种类型网络均具有明显的小世界特征，小世界性均保持稳定或不断增强，且网络均呈现出异向匹配的特征和明显的"核心—边缘"结构，表明四种类型技术转移网络中节点之间的平均距离逐渐变小且传递性不断提升，网络连接呈现异配性，城市能级在技术转移网络中发挥关键作用。

（2）高校技术转移网络在空间上同样呈现出高度的相似性。从高校本地化技术转移来看，本地技术转移的高值区呈现钉状零散分布于北京、上海、南京、武汉、重庆、哈尔滨等优质高校资源密集的直辖市和省会城市，与周边城市存在较大差距。从高校技术转移的方向来看，东部地区成为高校跨区域技术转移的主要目的地，东部地区的高校以区内技术转移为主，向东北、中部和西部地区技术转移数量均较少。从高校技术转移的空间结构来看，不同类型网络均呈现京津、沪宁、成渝和广深为核心节点城市和以京津—长三角、京津—珠三角、长三角—珠三角、成渝—珠三角等为主要渠道的菱形空间结构，多核互联的技术转移模式逐渐形成并不断强化。

第6章

中国高校技术转移网络形成与演化的动力机制

高校技术转移网络的形成与演化受多种因素的综合影响。本章在科学评判技术转移网络演化模型适用性的基础上,构建能够综合考察高校属性、城市属性和高校—城市距离属性的指数随机图模型(ERGM),定量分析中国高校技术转移形成与演化的影响因素,对研究假设 H2a~H4c 进行验证,进而总结中国高校技术转移网络的形成与演化机制。

6.1 计量方法与指标选择

6.1.1 网络动力学模型

与网络结构的一般性描述性统计和网络图形可视化的视觉检验分析相比,对网络形成的影响因素的建模更为复杂。相对于属性数据,网络数据的基本特征在于节点之间存在条件依赖性(conditional dependency),因变量受网络的整体结构影响(Broekel et al., 2014)。这种具有条件依赖性的网络数据通常违背了标准统计模型对变量相互独立的基本假设(Scott and Carrington, 2011)。因此,传统的统计分析框架无法较好地对网络数据进行建模。

区域经济学与经济地理学借鉴物理学、社会学等多学科方法，引入重力模型（Gravity Models，GM）、多元回归二次指派程序模型（Multiple Regression Quadratic Assignment Procedure，MRQAP）、随机面向对象（Stochastic Actor-Oriented，SAO）模型和指数随机图（Exponential Random Graph，ERG）模型等对技术转移网络的影响因素进行了大量实证研究。例如，Liu et al（2019）利用重力模型分析中国三大城市群内部专利转让网络的影响因素，发现地理邻近和技术差距是决定专利转让强度的核心因素。Sun and Grimes（2017）利用MRQAP模型分析中国省际技术交易网络的影响因素，发现技术差距的缩小有利于促进省际技术交易，而经济差距的缩小对省际技术交易的影响并不显著。Ter Wal（2013）利用SAO模型分析地理邻近和三元闭包对德国生物技术合作发明网络演化的影响，发现发明人最初倾向于与地理位置邻近的伙伴进行合作，随着网络的演化，三元闭包的作用开始突显，地理邻近的作用开始下降。Spithoven et al（2021）利用ERG模型分析比利时高校—企业合同研究网络的影响因素，指出更具创新性的区域并不意味着企业与高校开展合同研究的可能性更高。

表6-1对高校技术转移网络形成影响因素分析的四种常用模型的主要功能、工作原理和优缺点等进行了总结与比较。可以看出，虽然重力模型是研究空间互动的经典模型，且易于对大型和巨型网络进行建模，MRQAP模型操作简易，但这两种模型均只能分析一模网络数据，且两者均无法对网络的依赖结构进行较好地控制和建模；SAO模型已被公认为是当前研究网络动态演化的最优秀模型之一，被广泛运用于知识网络演化研究，但该模型对数据的要求相对严苛，不仅需要使用多层次的历时动态数据，还要防止随着网络的演化，过度变化的网络节点会产生严重估计偏差。

表6-1 网络形成与演化影响因素分析的四种常用模型比较

模型	重力模型	二次指派程序	随机面向对象	指数随机图
主要功能	分析特定时间、特定时段内网络形成的影响因子	分析一个关系矩阵与多个关系矩阵之间的相关性	分析特定时段内网络演化的驱动因子	分析特定时间、特定时段内网络形成的驱动因子

续表

模型	重力模型	二次指派程序	随机面向对象	指数随机图
工作原理	通过取对数将物理学重力模型的乘数形式转为线性随机模式，进而通过OLS进行参数估计	通过OLS（或Logit）回归与矩阵置换结合进行参数估计	通过离散选择过程、马尔科夫过程和仿真过程相结合模拟观察网络的演化	通过模拟网络与观察网络的重复比较直到所有估计参数达到恒定
估计方法	重力模型与OLS回归的结合	Mantel检验与标准OLS（或Logit）回归结合的DSP法	MCMC MM法	MPLE法或MCMC MLE法
检验方法	R^2	R^2	最大收敛比率检验、T检验和Score检验	GOF、MCMC诊断
主要优点	易于对大型和巨型网络进行建模	解决了无法使用标准统计检验可能产生的自相关问题	建模框架可以解释网络内的条件依赖性	建模框架可以解释网络内的条件依赖性
主要缺陷	无法较好地对网络的依赖结构进行控制和建模	无法对网络的依赖结构进行控制和建模	随着时间的演化，网络节点的过度变化会导致估计偏差	通过MCMC MLE或MPLE法进行参数估计致使计算过程漫长
数据类型	截面/纵向数据	截面数据	纵向数据	截面/纵向数据
网络类型	二值/加权网络	二值/加权网络	本质为二值网络	主要为二值网络
关系类型	一模	一模	一模或二模	一模或二模
主要软件	Stata、SPSS、R	Stata、Ucinet、R	R	R、MPnet

　　与SAO工作原理类似，ERG模型通过模拟网络与观察网络的重复比较直到所有估计参数达到恒定。ERG模型的优势在于不仅可以分析纵向网络数据，对截面网络数据也具有较好的建模效果。通过极大拟似然估计（Maximum Pseudolikelihood Estimation，MPLE）或马尔科夫链蒙特卡洛最大似然估计（Markov Chain Monte Carlo Maximum Likelihood Estimation，MCMC

MLE），ERG 模型可以对网络结构特征、网络节点属性、网络边的权重同时进行建模，可以更好地解释技术转移网络形成的影响因素。因此，本书采用 ERG 模型考察中国高校技术转移网络形成与演化的影响因素。

ERG 模型最早由 Frank and Strauss（1986）和 Wasserman and Pattison（1996）引入。在单模网络 ERG 模型的基础上，Skvoretz and Faust（1999）开拓性地将 ERG 模型拓展至双模网络。随后，Pattison and Robins（2004）、Agneessens and Roose（2008）和 Wang et al（2009）等通过增加估计参数和改进估计方法对双模 ERG 模型不断进行完善。ERG 模型的基本原理是识别变量影响模拟网络出现与观察网络相似特性的概率。双模网络具有两个不同的节点集合，并且仅在来自不同集合的节点之间定义联系。将这两个集合分别定义为 A 和 B，集合 A 有 n 个节点，集合 B 有 m 个节点，通过 $a(n, m)$ 表征大小为 $n \times m$ 的矩阵 x。x_{ij} 表示集合 A 中第 i 个节点与集合 B 中第 j 个节点之间的联系，如果节点 i 与节点 j 之间存在联系，则 $x_{ij}=1$，否则 $x_{ij}=0$。类似地可以用 X_{ij} 表示随机模拟网络。参照 Wang et al（2013）的研究，ERG 模型的一般形式可以表示为：

$$P_\theta(X = x) = \frac{1}{k(\theta)} \exp \sum_q \theta_q z_q(x) \tag{6-1}$$

$$z_q(x) = \sum_{q \in x} \prod_{X_{ij} \in q} x_{ij} \tag{6-2}$$

式（6-1）和式（6-2）中，q 为从网络依赖假设中所产生的网络配置；θ_q 为 q 的对应配置参数；$k(\theta)$ 为归一化常数项，用于确保随机网络中节点之间产生联系的概率在 0 至 1 之间；$z_q(x)$ 为一系列与网络节点相关的网络结构统计量。

本书利用 R 软件的 Statnet 程序包进行建模和双模 ERG 模型的估计。ERG 模型的主要工作原理如下：（1）利用 MCMC MLE 或 MPLE 对参数进行估计，通过一组初始值进行随机模拟，进而生成随机网络的分布；（2）通过随机网络和观测网络的比较对初始值进行改进，这一改进过程直到所有参数达到稳定才会停止，否则模型无法收敛；（3）模型收敛后，如果模型不能很好地表示观测网络时，模拟网络可能与观测网络差异较大，从而影响估计过程。在最坏的情况下，模拟网络与观测网络相差甚远，以至于算法完全失败，出现模型退化。因此，需要通过 MCMC 诊断（MCMC diagnostics）检查 MCMC 算法生成的模拟网络与观察网络的分布是否足够相似，以确保模型不会退化；（4）通过 GOF 诊断（goodness-of-fitting diagnostics）判断模拟网络与观察网络结构的相似性，以确保所有参数被精确估计。

6.1.2 变量选取与测度

借鉴已有成果，从高校属性、高校与城市距离和城市属性三个维度探究高校技术转移网络形成与演化的关键影响因素。

（1）被解释变量

与以往研究将高校技术转移总量作为被解释变量不同（D'Este and Iammarino，2010），本书从网络视角出发，将高校与城市之间的技术转移关系作为被解释变量。虽然近年来已经开发出加权网络的 ERG 模型，但加权 ERG 模型主要运用于单模网络。由于现阶段加权双模网络估计参数的开发严重不足，导致 ERG 模型对双模加权网络的估计效果非常不理想（Scott and Carrington，2011）。鉴于此，借鉴 Windzio（2018）、Park et al（2018）和杨文龙等（2017）的处理方法，将加权技术转移网络转换为二值网络进行建模。具体转化方法为：对于专利转让网络、合作专利网络和校办企业网络，将高校—城市之间的技术转移量高于第三四分位数的技术转移关系设置为 1，其他设置为 0；针对校地共建研究院网络，将存在校地共建研究院关系的高校—城市关系设置为 1，其他设置为 0。

（2）解释变量

按照 ERG 模型的特性，从节点、连结和网络三个层次设置解释变量。节点层次的变量包括高校属性变量和城市属性变量，连结层次的变量包括高校与城市距离，网络层次的变量包括边（edges）、度（degree）和几何加权非边共享伙伴（dwnsp）。

①高校属性变量

高校属性变量包括高校的层次、类型、人均科研经费和技术转移收入。

高校层次是高校维度的核心解释变量。已有高校技术转移研究主要从高校办学层次和高校排名两个维度分析高校层次对技术转移的影响。在高校办学层次方面，如"985"高校和非"985"高校（李强等，2019；马荣康和李少敏，2019）两类，"985/211"高校和其他高校（孙玉涛和刘小萌，2018）两类，"985"高校、"211"高校和普通高校（Chen et al.，2019；Tang et al.，2020；Ye et al.，2020）三类。在高校排名方面，如上海交大中国大学排名、校友会中国大学排名和QS世界大学排名等国内高校、民间组织和国际教育组织机构的评价数据（Hong and Su，2013；Fisch et al.，2016；Olcay and Bulu，2017）。与高校办学层次指标相比，高校排名指标差异较大，且涉及过多主观指标，因此选择办学层次对高校进行分类。需要指出的是，虽然随着2017年"双一流"国家重大战略决策的出台，"985/211"工程逐渐退出历史舞台，但考虑到本书研究的时间尺度，仍选择"985/211"作为评价高校层次的依据。通过设置分类变量将高校划分为"985"高校、"211"高校和普通高校三类。

高校维度的控制变量包括高校类型、高校人均科研经费和高校技术转移收入。在高校类型方面，高校类型决定了高校学科建设重点、学科比例结构和服务功能定位，不同类型高校参与技术转移活动的程度可能存在较大差异。参考李强等（2019）的研究，通过设置分类变量将高校划分为理工类、综合类和其他高校三类。在高校人均科研经费方面，使用高校人均科技经费当年内部支出数量表征高校人均科研经费。高校研发经费和研发人员是高校开展创新活动的基础（Li et al.，2015），使用人均科研经费不仅可以避免研发经费和研发人员两个指标之间的多重共线性，还可以同时捕捉这两个指标的特征。高校技术转移收入是指高校从技术转移活动中获得的实际经济收益，经济回报可以在一定程度上激励高校参与技术转移活动（Owen-Smith and Powell，2001）。使用高校技术转让中的实际收入表征高校技术转移收入。为了避免潜在的内生性问题，高校人均科研经费和高校技术转移收入数据均使用每个阶段的初始年份数据。

②高校—城市距离

高校—城市距离包括高校—城市的空间距离和技术距离。

在高校—城市空间距离方面，使用高校与城市之间的地球球面距离测度高校—城市的空间距离。目前已有研究主要三种测度方式：一是"像乌鸦飞"（as the crow flies）一样的两点之间的地球球面距离，不考虑实际通勤时间或飞机、高速公路等交通设施的差异（Hoekman et al.，2009），是最为常用的地理距离指标；二是使用地球球面距离的对数形式。Laursen et al（2011）指出使用对数形式的距离可以避免估计系数被数据偏斜分布或基于较远距离的数值所影响，但 Belenzon and Schankerman（2013）指出对数形式的地理距离在已知知识流动或技术转移是本地化的、且超出特定范围的地理距离不会产生额外影响的情况下是才是适用的；三是对地球球面距离进行分类，设置分类变量表示地理距离（Varga，2003）。考虑到对技术转移的本地化没有先验预期，因此使用地球球面距离测度高校—城市空间距离。

此外，为了进一步深入分析高校—城市地理距离对高校技术转移的影响，验证是否存在与高校本地化知识溢出类似的高校本地化技术转移现象和地理距离的衰减效应，借鉴 Belenzon and Schankerman（2013）、Okamuro and Nishimura（2013）和 Drivas et al（2016）等使用地理距离虚拟变量的设置方法，按照同一城市、100km、200km、500km、1000km、1500km、2000km 七个分界点，将高校—城市地理距离划分为同一城市、100km、101~200km、201~500km、501~1000km、1001~1500km、1501~2000km 和 2000km 以上八个距离区间，其中同一城市表示技术转出主体高校位于技术吸收主体城市内，100km 表示高校—城市之间的地理距离为不属于同一城市但距离小于100km。

在高校—城市技术距离方面，引入技术兼容性（technological compatibility）测度技术距离。基于专利引用数据，Maurseth and Verspagen（2002）认为当高校与城市的专业领域被观察到相互引用时，表明两者之间的技术兼容性很高。借鉴 Mukherji and Silberman（2013，2021）的研究，以 2000~2005 年为例，高校 i 与城市 j 之间的技术兼容性 S_{ij} 计算步骤如下：

第一，根据 2000~2005 年中国专利引用数据构建专利技术类别引用关系矩阵 Z。在矩阵 Z 中，Z_{pq} 表示由专利技术子类别 p 引用技术子类别 q 的施引数量。通过矩阵 Z 的 p 列要素除以 p 列要素之和构建新的矩阵 z。矩阵 z 用于描述各技术子类别之间知识溢出的分布特征。

第二，计算高校 i 专利技术子类别 p 占总专利的比重，公式如下：

$$\sigma_{ip} = \frac{P_{ip}}{\sum_p P_{ip}} \qquad (6-3)$$

第三，通过矩阵 z_{pq} 和矩阵 σ_{ip} 计算高校 i 各专利技术子类别 p 的回归系数 P_{ip}。

第四，计算城市 j 专利技术子类别 p 占总专利的占比，公式如下：

$$\chi_{jp} = \frac{P_{jp}}{\sum_p P_{jp}} \qquad (6-4)$$

第五，高校 i 和城市 j 之间的技术兼容性指数 S_{ij} 由矩阵 P_{ip} 和矩阵 χ_{ip} 之间的回归系数给出，取值在 0 至 1 之间，数值越大表示高校 i 和城市 j 之间的技术兼容性越高。

③城市属性变量

城市属性变量包括城市的技术吸收能力、经济发展水平和对外开放程度。

城市技术吸收能力是城市维度的核心解释变量。城市技术吸收能力是构成城市充分利用不同空间尺度知识、信息和技术的能力的关键要素，只有具备了识别、吸收和利用外部知识和技术的必要能力，城市才能通过高校技术转移网络从高校技术中受益（Azagra - caro et al.，2006）。R&D 具有双重作用，不仅可以促进新知识和新技术的产生，还可以增强城市的技术吸收能力（Cohen and Levinthal，1989）。当城市具有较高的 R&D 投入时，城市本身也会增强理解和吸收其他城市技术的能力，因而城市内部 R&D 投入的提升可以增强城市吸收外部技术的能力（Miguélez and Moreno，2015）。因此，借鉴 Miguélez and Moreno（2015）的研究，利用城市 R&D 经费投入占 GDP 比重表征城市技术吸收能力。

城市维度的控制变量包括城市经济发展水平和城市对外开放程度。城市经济发展水平与科技创新绩效在空间上具有一定的耦合性（刘汉初等，2018），城市经济发展水平的提高可以带来相应的技术、人才和环境优势，为城市科技创新发展提供支撑（顾伟男和申玉铭，2018），因此将城市经济发展水平作为控制变量纳入模型。借鉴段德忠等（2018）的研究，使用城市人均 GDP 表征城市经济发展水平。城市对外开放程度是影响城市技术创新能力的重要因素之一，高水平的对外开放不仅意味着更多的进出口贸易联系，而且意味着拥有更多的外部技术学习与技术吸收能力（樊杰和刘汉初，2016），因此将城市对外开放程度作为控制变量纳入模型。借鉴刘承良等（2018）的研究，利用城市实际外商投资额表征城市对外开放程度。为了避免潜在的内生性问题，城市属性数据均使用每个阶段的初始年份数据。

④网络内生变量

在网络结构层面，通过多次尝试，最终选择 edges、b1degree、b2degree 和 gwnsp 四个变量。edges 变量统计网络中边的数量，可以被理解为广义线性模型中的常数项（Harris，2013）。edges 是网络总体结构的重要控制变量，任何 ERG 模型都需要将 edges 纳入以控制模拟网络中节点直接连结出现概率的基准。公式如下：

$$h_{edges} = \sum_i \sum_j x_{ij} \tag{6-5}$$

式（6-5）中，h_{edges} 表示网络 edges 变量统计项；x_{ij} 表示集合 A 中第 i 个节点与集合 B 中第 j 个节点之间的联系，如果节点 i 与节点 j 之间存在联系，则 $x_{ij} = 1$，否则 $x_{ij} = 0$。

b1degree 与 b2degree 分别为双模网络中的第一模和第二模添加特定网络度中心度的统计信息。公式如下：

$$h_{b1degree} = \sum_i \left[\sum_j x_{ij} = d \right] \tag{6-6}$$

$$h_{b2degree} = \sum_j \left[\sum_i x_{ij} = d \right] \tag{6-7}$$

式（6-6）和式（6-7）中，$h_{b1degree}$ 和 $h_{b2degree}$ 分别表示网络中 b1degree 和 b2degree 的统计量；d 表示网络中需要控制的节点的特定度中心度；x_{ij} 含义同上；考虑到中国高校技术转移网络中存在很多特定高校只向一个城市进行技术转移，很多特定城市只承接了一个高校的技术转移，因此将 b1degree 与 b2degree 的参数 d 均设置为 1。

选取几何加权非边共享伙伴（geometrically weighted non-edgewise shared partner distribution，gwnsp）用于捕捉网络集聚性，提升模型拟合效果（Metz et al.，2019）。公式如下：

$$h_{gwnsp}(\alpha) = e^{\alpha} \sum_{i=1}^{n-2} \{1 - (1 - e^{-\alpha})^i\} dyad_i(x) \tag{6-8}$$

式 (6-8) 中，h_{gwnsp} 表示几何加权非边共享伙伴的统计量；α 表示几何衰减参数，通常根据模型拟合效果自行选择；$dyad_i(x)$ 表示双模网络中同一模中具有 i 个相同共享伙伴的二元组数量。

综上所述，高校技术转移网络形成与演化影响因素的核心指标选取与说明如表 6-2 所示。

表 6-2 中国高校技术转移网络形成与演化影响因素的指标选取

指标名称	表征含义	数据类型	指标类型
被解释变量			
高校—城市专利转让网络	高校 i 和城市 j 之间是否存在专利转让关系	n×m 矩阵	虚拟变量
高校—城市校办企业网络	高校 i 和城市 j 之间是否存在校办企业关系	n×m 矩阵	虚拟变量
高校—城市合作专利网络	高校 i 和城市 j 之间是否存在合作专利关系	n×m 矩阵	虚拟变量
高校—城市共建研究院网络	高校 i 和城市 j 之间是否存在共建研究院关系	n×m 矩阵	虚拟变量
高校属性变量			
是否为普通高校	普通高校设为 1（参照）	n×1 向量	分类变量
是否为"211"高校	"211"高校设为 2	n×1 向量	分类变量
是否为"985"高校	"985"高校设为 3	n×1 向量	分类变量
是否为其他类型高校	其他类型高校设为 1（参照）	n×1 向量	分类变量
是否为理工类高校	综合类高校设为 2	n×1 向量	分类变量
是否为综合类高校	理工类高校设为 3	n×1 向量	分类变量
高校人均科研经费	高校人均科研经费数量	n×1 向量	连续变量
高校技术转移收入	高校技术转移实际收入	n×1 向量	连续变量
高校—城市距离			
地理距离	高校 i 和城市 j 之间的地理距离	n×m 矩阵	连续变量

续表

指标名称	表征含义	数据类型	指标类型
技术兼容性	高校 i 和城市 j 之间的技术兼容性	$n \times m$ 矩阵	连续变量
城市属性变量			
城市技术吸收能力	城市研发经费投入占 GDP 的比重	$m \times 1$ 向量	连续变量
城市经济发展水平	城市人均 GDP	$m \times 1$ 向量	连续变量
城市对外开放程度	城市实际外商投资额	$m \times 1$ 向量	连续变量

6.2 双模 ERGM 实证结果

根据第 1 章高校技术转移关系参与时间和关系参与层次二分法,将高校技术转移模式划分为低参与—短期、低参与—长期、高参与—短期、高参与—长期技术转移四种类型,并分别选取专利转让、校办科技企业、合作专利和校地共建研究院四种代表性高校技术转移渠道,构建高校技术转移网络。根据第五章对高校技术转移网络 2001~2006 年、2007~2012 年和 2013~2018 年三阶段的划分,利用 ERG 模型对三个阶段专利转让、校办企业、合作专利和共建研究院四种网络分别进行建模,以考察不同类型高校技术转移网络形成与演化的影响因素。

6.2.1 低参与—短期技术转移网络影响因子实证分析

选取高校专利转让网络分析低参与—短期技术转移网络形成与演化的关键影响因子。表 6-3 为 2001~2006 年、2007~2012 年和 2013~2018 年专利转让网络 ERG 模型的估计结果。从表 6-3 明显可以看出,网络内生变量、高校属性变量、高校—城市距离和城市属性变量对高校专利转让网络形成与演化具有不同程度的影响。总体而言,网络内生变量对专利转让网络形成与演化具有显著影响,表明模型内生的结构依赖性得到有效控制。高校属性变量对专利转让网络形成与演化具有显著促进作用,其中高校层次的影响呈逐渐下降趋势。地理距离对专利转让网络形成与演化具有显著负向影响,且随着专利转让网络的演进整体呈减弱趋势。技术兼容性对专利转让网络形成与演化具有显著促进作用,且与地理距离之间存在互补效应。城市属性变量对专利转让网络形成与演化具有显影响,其中城市技术吸收能力的影响呈逐渐增强趋势。

表6-3　2001~2018年中国高校专利转让网络ERG模型估计结果

因变量:专利转让网络	2001~2006年	2007~2012年	2013~2018年
网络内生变量			
edges	-3.156 (0.908)***	-6.351 (0.509)***	-6.377 (0.085)***
b1degree(1)	2.363 (0.424)***	1.655 (0.219)***	1.851 (0.181)***
b2degree(1)	2.095 (0.503)***	1.796 (0.254)***	1.594 (0.215)***
高校属性变量			
是否为"211"高校	0.210 (0.175)***	0.496 (0.158)***	0.431 (0.083)***
是否为"985"高校	0.958 (0.138)***	0.951 (0.187)***	0.692 (0.095)***
是否为理工类高校	0.036 (0.575)	0.380 (0.200)*	0.461 (0.100)***
是否为综合类高校	-0.314 (0.525)	0.320 (0.196)	0.453 (0.102)***
高校人均科研经费	0.001 (0.007)	0.001 (0.001)	0.001 (0.001)***
高校技术转移收入[a]	0.004 (0.003)	0.006 (0.002)***	0.003 (0.001)***
高校—城市距离			
地理距离[a]	-3.460 (0.364)***	-2.227 (0.141)***	-2.429 (0.087)***

续表

因变量：专利转让网络	2001～2006 年	2007～2012 年	2013～2018 年
技术兼容性	3.971 (1.332)***	4.416 (0.602)***	4.247 (0.077)***
城市属性变量			
城市技术吸收能力	0.189 (0.066)***	0.329 (0.035)***	0.484 (0.030)***
城市经济发展水平[a]	0.010 (0.016)	0.007 (0.003)**	0.009 (0.001)***
城市对外开放程度[a]	-0.001 (0.001)	0.001 (0.001)	-0.001 (0.001)***
节点数量	57×36	152×111	288×180
边数量	75	372	1082

注：* <10%，** <5%，*** <1%；括号内为标准误；所有模型均在20次迭代中收敛2次；三个模型加入gwnsp统计项后均无法收敛，因此未将其纳入模型；a 表示变量系数乘以1000以提高可读性。

(1) 网络结构与高校技术转移网络

网络内生控制变量在三个时间段对专利转让网络的形成均具有显著影响。三个模型加入gwnsp统计项后均无法收敛，因此未将其纳入模型。edges的系数均为负数，edges统计项系数为负是真实观测网络的典型特征之一，一般情况下观测网络的网络密度不高于0.5，因此大多数网络模型的edges统计项的系数均为负值（Harris，2013）。b1degree和b2degree在三个模型中均显著为正，表明存在大量高校仅与一个城市具有专利转让关系，同时大量城市仅与一个高校存在专利转让关系的网络特征被较好地控制。

(2) 高校特征与高校技术转移网络

高校层次对专利转让网络形成与演化具有显著正向影响，表明城市倾向于与高层次高校建立专利转让关系，但高校层次的影响呈逐渐下降趋势。以普通高校为参照组，2001～2006年、2007～2012年和2013～2018

年三个模型中"211"高校参与专利转让网络的概率分别是普通高校的 1.234 倍（$e^{0.210}$）、1.642 倍（$e^{0.496}$）和 1.539 倍（$e^{0.431}$），"985"高校参与专利转让网络的概率分别是普通高校的 2.606 倍（$e^{0.985}$）、2.588 倍（$e^{0.951}$）和 1.998 倍（$e^{0.692}$）。从估计系数的大小变化来看，高校层次对专利转让网络形成和演化的影响逐渐下降。

高校类型前期对专利转让网络形成影响不显著，但随着专利转让网络的演化，理工类和综合类高校的地位逐渐凸显。2001~2006 年理工类高校参与专利转让网络的概率在统计上不显著，2007~2012 年和 2013~2018 年理工类高校参与专利转让网络的概率是其他类型高校的 1.462 倍（$e^{0.380}$）和 1.586 倍（$e^{0.461}$）。2001~2006 年和 2007~2012 年综合类高校参与专利转让网络的概率在统计上均不显著，2013~2018 年综合类高校参与专利转让网络的概率是其他类型高校的 1.573 倍（$e^{0.453}$）。综合来看，相对于其他类型高校，理工类和综合类高校在专利转让网络中的作用逐渐凸显。

高校人均科研经费和高校技术转移收入前期对专利转让网络形成与演化的影响不显著，但随着专利转让网络的演化，高校人均科研经费和高校技术转移收入的促进作用逐渐显现。2001~2006 年和 2007~2012 年高校人均科研经费的影响均不显著。2013~2018 年高校人均科研经费每提升 1000 元，高校与城市建立专利转让联系的概率提高 0.100%（$e^{0.001}-1$），表明高校科研经费的增加可以促进高校的专利转让。2001~2006 年高校技术转移收入的影响不显著。2007~2012 年和 2013~2018 年高校技术转移收入每提升 10 万元，高校与城市建立专利转让联系的概率分别提高 0.600%（$e^{0.006}-1$）和 0.300%（$e^{0.003}-1$），表明高校技术转移收入的增加可以激励高校未来的专利转让活动。

（3）距离特征与高校技术转移网络

地理距离对专利转让网络形成与演化具有显著负向影响，表明随着地理距离的减小，高校与城市之间建立专利转让联系的概率会有所提升，但地理距离的负向影响总体呈现下降趋势。2001~2006 年、2007~2012 年和 2013~2018 年三个模型中地理距离均在 1% 水平上显著负相关，高校—城市地理距离每增加 1km，高校与城市建立专利转让联系的概率将会分别降低

0.347% ($e^{3.460/1000}-1$)、0.223% ($e^{2.227/1000}-1$) 和 0.243% ($e^{2.429/1000}-1$)，表明高校专利转让网络形成和演化存在显著的地理距离衰减效应。从估计系数的大小变化来看，地理距离对专利转让网络形成与演化的影响总体呈减弱趋势。

技术兼容性对专利转让网络形成和演化具有显著促进作用。三个模型中的技术兼容性均在 1% 水平上显著正相关，高校—城市技术兼容性每提升一个单位，高校与城市建立专利转让联系的概率分别提高 53.038 倍 ($e^{3.971}$)、82.765 倍 ($e^{4.416}$) 和 69.895 倍 ($e^{4.247}$)。一方面，技术兼容性显著正相关表明技术兼容性对高校专利转让网络形成和演化具有显著正向作用。另一方面，所有模型加入技术兼容型后，地理距离的显著性并未下降，表明地理距离和技术兼容性之间存在互补效应，意味着技术兼容性在一定程度上可以弥补高校—城市之间的地理邻近，使高校能够进行更远距离的专利转让活动。

(4) 城市特征与高校技术转移网络

城市技术吸收能力对专利转让网络形成和演化具有显著促进作用。2001~2006 年、2007~2012 年和 2013~2018 年三个模型中的城市技术吸收能力均在 1% 水平上显著正相关。城市技术吸收能力每提升一个单位，城市与高校建立专利转让联系的概率分别提高 1.208 倍 ($e^{0.189}$)、1.390 ($e^{0.329}$) 和 1.623 倍 ($e^{0.484}$)，表明城市技术吸收能力的提升可以有效促进城市与高校建立转让专利联系。从估计系数的大小变化来看，城市技术吸收能力对专利转让网络形成和演化的作用逐渐提升。

城市经济发展水平和城市对外开放程度初期均对专利转让网络形成和演化的影响不显著，后期影响开始显现。2001~2006 年模型中城市经济发展水平的系数不显著。2007~2012 年和 2013~2018 年城市经济发展水平每提升 1000 元，城市与高校建立专利转让联系的概率分别增加 0.702% ($e^{0.007}-1$) 和 0.904% ($e^{0.009}-1$)，表明城市经济发展水平的提高可以提升城市对高校专利的需求。2001~2006 年和 2007~2012 年模型中城市对外开放程度的系数均不显著。2013~2018 年城市对外开放程度每提升 1 个单位，城市与高校建立专利转让联系的概率降低 0.100% ($e^{0.001}-1$)，表明城市通过提升对外开放程度引进国外技术会在一定程度上削弱城市对国内高校专利的需求,国外技术对高校专利转让产生一定的替代效应。

6.2.2 低参与—长期技术转移网络影响因子实证分析

选取校办科技企业网络分析低参与—长期技术转移网络形成与演化的关键影响因子。表6-4为2001~2006年、2007~2012年和2013~2018年校办企业网络ERG模型的估计结果。从表6-4明显可以看出,网络内生变量、高校属性变量、高校—城市距离和城市属性变量对高校校办企业网络形成与演化具有不同程度的影响。总体而言,网络内生变量对校办企业网络形成与演化具有显著影响,表明模型内生的结构依赖性得到有效控制。高校属性变量对校办企业网络形成与演化具有显著影响,其中高校层次的影响呈逐渐下降趋势。地理距离对校办企业网络形成与演化具有显著负向影响,随着校办企业网络的演进呈逐渐减弱趋势。技术兼容性对校办企业网络形成与演化具有显著促进作用,且与地理距离之间存在互补效应。城市属性变量对校办企业网络形成与演化具有显著影响,其中城市技术吸收能力的影响整体呈增强趋势。

表6-4 2001~2018年中国高校校办科技企业网络ERG模型估计结果

因变量:校办企业网络	2001~2006年	2007~2012年	2013~2018年
网络内生变量			
edges	-5.876 (0.700)***	-6.317 (0.342)***	-6.851 (0.241)***
b1degree (1)	3.163 (0.307)***	2.004 (0.170)***	2.058 (0.154)***
b2degree (1)	1.443 (0.362)***	1.217 (0.216)***	0.918 (0.198)***
高校属性变量			
是否为"211"高校	0.902 (0.327)***	0.289 (0.123)**	0.193 (0.085)**

续表

因变量：校办企业网络	2001~2006 年	2007~2012 年	2013~2018 年
是否为"985"高校	1.403 (0.436)***	1.249 (0.134)***	0.734 (0.096)***
是否为理工类高校	-0.118 (0.379)	0.543 (0.144)***	0.180 (0.100)*
是否为综合类高校	-0.236 (0.384)	0.379 (0.138)***	0.272 (0.092)***
高校人均科研经费	-0.002 (0.004)	0.001 (0.001)	0.004 (0.001)***
高校技术转移收入[a]	0.015 (0.002)***	0.017 (0.001)***	0.162 (0.009)***
高校—城市距离			
地理距离[a]	-4.927 (0.285)***	-2.462 (0.100)***	-1.630 (0.065)***
技术兼容性	7.958 (0.907)***	3.976 (0.426)***	3.247 (0.310)***
城市属性变量			
城市技术吸收能力	0.224 (0.050)***	0.313 (0.030)***	0.242 (0.031)***
城市经济发展水平[a]	0.015 (0.009)*	0.014 (0.002)***	0.008 (0.001)***
城市对外开放程度[a]	-0.001 (0.001)	0.001 (0.001)	0.001 (0.001)
节点数量	162×64	268×169	357×254
边数量	213	756	1395

注：* <10%，** <5%，*** <1%；括号内为标准误；所有模型均在20次迭代中收敛2次；三个模型加入gwnsp统计项后均无法收敛，因此未将其纳入模型；a表示变量系数乘以1000以提高可读性。

(1) 网络结构与高校技术转移网络

三个网络内生控制变量在三个时间段对校办企业网络形成与演化均具有显著影响。三个模型加入 gwnsp 统计项后均无法收敛,因此未将其纳入模型。edges 统计项系数为负数是真实观测网络的典型特征之一。edges 统计项在三个模型中均显著为负,且随着网络规模的扩大,edges 的系数逐渐变小。b1degree 和 b2degree 在三个模型中均显著为正,表明存在大量高校仅与一个城市具有校办企业联系,同时大量城市仅与一个高校存在校办企业联系的网络特征被较好地控制。

(2) 高校特征与高校技术转移网络

高校层次对校办企业网络的形成与演化具有显著正向影响,表明城市倾向于与高层次高校建立校办企业关系,但高校层次的影响呈逐渐下降趋势。以普通高校为参照组,2001~2006年、2007~2012年和2013~2018年三个模型中"211"高校参与校办企业网络的概率分别是普通高校的 2.465 倍 ($e^{0.902}$)、1.335 倍 ($e^{0.289}$) 和 1.213 倍 ($e^{0.193}$),"985"高校参与校办企业网络的概率分别是普通高校的 4.067 倍 ($e^{1.403}$)、3.487 倍 ($e^{1.249}$) 和 2.083 倍 ($e^{0.734}$)。从估计系数的大小变化来看,高校层次对校办企业网络形成和演化的影响逐渐下降。

高校类型前期对校办企业网络的形成影响不显著,但随着校办企业网络的演化,理工类和综合类高校的作用逐渐凸显。2001~2006年理工类和综合类高校参与校办企业网络的概率在统计上均不显著。2007~2012年和2013~2018年理工类高校参与校办企业网络的概率是其他类型高校的 1.721 倍 ($e^{0.543}$) 和 1.197 倍 ($e^{0.180}$),综合类高校参与校办企业网络的概率是其他类型高校的 1.461 倍 ($e^{0.379}$) 和 1.313 倍 ($e^{0.272}$)。综合来看,相对于其他类型高校,理工类和综合类高校在校办企业网络中的作用逐渐凸显。

高校人均科研经费前期对校办企业网络的形成影响不显著,但随着校办企业网络的演化,高校人均科研经费的促进作用逐渐显现。2001~2006年和2007~2012年模型中高校人均科研经费的系数均不显著,2013~2018年高校人均科研经费每提升1000元,高校与城市建立校办企业联系的概率提高 0.401% ($e^{0.004}-1$),表明高校科研经费的增加可以促进高校建立校办企业。高校技术转移收入在三个模型中均在 1% 水平上正向显著，高校技术转移收入每提升 10 万元，高校与城市建立校办企业联系的概率分别提高 1.511% （$e^{0.015}-1$）、1.715% （$e^{0.017}-1$）和 17.586% （$e^{0.162}-1$），表明高校技术转移收入的增加可以激励高校未来积极建立校办企业。

（3）距离特征与高校技术转移网络

地理距离对校办企业网络形成与演化具有显著负向影响，表明随着地理距离的减小，高校与城市之间建立校办企业联系的概率会有所提升，但地理距离的负向影响呈逐渐下降趋势。2001~2006 年、2007~2012 年和 2013~2018 年三个模型中高校—城市地理距离每增加 1km，高校与城市建立校办企业联系的概率将会分别下降 0.494% （$e^{4.927/1000}-1$）、0.247% （$e^{2.462/1000}-1$）和 0.163% （$e^{1.630/1000}-1$）。从地理距离的估计系数的符号方向来看，校办企业网络形成和演化存在显著的地理距离衰减效应。从地理距离的估计系数的大小变化来看，地理距离对校办企业网络形成的影响呈逐渐减弱趋势。

技术兼容性对校办企业网络形成和演化具有显著促进作用。三个模型中的技术兼容性均在 1% 水平上显著正相关，高校—城市技术兼容性每提升一个单位，高校与城市建立校办企业联系的概率分别提高 2858.351 倍（$e^{7.958}$）、53.303 倍（$e^{3.976}$）和 25.713 倍（$e^{3.247}$）。一方面，技术兼容性显著正相关表明技术兼容性对校办企业网络形成和演化具有显著正向作用。另一方面，所有模型加入技术兼容型后，地理距离的显著性并未下降，表明地理距离和技术兼容性之间存在互补效应，意味着技术兼容性在一定程度上可以弥补高校—城市之间的地理邻近，使高校能够在更远距离的城市建立校办企业。

（4）城市特征与高校技术转移网络

城市技术吸收能力对校办企业网络形成和演化具有显著促进作用。2001~2006 年、2007~2012 年和 2013~2018 年三个模型中城市技术吸收能力均在 1% 水平上显著正相关。城市技术吸收能力每提升一个单位，城市与高校建立校办企业联系的概率分别提高 1.251 倍（$e^{0.189}$）、1.368 倍（$e^{0.313}$）和 1.274 倍（$e^{0.242}$），表明城市技术吸收能力的提升可以有效促进城市与高校建立校办企业联系。从估计系数的大小变化来看，城市技术吸收能力对校办企业网络形成和演化的作用整体呈现增强趋势。

城市经济发展水平对校办企业网络形成和演化具有显著正向影响。三个时间段的城市经济发展水平均在10%及以上水平显著,城市经济发展水平每提升1000元,城市与高校建立校办企业联系的概率分别增加1.511% ($e^{0.015}-1$)、1.410%($e^{0.014}-1$)和0.803%($e^{0.008}-1$),表明城市经济发展水平是高校校办科技企业布局的重要区位因子之一。三个模型中城市对外开放程度对校办企业网络形成和演化的影响均不显著,表明城市对外开放程度对高校与城市建立校办企业联系并无显著影响。

6.2.3 高参与—短期技术转移网络影响因子实证分析

选取高校合作专利网络分析高参与—短期技术转移网络形成与演化的关键影响因子。表6-5为2001~2006年、2007~2012年和2013~2018年合作专利网络ERG模型的估计结果。从表6-5明显可以看出,网络内生变量、高校属性变量、高校—城市距离和城市属性变量对高校合作专利网络形成与演化具有不同程度的影响。总体而言,网络内生控制变量对合作专利网络与演化具有显著影响,表明模型内生结构依赖得到有效控制。高校属性变量对合作专利网络形成与演化具有显著影响,其中高校层次的影响呈逐渐下降趋势。地理距离对合作专利网络形成与演化具有显著负向影响,随着合作专利网络的演进呈逐渐减弱趋势。技术兼容性对合作专利网络形成与演化具有显著促进作用,且与地理距离之间存在互补效应。城市属性变量对合作专利网络形成与演化具有显著影响,其中城市技术吸收能力的影响呈逐渐增强趋势。

(1) 网络结构与高校技术转移网络

网络内生控制变量在三个时间段对合作专利网络形成与演化均具有显著影响。三个模型加入gwnsp统计项后均无法收敛,因此未将其纳入模型。edges在三个模型中的系数均为负数,edges统计项系数为负是真实观测网络的典型特征之一。b1degree和b2degree在三个时间段均显著为正,表明存在大量高校仅与一个城市具有合作专利关系,同时大量城市仅与一个高校存在合作专利关系的网络特征被较好地控制。

表6-5　2001~2018年中国高校合作专利网络ERG模型估计结果

因变量：合作专利网络	2001~2006年	2007~2012年	2013~2018年
网络内生变量			
edges	-7.831 (0.627)***	-7.483 (0.447)***	-7.987 (0.091)***
b1degree（1）	1.487 (0.263)***	1.942 (0.208)***	1.793 (0.168)***
b2degree（1）	1.212 (0.312)***	1.509 (0.268)***	1.895 (0.226)***
高校属性变量			
是否为"211"高校	1.017 (0.228)***	0.651 (0.131)***	0.487 (0.093)***
是否为"985"高校	1.216 (0.305)***	1.019 (0.159)***	0.946 (0.116)***
是否为理工类高校	0.209 (0.314)	0.934 (0.180)***	0.692 (0.126)***
是否为综合类高校	0.417 (0.304)	0.667 (0.179)***	0.591 (0.125)***
高校人均科研经费	0.003 (0.002)*	0.001 (0.001)*	0.001 (0.001)*
高校技术转移收入[a]	0.009 (0.002)***	0.009 (0.001)***	0.005 (0.001)***
高校—城市距离			
地理距离[a]	-2.269 (0.229)***	-1.659 (0.127)***	-1.604 (0.092)***
技术兼容性	7.817 (0.921)***	5.625 (0.520)***	6.300 (0.090)***
城市属性变量			
城市技术吸收能力	0.367 (0.048)***	0.512 (0.033)***	0.632 (0.034)***

续表

因变量：合作专利网络	2001~2006 年	2007~2012 年	2013~2018 年
城市经济发展水平^a	0.051 (0.008)***	0.012 (0.003)***	0.005 (0.001)***
城市对外开放程度^a	-0.003 (0.001)***	-0.002 (0.001)***	-0.001 (0.001)***
节点数量	99×61	194×114	311×167
边数量	204	586	1137

注：* <10%，** <5%，*** <1%；括号内为标准误；所有模型均在 20 次迭代中收敛 2 次；三个模型加入 gwnsp 统计项后均无法收敛，因此未将其纳入模型；a 表示变量系数乘以 1000 以提高可读性。

(2) 高校特征与高校技术转移网络

高校层次对合作专利网络的形成与演化具有显著正向影响，表明城市倾向于与高层次高校建立合作专利关系，但高校层次的影响呈逐渐下降趋势。以普通高校为参照组，2001~2006 年、2007~2012 年和 2013~2018 年三个时间段"211"高校参与合作专利网络的概率分别是普通高校的 2.765 倍（$e^{1.017}$）、1.917 倍（$e^{0.651}$）和 1.627 倍（$e^{0.487}$），"985"高校参与合作专利网络的概率分别是普通高校的 3.374 倍（$e^{1.216}$）、2.770 倍（$e^{1.019}$）和 2.575 倍（$e^{0.946}$）。从估计系数的大小变化来看，高校层次对合作专利网络形成和演化的作用逐渐下降。

高校类型前期对合作专利网络的形成影响不显著，但随着合作专利网络的演化，理工类和综合类高校的地位逐渐凸显。2001~2006 年理工类高校和综合类高校参与合作专利网络的概率在统计上均不显著。2007~2012 年和 2013~2018 年理工类高校参与合作专利网络的概率是其他类型高校的 2.545 倍（$e^{0.934}$）和 1.998 倍（$e^{0.692}$），综合类高校参与合作专利网络的概率是其他类型高校的 1.948 倍（$e^{0.667}$）和 1.806 倍（$e^{0.591}$）。综合来看，相对于其他类型高校，理工类和综合类高校在合作专利网络中的作用逐渐凸显。

高校人均科研经费和高校技术转移收入对合作专利网络的形成与演化均具有显著正向影响。三个模型中高校人均科研经费均在 10% 水平上显著正相关，高校人均科研经费每提升 1000 元，高校与城市建立合作专利联系的概率大约提高 1%（$e^{0.001}-1$），表明高校科研经费的增加可以促进高校与城市之间的合作创新活动。三个模型中高校技术转移收入均在 1% 水平上显著正相关，高校技术转移收入每提升 10 万元，高校与城市建立合作专利联系的概率大约提高 0.001%（$e^{0.009/1000}-1$），表明高校技术转移收入的增加可以激励高校未来积极建立合作创新关系。

（3）距离特征与高校技术转移网络

地理距离对合作专利网络形成与演化具有显著负向影响，表明随着地理距离的减小，高校与城市之间建立合作专利联系的概率会有所提升，但地理距离的负向影响呈逐渐下降趋势。2001~2006 年、2007~2012 年和 2013~2018 年三个模型中高校—城市地理距离每增加 1km，高校与城市建立合作专利联系的概率将会分别下降 0.227%（$e^{2.269/1000}-1$）、0.166%（$e^{1.659/1000}-1$）和 0.161%（$e^{1.604/1000}-1$）。从地理距离的估计系数的符号方向来看，合作专利网络形成和演化存在显著的地理距离衰减效应。从地理距离的估计系数的大小变化来看，地理距离对合作专利网络形成与演化的影响呈逐渐减弱趋势。

技术兼容性对合作专利网络形成和演化具有显著促进作用。三个模型中的技术兼容性均在 1% 水平上显著正相关，高校—城市技术兼容性每提升一个单位，高校与城市建立合作专利联系的概率分别提高 2482.447 倍（$e^{7.817}$）、227.272 倍（$e^{5.625}$）和 544.572 倍（$e^{6.300}$）。一方面，技术兼容性显著正相关表明技术兼容性对高校合作专利网络形成和演化具有显著正向作用。另一方面，所有模型加入技术兼容型后，地理距离的显著性并未下降，表明地理距离和技术兼容性之间存在互补效应，意味着技术兼容性在一定程度上可以弥补高校—城市之间的地理邻近，使高校能够与更远距离的城市建立合作创新联系。

（4）城市特征与高校技术转移网络

城市技术吸收能力对合作专利网络形成和演化具有显著促进作用。2001~2006 年、2007~2012 年和 2013~2018 年三个模型中的城市技术吸收能力均在 1% 水平上显著正相关，城市技术吸收能力每提升一个单位，城市与高校建立合作专利联系的概率分别提高 1.443 倍（$e^{0.367}$）、

1.669（$e^{0.512}$）和 1.881 倍（$e^{0.632}$），表明城市技术吸收能力的提升可以有效促进城市与高校建立合作专利联系。从估计系数的大小变化来看，城市技术吸收能力对合作专利网络的形成和演化的作用呈逐渐增强趋势。

城市经济发展水平对合作专利网络形成和演化具有显著正向影响。三个模型中的城市经济发展水平均在 1% 水平上显著，城市经济发展水平每提升 1000 元，城市与高校建立合作专利联系的概率分别增加 5.232%（$e^{0.051}-1$）、1.207%（$e^{0.012}-1$）和 0.501%（$e^{0.005}-1$），表明城市经济发展水平的提高可以增加城市与高校开展合作创新的需求。城市对外开放程度对合作专利网络形成和演化具有显著负向影响，三个模型中的城市对外开放程度均在 1% 水平上显著，城市对外开放程度每提升 1 个单位，城市与高校建立合作专利联系的概率大约降低 0.100%（$e^{0.001}-1$），表明城市通过提升对外开放程度引进国外技术会在一定程度上削弱城市与国内高校开展合作创新的概率，国外技术引进对城市与高校合作创新产生一定的替代效应。

6.2.4 高参与—长期技术转移网络影响因子实证分析

选取校地共建研究院网络分析高参与—长期技术转移网络形成与演化的关键影响因子。2001~2006 年、2007~2012 年和 2013~2018 年共建研究院网络 ERG 模型的估计结果如表 6-6 所示。总体而言，网络内生控制变量对共建研究院网络的形成具有显著影响，表明模型内生性的结构依赖得到有效控制；高校属性变量对共建研究院网络形成与演化具有显著促进作用，其中高校层次的影响呈逐渐下降趋势。地理距离对共建研究院网络形成与演化具有显著负向影响，随着共建研究院网络的演进呈逐渐增强趋势。技术兼容性对共建研究院网络形成与演化具有显著促进作用，且与地理距离之间存在互补效应。城市属性变量对共建研究院网络形成与演化具有显著影响，其中城市技术吸收能力的影响呈逐渐增强趋势。

表6-6　2001~2018年中国高校共建研究院网络ERG模型估计结果

因变量：共建研究院网络	2001~2006年	2007~2012年	2013~2018年
网络内生变量			
edges	-8.788 (1.769)***	-5.232 (1.131)***	-4.890 (0.227)***
b1degree (1)		1.241 (0.370)***	
b2degree (1)	2.312 (0.745)***	1.819 (0.531)***	1.595 (0.311)***
gwnsp (fixed at 2.25/2.0)	0.148 (0.031)***		0.045 (0.025)**
高校属性变量			
是否为"211"高校	-0.074 (0.712)	0.448 (0.530)	0.168 (0.211)
是否为"985"高校	1.420 (0.668)**	1.087 (0.494)**	0.750 (0.195)***
是否为理工类高校	0.032 (1.021)	-0.294 (0.685)	-0.002 (0.261)
是否为综合类高校	-0.320 (1.020)	-0.304 (0.639)	0.068 (0.261)
高校人均科研经费	-0.008 (0.008)	0.001 (0.002)	0.001 (0.001)**
高校技术转移收入[a]	0.006 (0.004)	0.003 (0.003)	0.002 (0.001)***
高校—城市距离			
地理距离[a]	-1.130 (0.341)***	-1.178 (0.262)***	-1.902 (0.178)***
技术兼容性	7.125 (2.668)***	4.510 (1.253)***	2.723 (0.171)***

续表

因变量：共建研究院网络	2001~2006年	2007~2012年	2013~2018年
城市属性变量			
城市技术吸收能力	0.319 (0.106)***	0.344 (0.130)***	0.367 (0.057)***
城市经济发展水平[a]	0.055 (0.016)***	0.008 (0.004)*	0.005 (0.002)**
城市对外开放程度[a]	0.001 (0.001)	0.003 (0.001)	0.001 (0.001)
节点数量	34×18	44×31	86×77
边数量	59	91	199

注：*<10%，**<5%，***<1%；括号内为标准误；所有模型均在20次迭代中收敛2次；2001~2006年模型加入b1degree后无法收敛，2007~2012年模型加入gwnsp统计项后均无法收敛，2013~2018年模型加入b1degree后无法收敛，因此未将其纳入模型；a表示变量系数乘以1000以提高可读性。

(1) 网络结构与高校技术转移网络

网络内生控制变量在三个时间段对共建研究院网络形成与演化均具有显著影响。2001~2006年模型加入b1degree后无法收敛，2007~2012年模型加入gwnsp统计项后均无法收敛，2013~2018年模型加入b1degree后无法收敛，因此未将其纳入模型。edges在三个模型中的系数均为负数，edges统计项系数为负是真实观测网络的典型特征之一。b1degree和b2degree在对应模型中均显著为正，表明存在大量高校仅与一个城市合作建立研究院，同时大量城市仅与一个高校共建研究院的网络特征被较好地控制。

(2) 高校特征与高校技术转移网络

高校层次对校地共建研究院网络形成与演化具有显著正向影响，表明城市倾向于与高层次高校合作建立研究院，但高校层次的影响呈逐渐下降趋势。"211"高校在三个模型中均不显著，表明高校参与建设校地共建研究院存在一定门槛效应。2001~2006年、2007~2012年和2013~2018年三个模型中"985"高校参与共建研究院网络的概率分别是普通高校的4.137倍（$e^{1.420}$）、2.965倍（$e^{1.087}$）和2.117倍（$e^{0.750}$）。从估计系数的大小变化来看,高校层次对校地共建研究院网络形成和演化的影响逐渐下降。

高校类型在三个模型中对校地共建研究院网络形成与演化的影响均不显著。从估计系数的大小来看,三个时间段理工类高校参与共建研究院网络的概率仅是其他高校的 1.033 倍（$e^{0.032}$）、0.745 倍（$e^{-0.294}$）和 0.998 倍（$e^{-0.002}$）,综合类高校参与共建研究院网络的概率仅是其他高校的 0.726 倍（$e^{-0.320}$）、0.738 倍（$e^{-0.304}$）和 1.070 倍（$e^{0.068}$）,优势比均接近或小于 1,表明相较于其他类型高校,理工类和综合类高校参与共建研究院网络的概率无明显差异。通过分析可知,三个时间阶段的共建研究院网络主要由理工类和综合类高校构成,因此高校类型不显著的原因主要在于参照组高校数量较少。

高校人均科研经费和高校技术转移收入前期对共建研究院网络形成与演化影响不显著,但在 2013~2018 年模型中均具有显著促进作用。2013~2018 年高校人均科研经费每提升 1000 元,高校与城市合作建立研究院联系的概率提高 0.100%（$e^{0.001}-1$）,表明高校科研经费的增加可以促进高校与地方政府建立长期合作伙伴关系。2013~2018 年高校技术转移收入每提升 10 万元,高校与城市合作建立研究院联系的概率提高 0.200%（$e^{0.002}-1$）,表明高校技术转移收入的增加可以激励高校未来积极参与共建研究院活动。

(3) 距离特征与高校技术转移网络

地理距离对校地共建研究院网络形成与演化具有显著负向影响,表明随着地理距离的减小,高校与城市之间合作建立研究院的概率会有所提升,地理距离的负向影响呈现逐渐增强趋势。2001~2006 年、2007~2012 年和 2013~2018 年三个模型中高校—城市地理距离每增加 1km,高校与城市合作建立研究院的概率将会分别下降 0.113%（$e^{1.130/1000}-1$）、0.118%（$e^{1.178/1000}-1$）和 0.190%（$e^{1.902/1000}-1$）。从地理距离的估计系数的符号方向来看,共建研究院网络形成和演化存在显著的地理距离衰减效应。从地理距离的估计系数的大小变化来看,地理距离对共建研究院网络形成的影响呈逐渐增强趋势。

技术兼容性对校地共建研究院网络形成和演化具有显著促进作用。三个模型中的技术兼容性均在 1% 水平上显著正相关,高校—城市技术兼容性每提升一个单位,高校与城市合作建立研究院的概率分别提高 1242.648 倍 ($e^{7.125}$)、90.922 倍 ($e^{4.510}$) 和 15.226 倍 ($e^{2.723}$)。一方面,技术兼容性显著正相关表明技术兼容性对校地共建研究院网络形成和演化具有显著正向作用。另一方面,所有模型加入技术兼容型后,地理距离的显著性并未下降,表明地理距离和技术兼容性之间存在互补效应,意味着技术兼容性在一定程度上可以弥补高校—城市之间的地理邻近,使高校能够与更远距离的城市合作建立研究院。

(4) 城市特征与高校技术转移网络

城市技术吸收能力对校地共建研究院网络形成和演化具有显著促进作用。2001~2006 年、2007~2012 年和 2013~2018 年三个模型中的城市技术吸收能力均在 1% 水平上显著正相关。城市技术吸收能力每提升一个单位,城市与高校合作建立研究院的概率分别提高 1.376 倍 ($e^{0.319}$)、1.411 ($e^{0.344}$) 和 1.443 倍 ($e^{0.367}$),表明城市技术吸收能力的提升可以有效促进城市与高校合作建立研究院。从估计系数的大小变化来看,城市技术吸收能力对校地共建研究院网络形成和演化的作用呈现逐渐增强趋势。

城市经济发展水平对校地共建研究院网络形成和演化具有显著促进作用。三个模型中的城市经济发展水平均在 1% 水平上显著,城市经济发展水平每提升 1000 元,城市与高校合作建立研究院的概率分别增加 5.654% ($e^{0.055}-1$)、0.803% ($e^{0.008}-1$) 和 0.501% ($e^{0.005}-1$),表明城市经济发展水平的提高可以提升城市与高校合作建立研究院的概率。三个模型中城市对外开放程度对共建研究院网络形成和演化的影响均不显著,表明城市对外开放程度对高校与城市建立合作研究院并无显著影响。

6.3

ERGM 拟合优度检验

6.3.1 VIF 检验

利用方差膨胀因子(Variance Inflation Factor, VIF)检验解释变量之

间是否存在多重共线性。由于双模网络中高校和城市两个模的变量数量、数据类型和数据维度均不一致,且包含网络内生结构变量,因此传统的 VIF 检验无法对变量的多重共线性进行检验。参考 Metz et al（2019）的研究,本书使用 GitHub 平台的 vif.ergm 函数①对所有 ERG 模型进行检验。VIF 值大于 20 表示存在轻微的多重共线性,大于 100 表示存在严重的多重共线性。三个时间段四种类型的高校技术转移网络 ERG 模型的 VIF 检验结果分别如表 6-7、表 6-8、表 6-9 和表 6-10 所示。可以看出,最大的 VIF 值仅为 23.074,远低于会产生严重共线性的 100,表明所有模型均不存在严重共线性问题。

表 6-7　2001~2018 年中国高校专利转让网络 ERG 模型 VIF 检验

因变量	2001~2006 年	2007~2012 年	2013~2018 年
网络内生变量			
edges			
b1degree（1）	1.477	1.458	1.423
b2degree（1）	1.553	1.254	1.390
高校属性变量			
是否为"211"高校	4.233	2.964	1.496
是否为"985"高校	8.348	5.101	2.077
是否为理工类高校	3.047	4.400	4.983
是否为综合类高校	6.553	4.944	4.377
高校人均科研经费	9.458	7.216	1.639
高校技术转移收入	2.466	1.679	1.166
高校—城市距离			
地理距离	2.021	3.066	4.591
技术兼容性	12.834	18.334	15.608

---

① https://github.com/sduxbury/vif-ergm。

续表

因变量	2001~2006 年	2007~2012 年	2013~2018 年
城市属性变量			
城市技术创新能力	4.205	5.151	8.006
城市经济发展水平	12.099	10.647	8.766
城市对外开放程度	7.775	7.970	7.782

注：VIF 值大于 20 表示存在轻微的多重共线性，大于 100 表示存在严重的多重共线性。

表6-8　2001~2018 年中国高校校办科技企业网络 ERG 模型 VIF 检验

因变量	2001~2006 年	2007~2012 年	2013~2018 年
网络内生变量			
edges			
b1degree (1)	1.425	1.349	1.245
b2degree (1)	1.321	1.259	1.199
高校属性变量			
是否为"211"高校	3.745	2.156	1.952
是否为"985"高校	5.133	5.911	6.489
是否为理工类高校	4.870	4.803	6.797
是否为综合类高校	7.905	6.060	6.035
高校人均科研经费	6.119	7.472	8.958
高校技术转移收入	3.416	2.072	5.860
高校—城市距离			
地理距离	2.310	3.515	4.869
技术兼容性	7.466	16.574	22.445
城市属性变量			
城市技术创新能力	4.385	5.672	7.510

续表

因变量	2001~2006 年	2007~2012 年	2013~2018 年
城市经济发展水平	7.005	10.448	7.820
城市对外开放程度	6.116	8.121	8.059

注：VIF 值大于 20 表示存在轻微的多重共线性，大于 100 表示存在严重的多重共线性。

表 6-9　2001~2018 年中国高校合作专利网络 ERG 模型 VIF 检验

因变量	2001~2006 年	2007~2012 年	2013~2018 年
网络内生变量			
edges			
b1degree (1)	1.298	1.381	1.356
b2degree (1)	1.163	1.265	1.213
高校属性变量			
是否为"211"高校	3.305	2.347	2.030
是否为"985"高校	3.040	4.443	4.143
是否为理工类高校	4.219	7.021	6.927
是否为综合类高校	7.510	6.590	5.126
高校人均科研经费	2.843	7.267	6.865
高校技术转移收入	1.910	1.612	1.197
高校—城市距离			
地理距离	3.601	3.394	4.096
技术兼容性	13.139	19.980	19.772
城市属性变量			
城市技术创新能力	5.626	6.704	8.434
城市经济发展水平	9.036	10.227	8.325
城市对外开放程度	8.456	8.880	8.214

注：VIF 值大于 20 表示存在轻微的多重共线性，大于 100 表示存在严重的多重共线性。

表 6-10　2001~2018 年中国高校共建研究院网络 ERG 模型 VIF 检验

因变量	2001~2006 年	2007~2012 年	2013~2018 年
网络内生变量			
edges			
b1degree (1)	1.581	1.234	1.554
b2degree (1)	4.638	1.652	14.213
高校属性变量			
是否为"211"高校	5.611	3.937	2.155
是否为"985"高校	9.329	15.187	5.320
是否为理工类高校	16.645	9.020	5.262
是否为综合类高校	16.800	20.518	8.433
高校人均科研经费	9.669	9.652	2.111
高校技术转移收入	2.108	2.091	1.798
高校—城市距离			
地理距离	5.864	3.064	3.733
技术兼容性	23.074	22.965	20.237
城市属性变量			
城市技术创新能力	6.722	14.967	7.208
城市经济发展水平	15.379	7.022	9.063
城市对外开放程度	4.776	13.198	4.286

注：VIF 值大于 20 表示存在轻微的多重共线性，大于 100 表示存在严重的多重共线性。

6.3.2　MCMC 诊断

MCMC 诊断用于判断 ERG 模型是否会发生退化（Spithoven et al.，2021）。三个时间段的专利转让网络 ERG 模型 MCMC 诊断结果如图 6-1、图 6-2 和图 6-3 所示，校办科技企业网络的 MCMC 诊断结果如图 6-4、图 6-5 和图 6-6 所示，合作专利网络的 MCMC 诊断结果如图 6-7、图 6-8 和图 6-9 所示，共建研究院网络的 MCMC 诊断结果如图 6-10、

图 6-11 和图 6-12 所示。MCMC 诊断为模型中每个变量生成一个混合链图和一个对应的统计图。从混合链图可以明显看出，模拟网络在每一步的迭代过程中，均在以 0 值为中心的附近随机变化。从统计图中可以看出，样本统计信息的观测值与模拟值之间的差异整体形成以 0 为中心的正态分布。总体上，混合链图和统计图的结果表明所有模型不会出现退化问题。

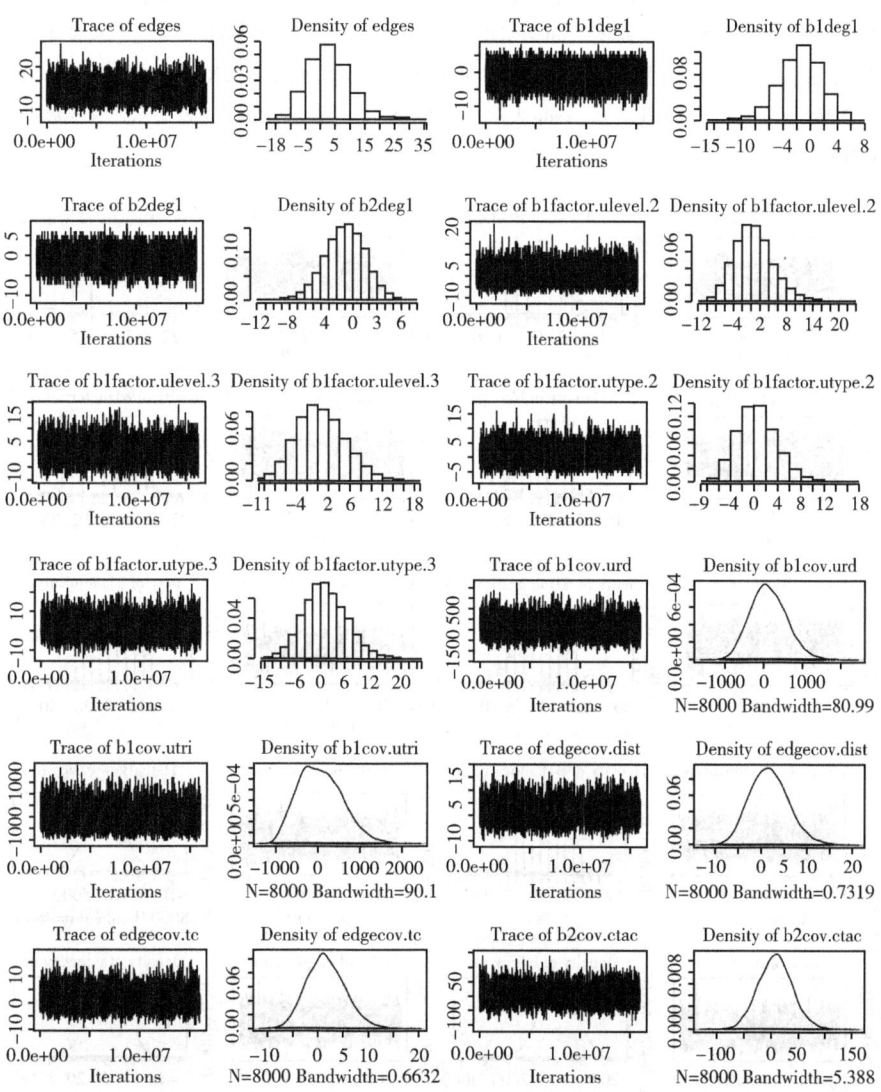

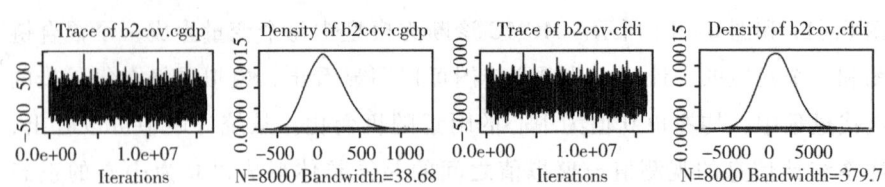

图 6-1 2001~2006 年中国高校专利转让网络模型退化检验

注：edges 表示边统计项；b1deg1 和 b2deg1 分别表示 b1degree（1）和 b2degree（1）统计项；ulevel.2 和 ulevel.3 分别表示分类变量"211"高校和"985"高校；utype.2 和 utype.3 分别表示分类变量理工类高校和综合类高校；urd 表示连续变量高校人均科研经费；utri 表示连续变量高校技术转移收入；dist 表示连续变量高校—城市地理距离；tc 表示连续变量高校—城市技术距离；ctac 表示连续变量城市技术吸收能力；cgdp 表示连续变量城市经济发展水平；cfdi 表示连续变量城市对外开放程度。

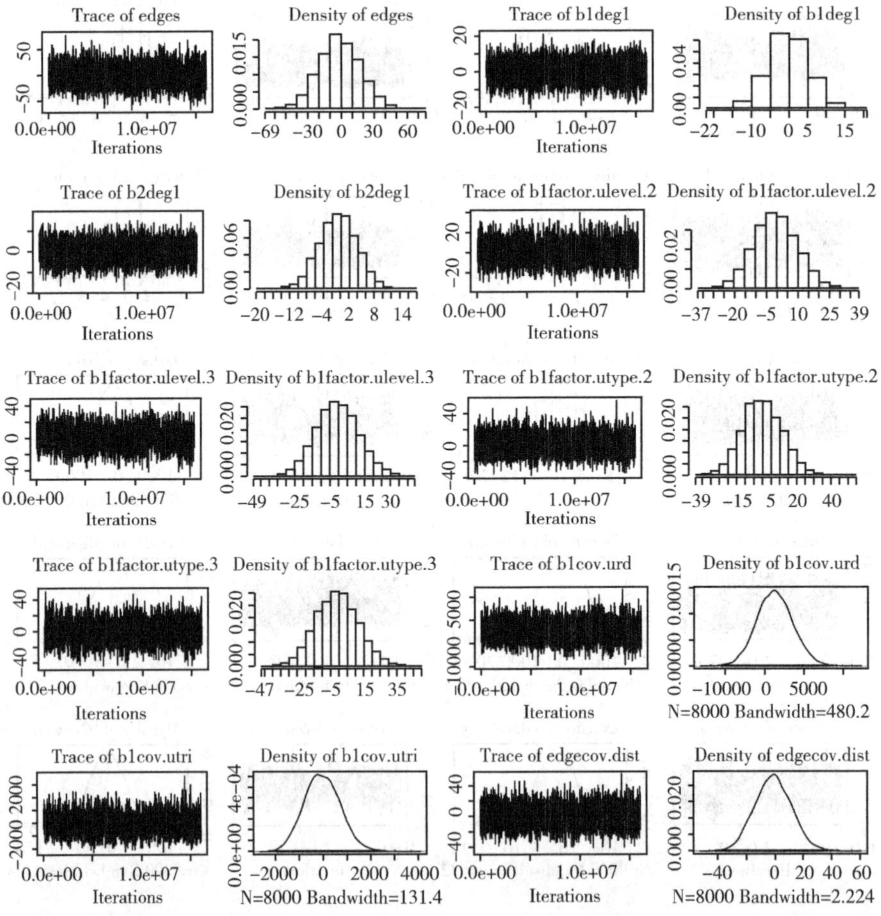

第6章 中国高校技术转移网络形成与演化的动力机制

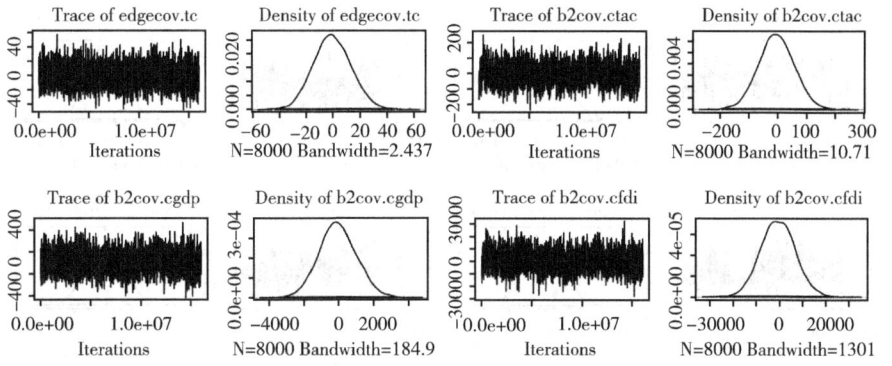

图 6-2 2007~2012 年中国高校专利转让网络模型退化检验

注：edges 表示边统计项；b1deg1 和 b2deg1 分别表示 b1degree（1）和 b2degree（1）统计项；ulevel.2 和 ulevel.3 分别表示分类变量"211"高校和"985"高校；utype.2 和 utype.3 分别表示分类变量理工类高校和综合类高校；urd 表示连续变量高校人均科研经费；utri 表示连续变量高校技术转移收入；dist 表示连续变量高校—城市地理距离；tc 表示连续变量高校—城市技术距离；ctac 表示连续变量城市技术吸收能力；cgdp 表示连续变量城市经济发展水平；cfdi 表示连续变量城市对外开放程度。

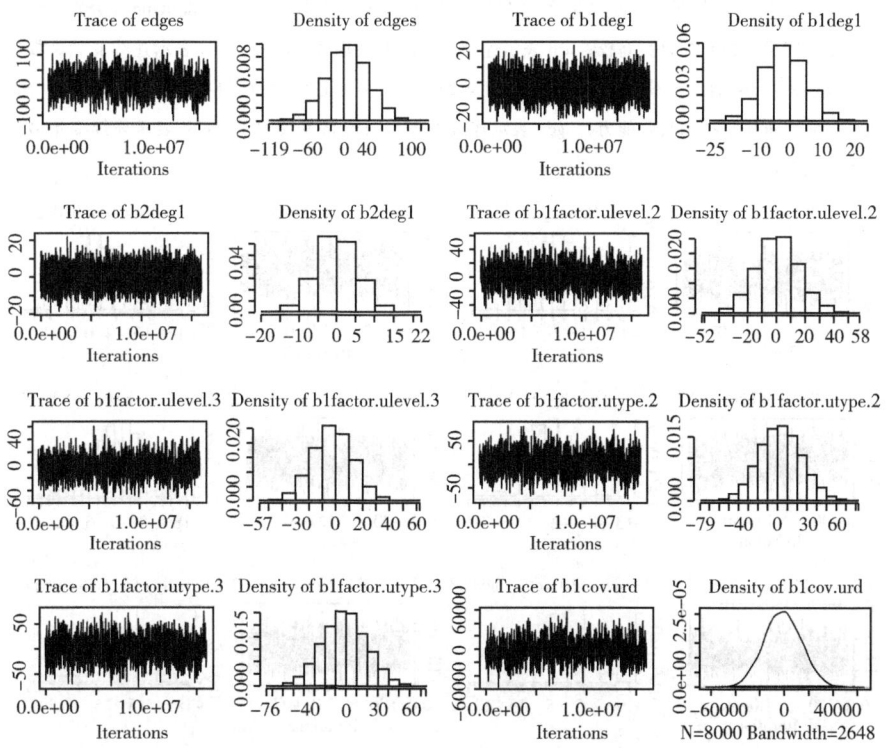

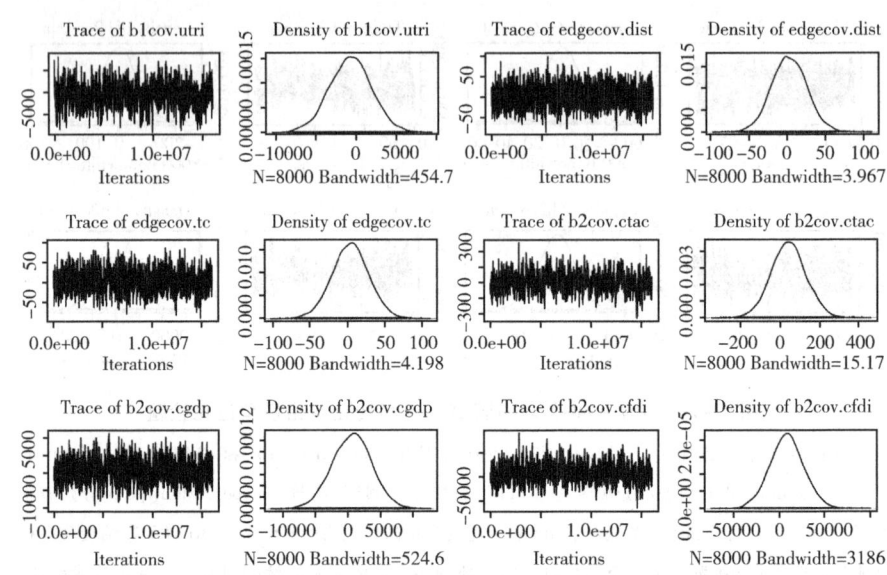

图6-3 2013~2018年中国高校专利转让网络模型退化检验

注：edges 表示边统计项；b1deg1 和 b2deg1 分别表示 b1degree（1）和 b2degree（1）统计项；ulevel.2 和 ulevel.3 分别表示分类变量"211"高校和"985"高校；utype.2 和 utype.3 分别表示分类变量理工类高校和综合类高校；urd 表示连续变量高校人均科研经费；utri 表示连续变量高校技术转移收入；dist 表示连续变量高校—城市地理距离；tc 表示连续变量高校—城市技术距离；ctac 表示连续变量城市技术吸收能力；cgdp 表示连续变量城市经济发展水平；cfdi 表示连续变量城市对外开放程度。

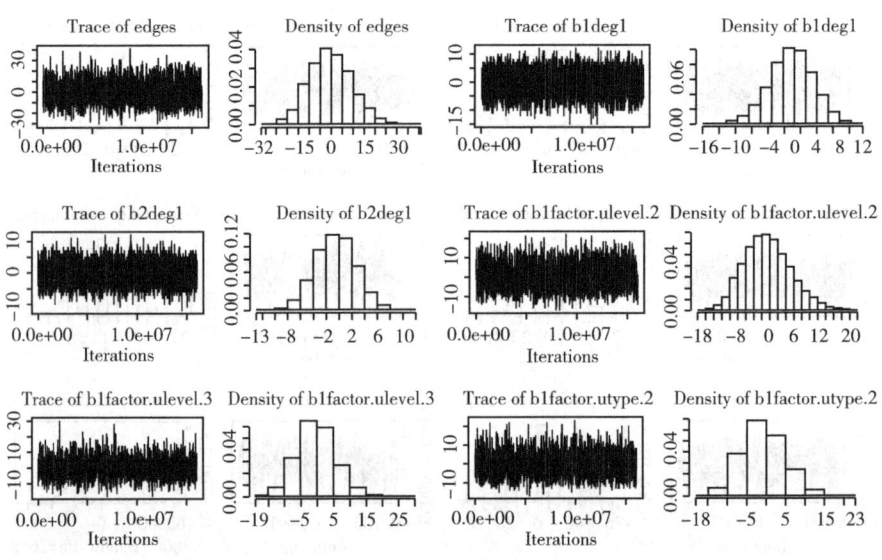

第6章 中国高校技术转移网络形成与演化的动力机制

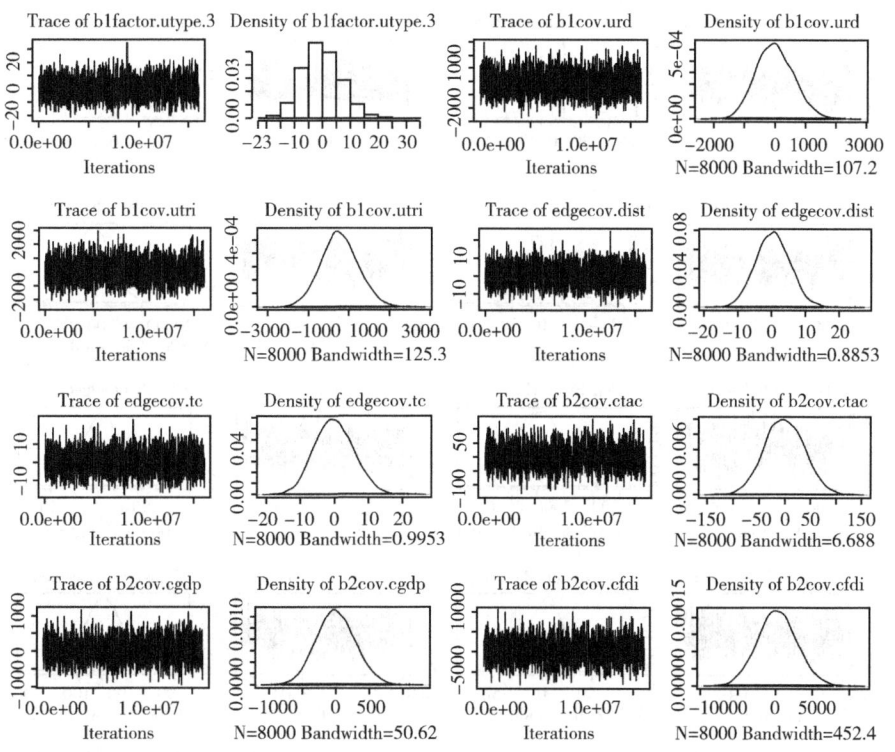

图6-4 2001~2006年中国高校校办科技企业网络模型退化检验

注：edges 表示边统计项；b1deg1 和 b2deg1 分别表示 b1degree（1）和 b2degree（1）统计项；ulevel.2 和 ulevel.3 分别表示分类变量"211"高校和"985"高校；utype.2 和 utype.3 分别表示分类变量理工类高校和综合类高校；urd 表示连续变量高校人均科研经费；utri 表示连续变量高校技术转移收入；dist 表示连续变量高校—城市地理距离；tc 表示连续变量高校—城市技术距离；ctac 表示连续变量城市技术吸收能力；cgdp 表示连续变量城市经济发展水平；cfdi 表示连续变量城市对外开放程度。

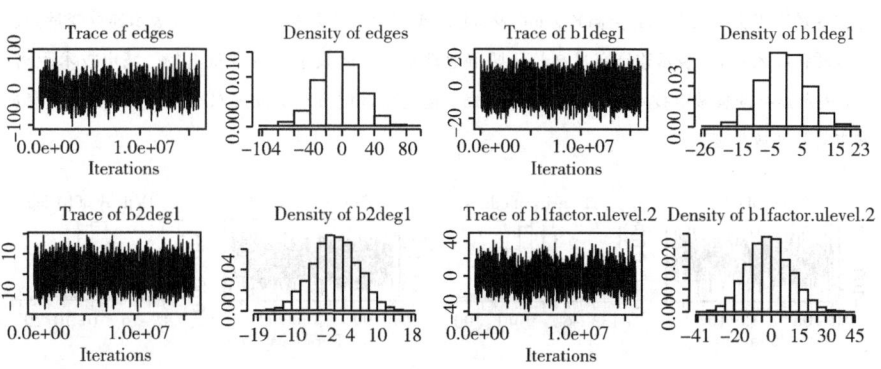

· 175 ·

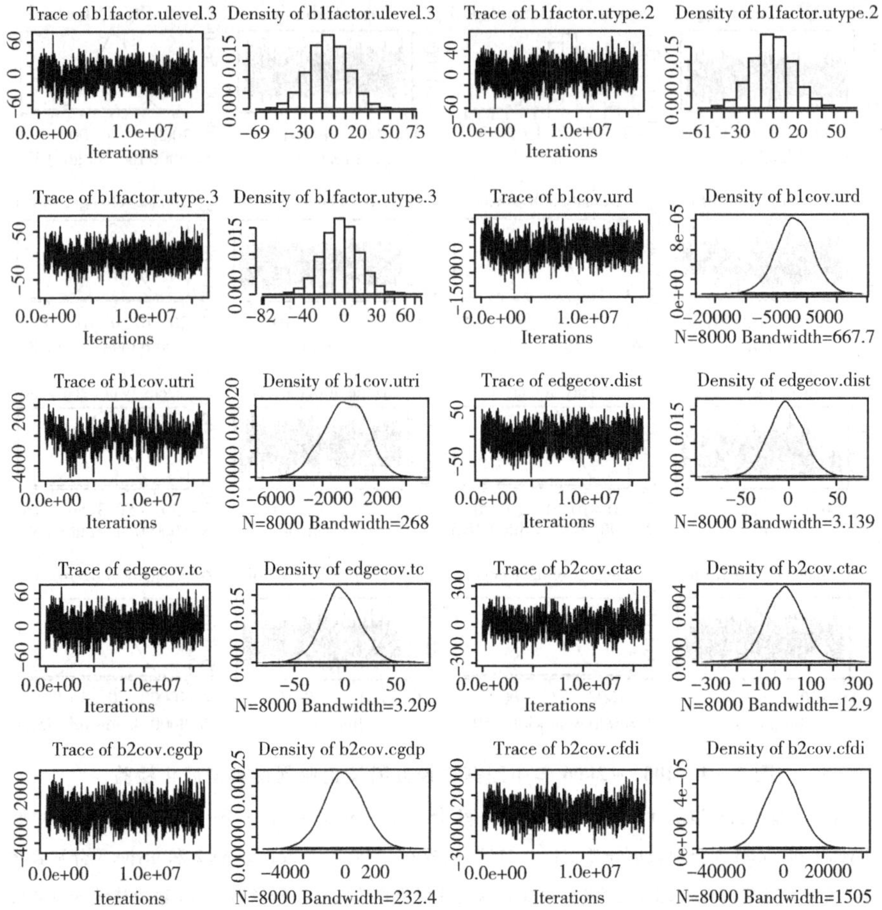

图 6-5　2007~2012 年中国高校校办科技企业网络模型退化检验

注：edges 表示边统计项；b1deg1 和 b2deg1 分别表示 b1degree（1）和 b2degree（1）统计项；ulevel.2 和 ulevel.3 分别表示分类变量"211"高校和"985"高校；utype.2 和 utype.3 分别表示分类变量理工类高校和综合类高校；urd 表示连续变量高校人均科研经费；utri 表示连续变量高校技术转移收入；dist 表示连续变量高校—城市地理距离；tc 表示连续变量高校—城市技术距离；ctac 表示连续变量城市技术吸收能力；cgdp 表示连续变量城市经济发展水平；cfdi 表示连续变量城市对外开放程度。

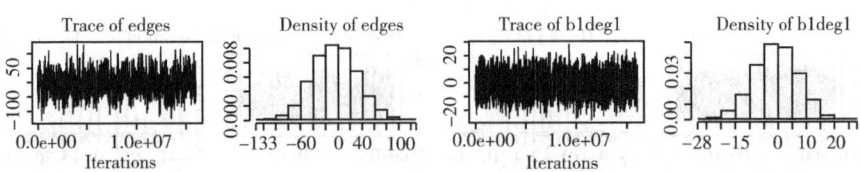

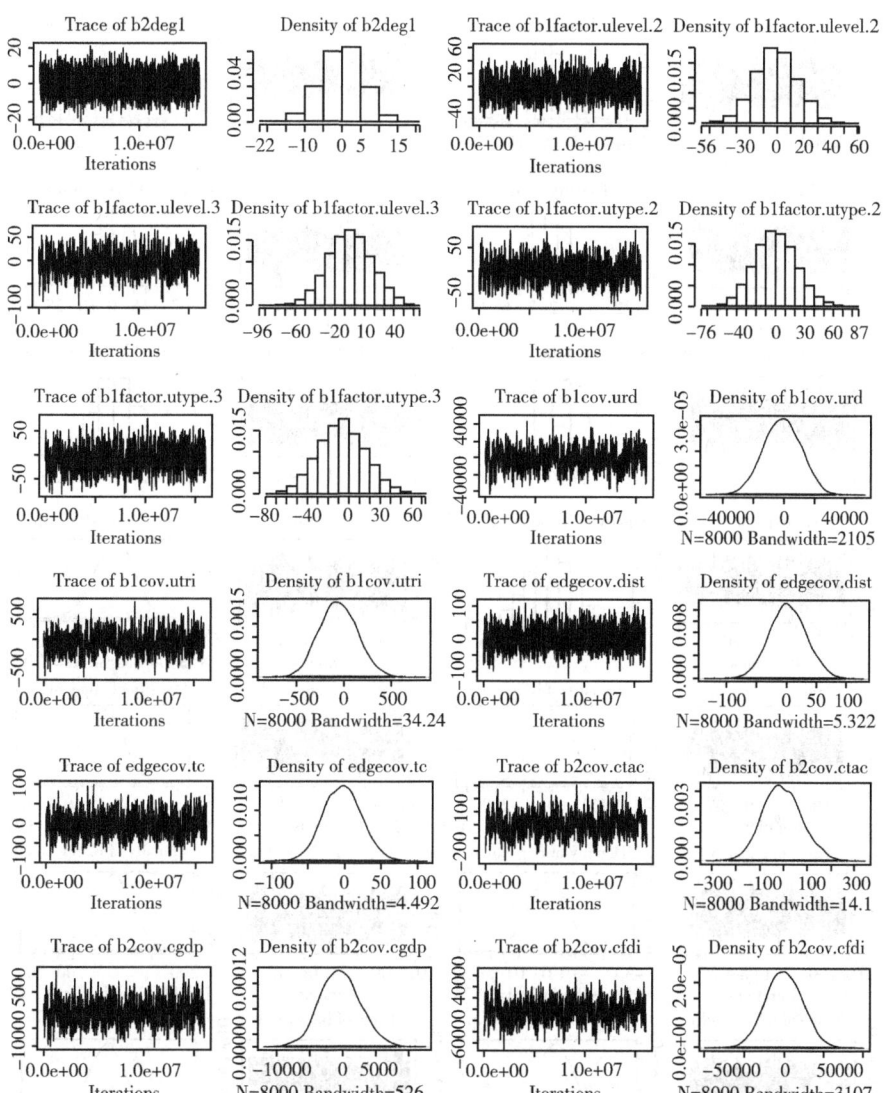

图 6-6　2013~2018 年中国高校校办科技企业网络模型退化检验

注：edges 表示边统计项；b1deg1 和 b2deg1 分别表示 b1degree（1）和 b2degree（1）统计项；ulevel.2 和 ulevel.3 分别表示分类变量"211"高校和"985"高校；utype.2 和 utype.3 分别表示分类变量理工类高校和综合类高校；urd 表示连续变量高校人均科研经费；utri 表示连续变量高校技术转移收入；dist 表示连续变量高校—城市地理距离；tc 表示连续变量高校—城市技术距离；ctac 表示连续变量城市技术吸收能力；cgdp 表示连续变量城市经济发展水平；cfdi 表示连续变量城市对外开放程度。

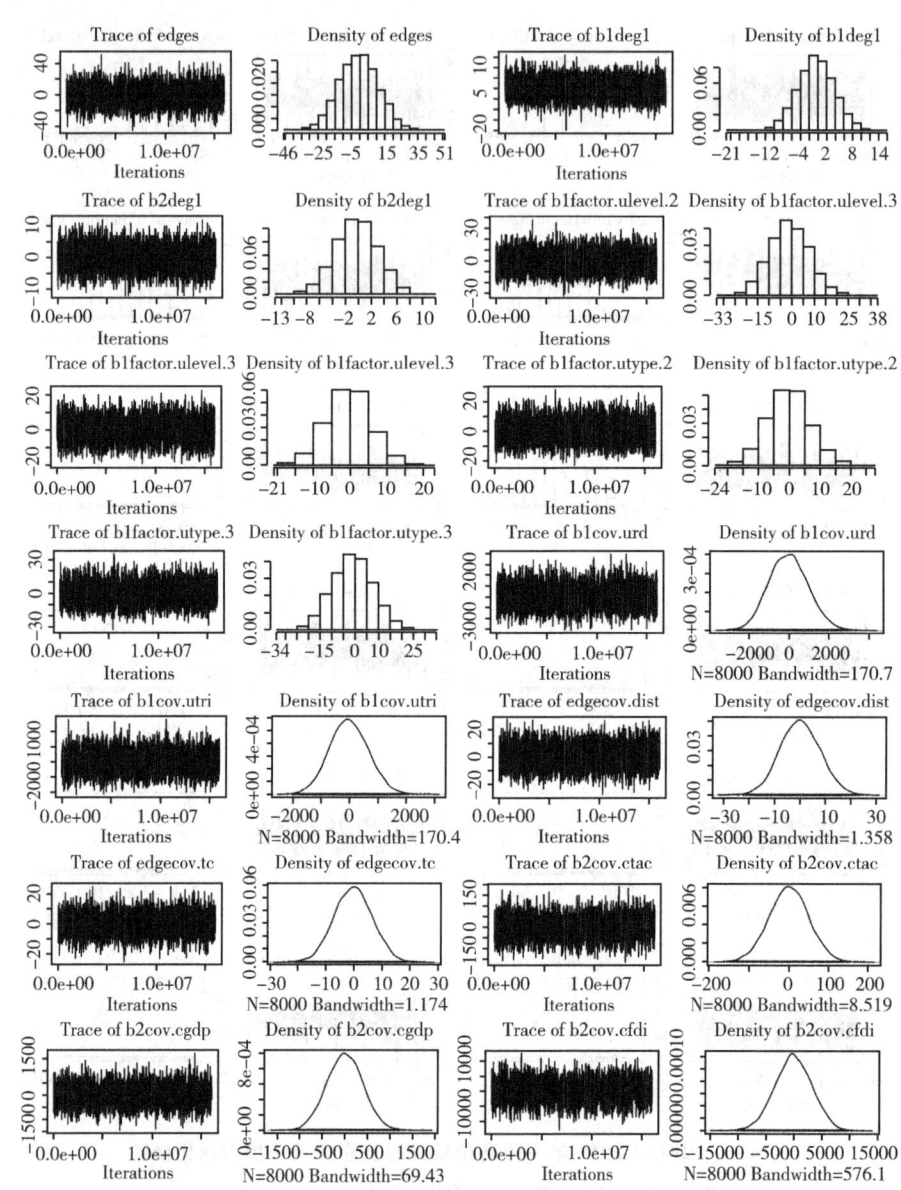

图 6-7　2001~2006 年中国高校合作专利网络模型退化检验

注：edges 表示边统计项；b1deg1 和 b2deg1 分别表示 b1degree (1) 和 b2degree (1) 统计项；ulevel.2 和 ulevel.3 分别表示分类变量 "211" 高校和 "985" 高校；utype.2 和 utype.3 分别表示分类变量理工类高校和综合类高校；urd 表示连续变量高校人均科研经费；utri 表示连续变量高校技术转移收入；dist 表示连续变量高校—城市地理距离；tc 表示连续变量高校—城市技术距离；ctac 表示连续变量城市技术吸收能力；cgdp 表示连续变量城市经济发展水平；cfdi 表示连续变量城市对外开放程度。

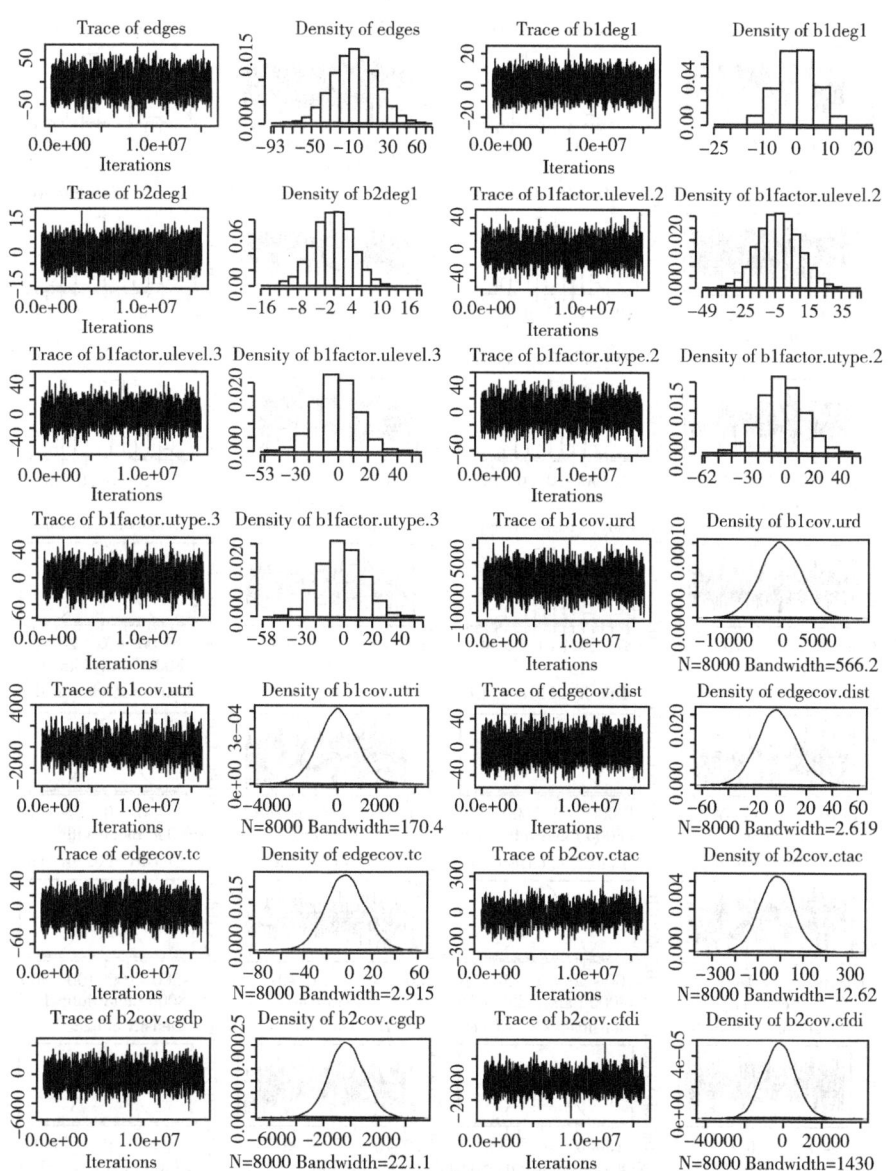

图 6-8　2007~2012 年中国高校合作专利网络模型退化检验

注：edges 表示边统计项；b1deg1 和 b2deg1 分别表示 b1degree（1）和 b2degree（1）统计项；ulevel.2 和 ulevel.3 分别表示分类变量"211"高校和"985"高校；utype.2 和 utype.3 分别表示分类变量理工类高校和综合类高校；urd 表示连续变量高校人均科研经费；utri 表示连续变量高校技术转移收入；dist 表示连续变量高校—城市地理距离；tc 表示连续变量高校—城市技术距离；ctac 表示连续变量城市技术吸收能力；cgdp 表示连续变量城市经济发展水平；cfdi 表示连续变量城市对外开放程度。

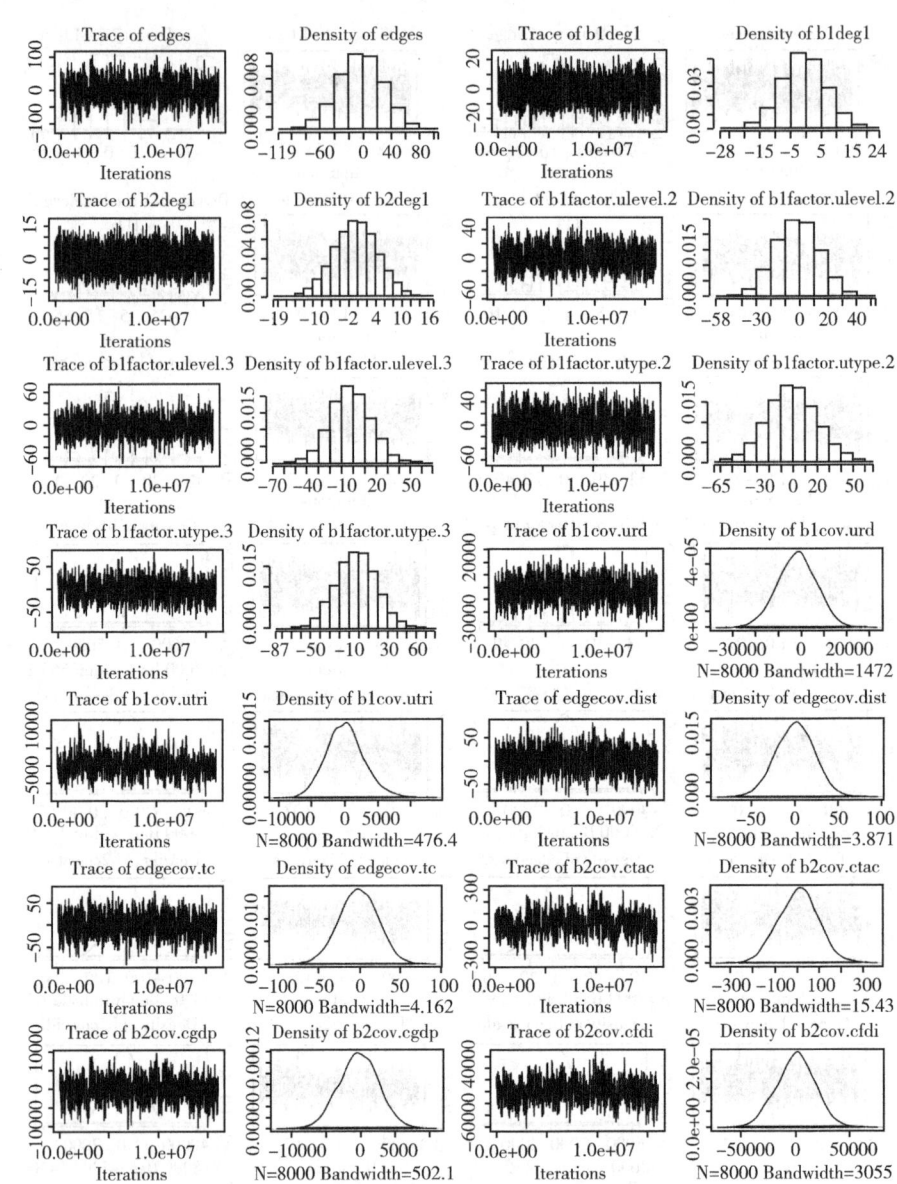

图 6-9　2013～2018 年中国高校合作专利网络模型退化检验

注：edges 表示边统计项；b1deg1 和 b2deg1 分别表示 b1degree（1）和 b2degree（1）统计项；ulevel.2 和 ulevel.3 分别表示分类变量"211"高校和"985"高校；utype.2 和 utype.3 分别表示分类变量理工类高校和综合类高校；urd 表示连续变量高校人均科研经费；utri 表示连续变量高校技术转移收入；dist 表示连续变量高校—城市地理距离；tc 表示连续变量高校—城市技术距离；ctac 表示连续变量城市技术吸收能力；cgdp 表示连续变量城市经济发展水平；cfdi 表示连续变量城市对外开放程度。

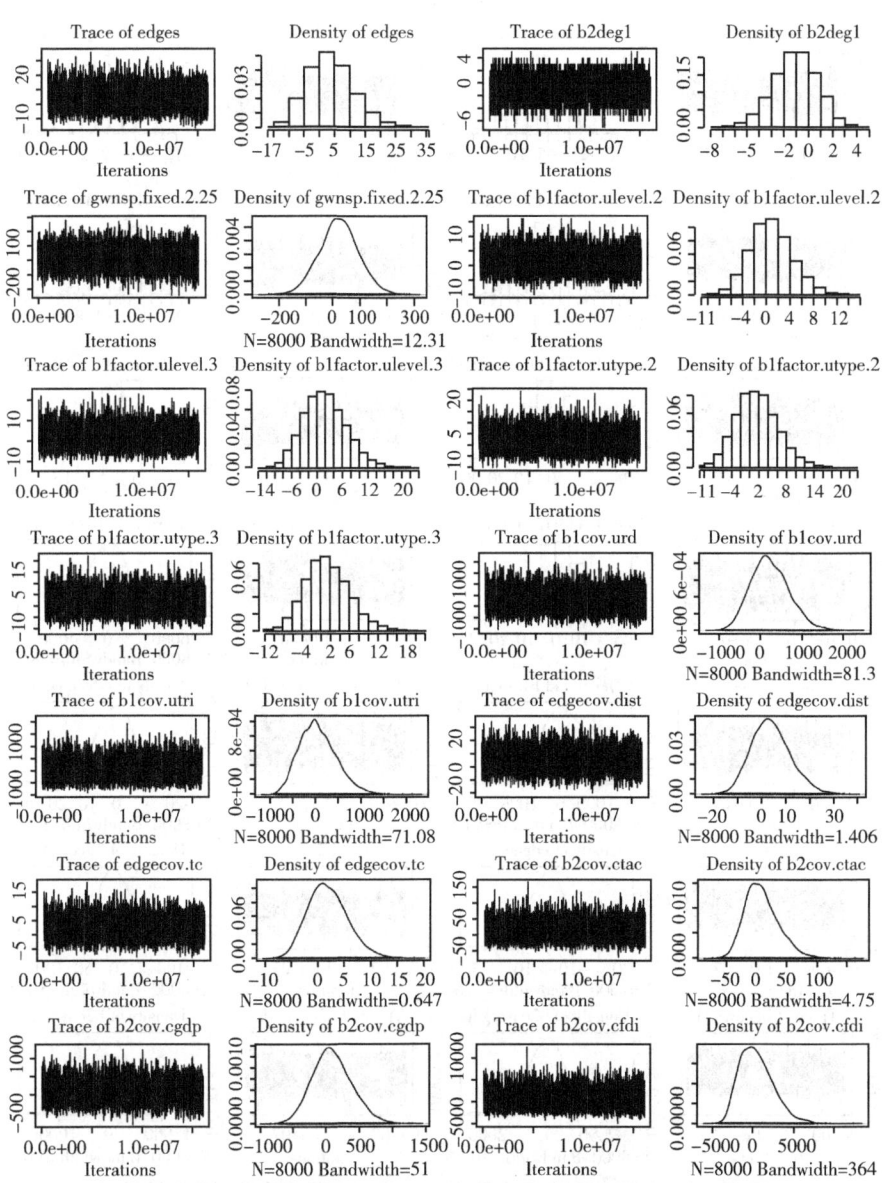

图 6-10　2001~2006 年中国高校共建研究院网络模型退化检验

注：edges 表示边统计项；b2deg1 表示 b2degree（1）统计项；gwnsp 表示几何加权非边共享伙伴统计量；ulevel. 2 和 ulevel. 3 分别表示分类变量"211"高校和"985"高校；utype. 2 和 utype. 3 分别表示分类变量理工类高校和综合类高校；urd 表示连续变量高校人均科研经费；utri 表示连续变量高校技术转移收入；dist 表示连续变量高校—城市地理距离；tc 表示连续变量高校—城市技术距离；ctac 表示连续变量城市技术吸收能力；cgdp 表示连续变量城市经济发展水平；cfdi 表示连续变量城市对外开放程度。

中国高校技术转移网络空间演化与动力机制研究

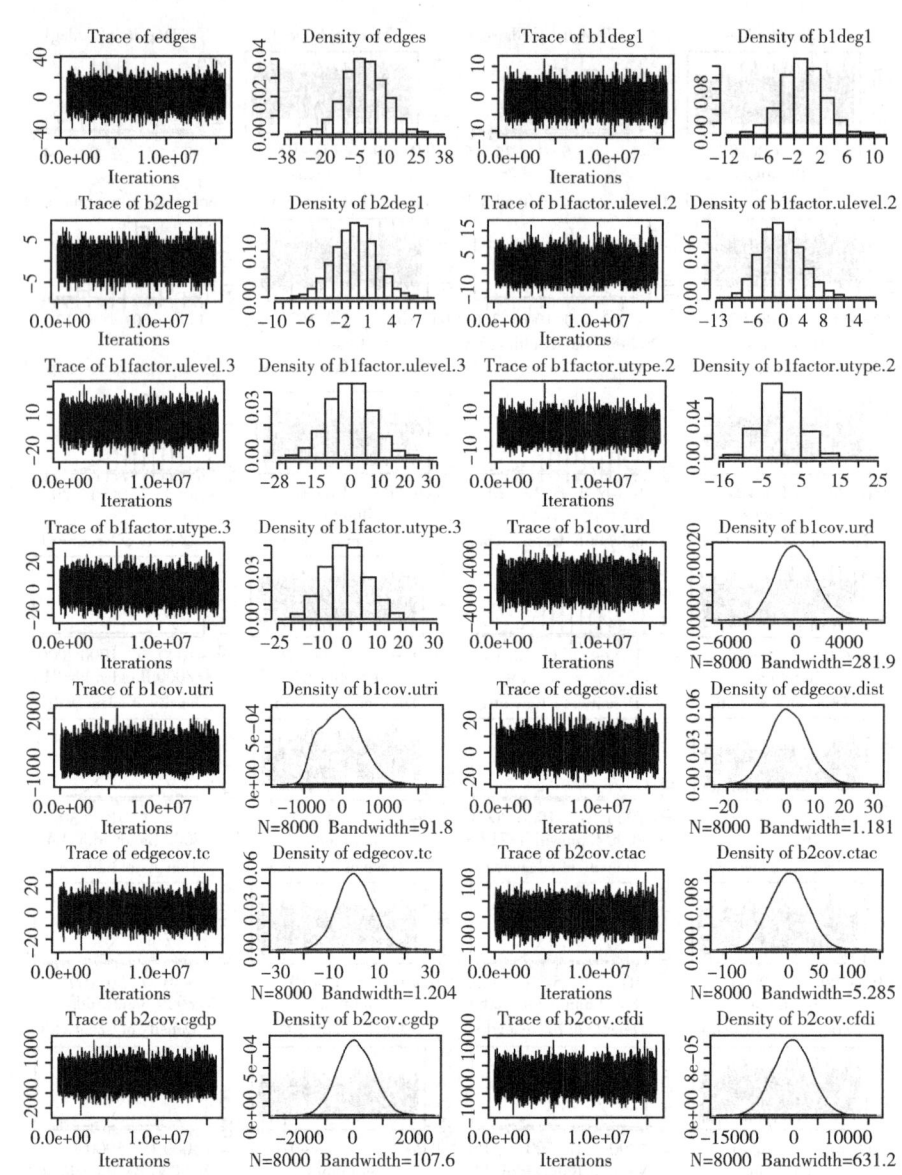

图 6-11 2007~2012 年中国高校共建研究院网络模型退化检验

注：edges 表示边统计项；b1deg1 和 b2deg1 分别表示 b1degree (1) 和 b2degree (1) 统计项；ulevel.2 和 ulevel.3 分别表示分类变量"211"高校和"985"高校；utype.2 和 utype.3 分别表示分类变量理工类高校和综合类高校；urd 表示连续变量高校人均科研经费；utri 表示连续变量高校技术转移收入；dist 表示连续变量高校—城市地理距离；tc 表示连续变量高校—城市技术距离；ctac 表示连续变量城市技术吸收能力；cgdp 表示连续变量城市经济发展水平；cfdi 表示连续变量城市对外开放程度。

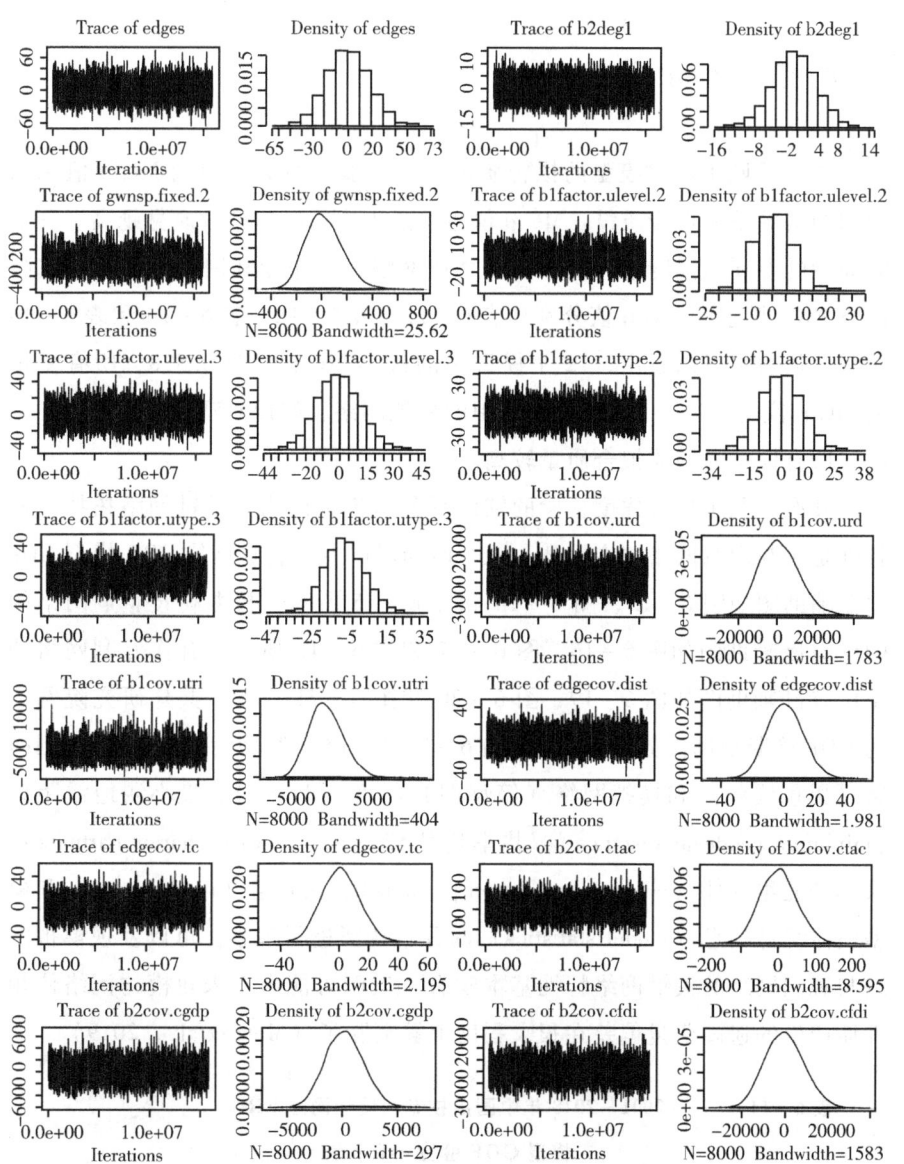

图 6-12　2013~2018 年中国高校共建研究院网络模型退化检验

注：edges 表示边统计项；b2deg1 表示 b2degree（1）统计项；gwnsp 表示几何加权非边共享伙伴统计量；ulevel.2 和 ulevel.3 分别表示分类变量"211"高校和"985"高校；utype.2 和 utype.3 分别表示分类变量理工类高校和综合类高校；urd 表示连续变量高校人均科研经费；utri 表示连续变量高校技术转移收入；dist 表示连续变量高校—城市地理距离；tc 表示连续变量高校—城市技术距离；ctac 表示连续变量城市技术吸收能力；cgdp 表示连续变量城市经济发展水平；cfdi 表示连续变量城市对外开放程度。

6.3.3 GOF 诊断

GOF 诊断可以对模型的拟合质量进行检验。首先，使用 MC p 值判断模拟网络的整体拟合质量。MC p 值越接近 1 表明模型拟合质量越高。三个时间段的专利转让网络、校办科技企业网络、合作专利网络和共建研究院网络 ERG 模型的 MC p 值分别如表 6-11、表 6-12、表 6-13 和表 6-14 所示。从表中可以看出，12 个模型中的最小 MC p 值为 0.828，所有变量的 MC p 值均接近于 1，表明模型中的模拟网络较好地对观测网络进行了刻画，所有模型的整体拟合质量较高。

其次，利用拟合优度检验的辅助图分析模拟网络的关键网络拓扑结构特性是否与观测网络基本一致。三个时间段的专利转让网络 ERG 模型 GOF 诊断辅助图如图 6-13、图 6-14 和图 6-15 所示，校办科技企业网络的 GOF 诊断辅助图如图 6-16、图 6-17 和图 6-18 所示，合作专利网络的 GOF 诊断辅助图如图 6-19、图 6-20 和图 6-21 所示，共建研究院网络的 GOF 诊断辅助图如图 6-22、图 6-23 和图 6-24 所示。通过对观测网络（黑色线条）和模拟网络（箱型图）的度（degree）、最小测地线距离（minimum geodesic distance）、共享边伙伴（edge-wise shared partners）、共享二元组伙伴（edge-wise shared partners）、三元组（triad census）和模型整体统计信息（model statistics）的分布特征进行观察，可以发现模拟网络与观测网络的关键网络特性基本吻合，表明可能由于未建模的网络依赖性而产生的遗漏变量偏差在很大程度上被消除了（Metz et al., 2019）。

表 6-11　2001~2018 年中国高校专利转让网络 ERG 模型 GOF 检验 MC p 值

变量	2001~2006 年	2007~2012 年	2013~2018 年
网络内生变量			
edges	1.000	1.000	0.960
b1degree (1)	1.000	0.988	0.924
b2degree (1)	1.000	1.000	1.000

续表

变量	2001~2006 年	2007~2012 年	2013~2018 年
高校属性变量			
是否为"211"高校	1.000	1.000	0.988
是否为"985"高校	1.000	0.992	0.932
是否为理工类高校	1.000	1.000	0.936
是否为综合类高校	1.000	1.000	0.980
高校人均科研经费	0.968	0.956	0.996
高校技术转移收入	0.940	0.980	0.972
高校—城市距离			
地理距离	0.972	0.976	0.924
技术兼容性	0.996	0.968	0.928
城市属性变量			
城市技术创新能力	0.968	0.972	0.904
城市经济发展水平	0.968	0.996	0.956
城市对外开放程度	0.932	0.972	0.884

注：MC p 值越接近 1 表示拟合效果越好。

表 6-12　2001~2018 年中国高校校办科技企业网络 ERG 模型 GOF 检验 MC p 值

变量	2001~2006 年	2007~2012 年	2013~2018 年
网络内生变量			
edges	0.880	0.944	1.000
b1degree (1)	1.000	1.000	1.000
b2degree (1)	1.000	1.000	0.996
高校属性变量			
是否为"211"高校	0.860	0.944	0.968
是否为"985"高校	1.000	0.936	0.964
是否为理工类高校	0.900	0.988	1.000
是否为综合类高校	1.000	0.972	0.928

续表

变量	2001~2006年	2007~2012年	2013~2018年
高校人均科研经费	0.852	0.920	0.956
高校技术转移收入	0.828	0.956	0.868
高校—城市距离			
地理距离	0.892	0.920	0.980
技术兼容性	0.844	0.932	0.984
城市属性变量			
城市技术创新能力	0.984	0.932	0.932
城市经济发展水平	0.856	0.980	0.940
城市对外开放程度	0.980	0.960	0.948

注：MC p 值越接近 1 表示拟合效果越好。

表 6-13　2001~2018 年中国高校合作专利网络 ERG 模型 GOF 检验 MC p 值

变量	2001~2006年	2007~2012年	2013~2018年
网络内生变量			
edges	0.976	0.968	0.872
b1degree (1)	1.000	0.992	1.000
b2degree (1)	1.000	1.000	1.000
高校属性变量			
是否为"211"高校	1.000	0.980	0.920
是否为"985"高校	1.000	0.996	0.956
是否为理工类高校	1.000	0.952	0.988
是否为综合类高校	1.000	1.000	0.880
高校人均科研经费	0.936	0.920	0.936
高校技术转移收入	0.996	0.960	0.868
高校—城市距离			
地理距离	0.948	0.920	0.956
技术兼容性	0.940	0.932	0.872

续表

变量	2001~2006 年	2007~2012 年	2013~2018 年
城市属性变量			
城市技术创新能力	0.908	0.988	0.992
城市经济发展水平	0.932	0.944	0.868
城市对外开放程度	0.920	0.936	0.988

注：MC p 值越接近 1 表示拟合效果越好。

表 6-14　2001~2018 年中国高校共建研究院网络 ERG 模型 GOF 检验 MC p 值

变量	2001~2006 年	2007~2012 年	2013~2018 年
网络内生变量			
edges	1.000	0.980	0.980
b1degree (1)	1.000	1.000	1.000
b2degree (1)	0.896	1.000	0.976
高校属性变量			
是否为"211"高校	1.000	1.000	1.000
是否为"985"高校	1.000	0.944	1.000
是否为理工类高校	1.000	1.000	0.996
是否为综合类高校	1.000	0.984	1.000
高校人均科研经费	0.960	0.912	0.928
高校技术转移收入	1.000	0.996	1.000
高校—城市距离			
地理距离	0.956	0.956	0.936
技术兼容性	0.932	0.940	0.992
城市属性变量			
城市技术创新能力	0.948	0.964	0.988
城市经济发展水平	0.984	0.932	0.952
城市对外开放程度	0.940	0.952	1.000

注：MC p 值越接近 1 表示拟合效果越好。

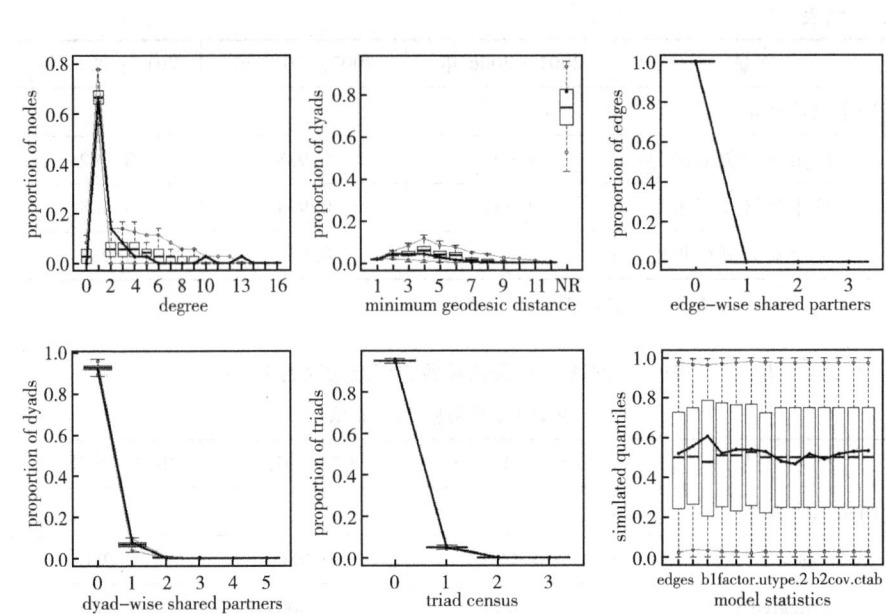

图6-13 2001~2006年中国高校专利转让网络ERG模型内生拟合优度诊断

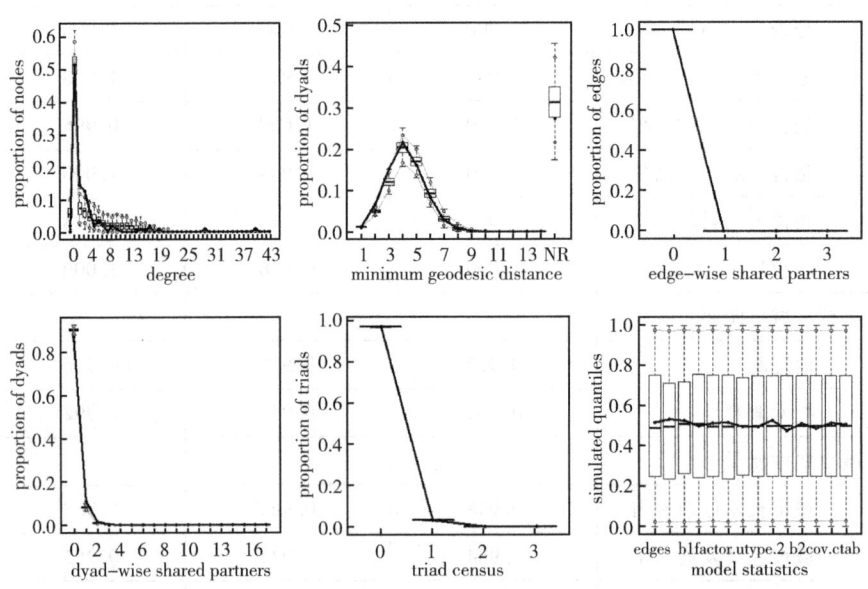

图6-14 2007~2012年中国高校专利转让网络ERG模型内生拟合优度诊断

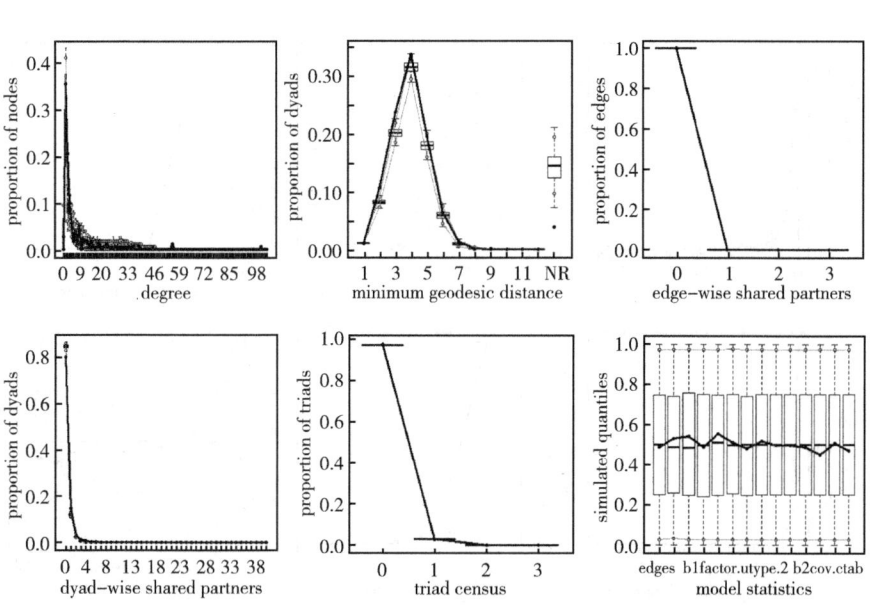

图 6-15　2013~2018 年中国高校专利转让网络 ERG 模型内生拟合优度诊断

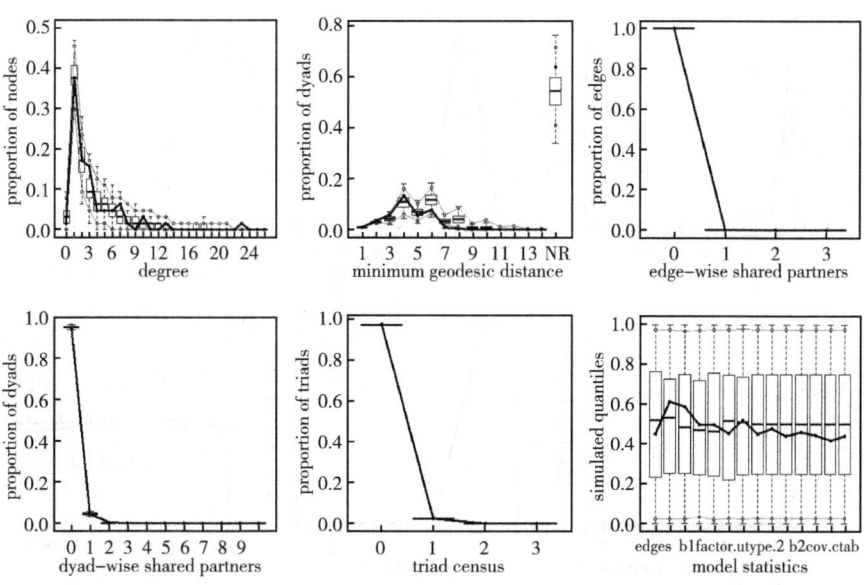

图 6-16　2001~2006 年中国高校校办科技企业网络 ERG 模型内生拟合优度诊断

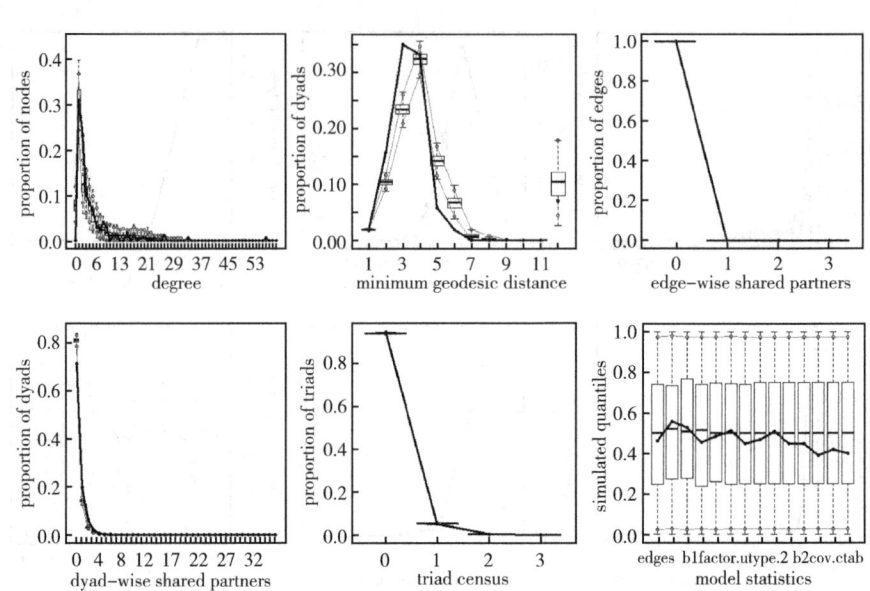

图 6-17　2007~2012 年中国高校校办科技企业网络 ERG 模型内生拟合优度诊断

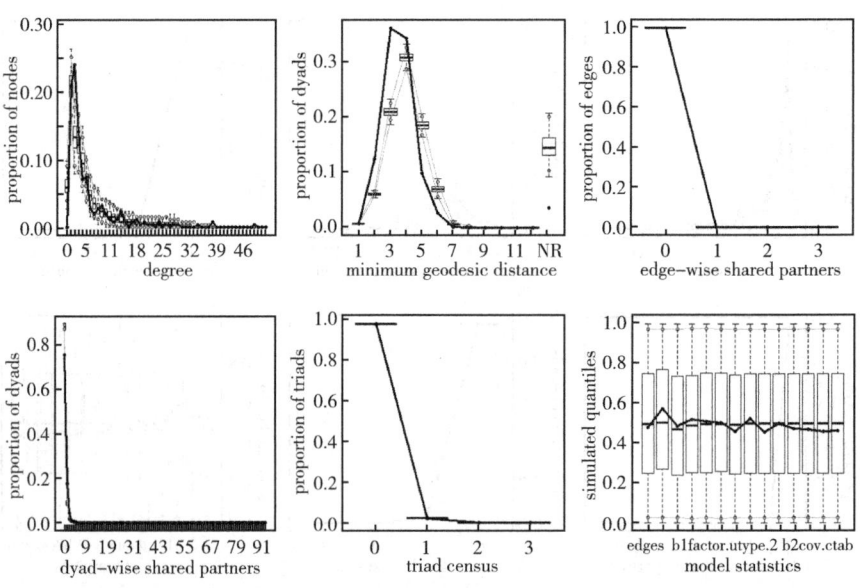

图 6-18　2013~2018 年中国高校校办科技企业网络 ERG 模型内生拟合优度诊断

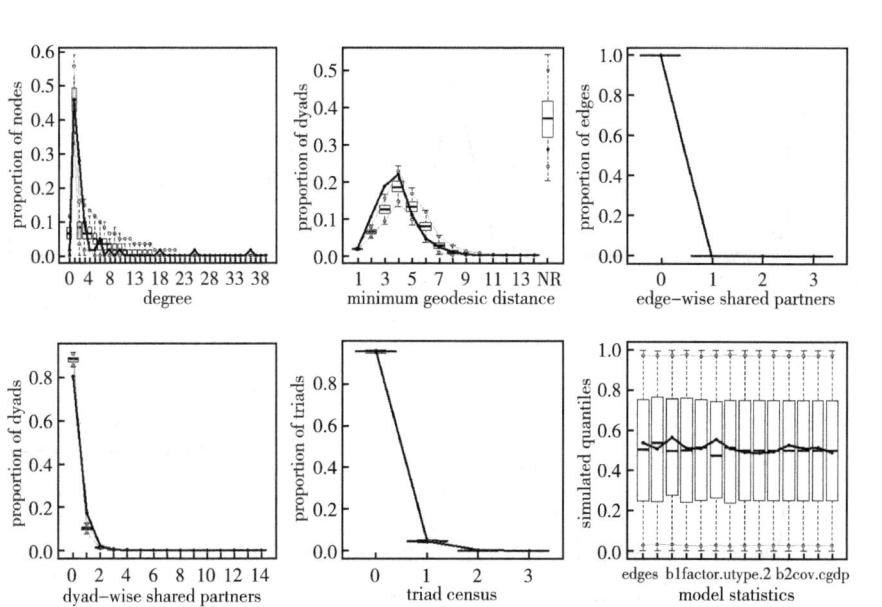

图 6-19　2001~2006 年中国高校合作专利网络 ERG 模型内生拟合优度诊断

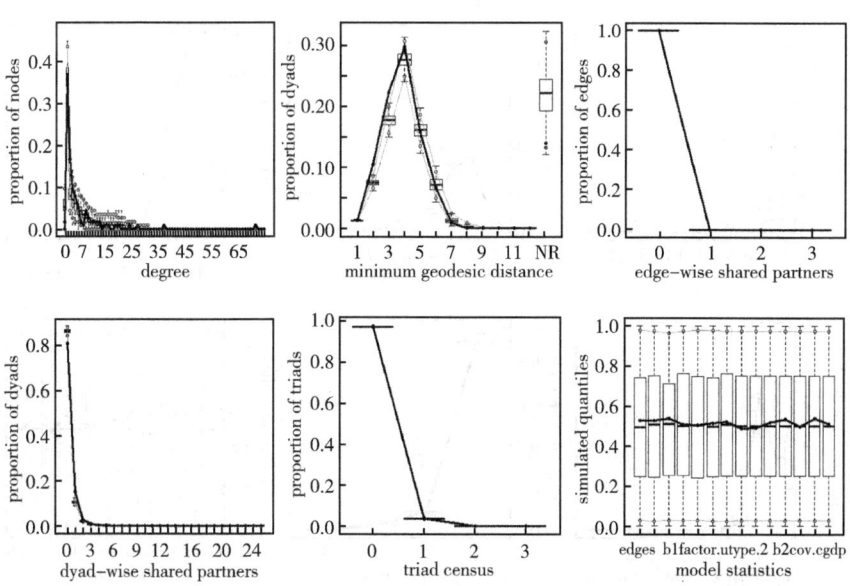

图 6-20　2007~2012 年中国高校合作专利网络 ERG 模型内生拟合优度诊断

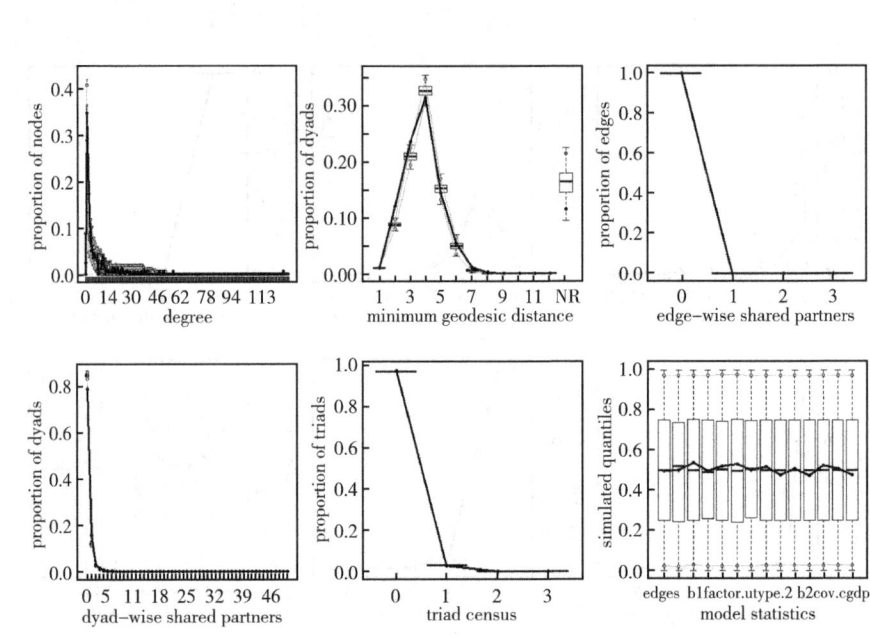

图 6-21 2013~2018 年中国高校合作专利网络 ERG 模型内生拟合优度诊断

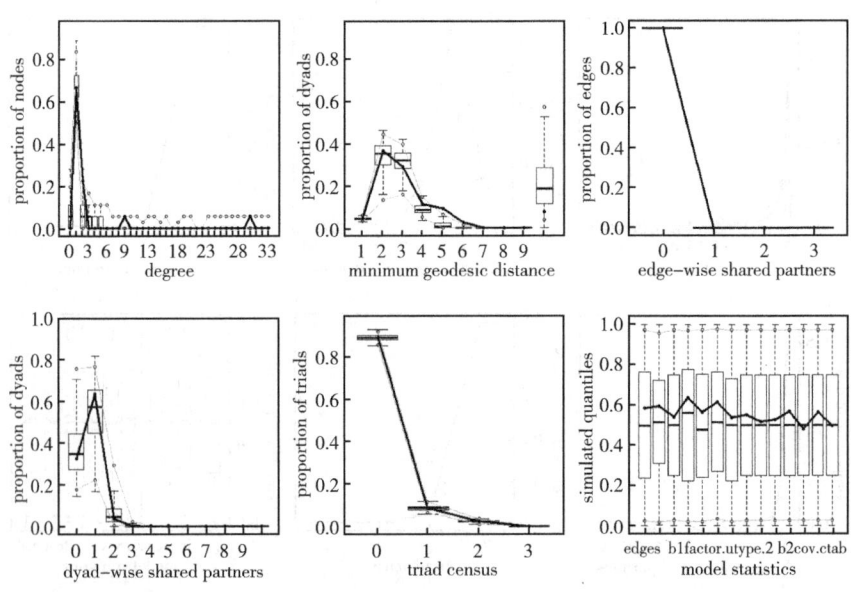

图 6-22 2001~2006 年中国高校共建研究院网络 ERG 模型内生拟合优度诊断

第 6 章 中国高校技术转移网络形成与演化的动力机制

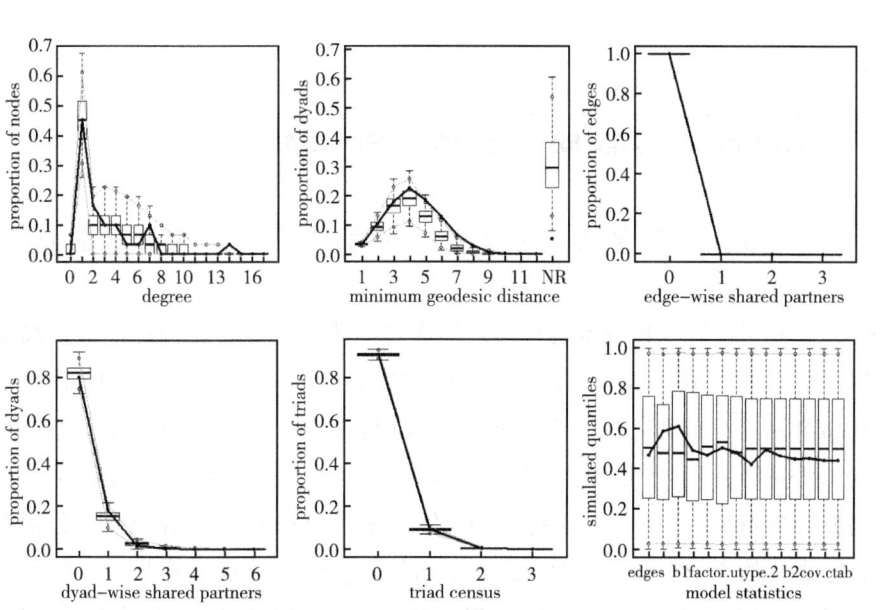

图 6-23 2007~2012 年中国高校共建研究院网络 ERG 模型内生拟合优度诊断

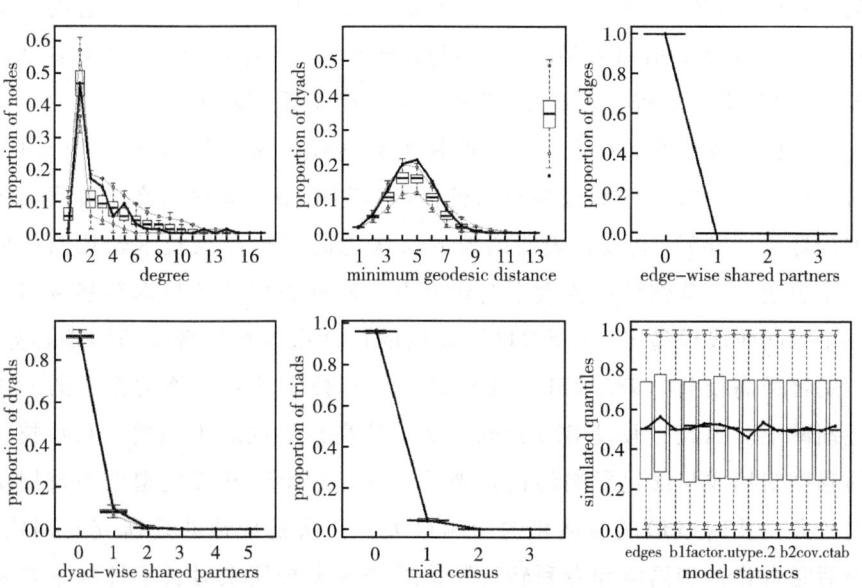

图 6-24 2013~2018 年中国高校共建研究院网络 ERG 模型内生拟合优度诊断

6.4 四种技术转移网络影响因子比较

6.4.1 高校层次对技术转移网络的影响呈逐渐减弱趋势

高校层次对高校技术转移网络形成与演化具有显著正向影响,但高校层次的影响呈逐渐下降趋势。2001~2006年、2007~2012年和2013~2018年三个时间段,"211"高校参与专利转让网络的概率分别是普通高校的1.234倍、1.642倍和1.539倍,参与校办企业网络的概率分别是普通高校的2.465倍、1.335倍和1.213倍,参与合作专利网络的概率分别是普通高校的2.765倍、1.917倍和1.627倍,整体呈现下降趋势。三个时间段"985"高校参与专利转让网络的概率分别是普通高校的2.606倍、2.588倍和1.998倍,参与校办企业网络的概率分别是普通高校的4.067倍、3.487倍和2.083倍,参与合作专利网络的概率分别是普通高校的3.374倍、2.770倍和2.575倍,参与共建研究院网络的概率分别是普通高校的4.137倍、2.965倍和2.117倍,均呈现逐渐下降趋势。

从估计系数的大小来看,在四种类型高校技术转移网络的三个时间阶段模型中,"211"高校参与高校技术转移网络的概率均高于普通高校但均低于"985"高校,表明高校的层次越高参与高校技术转让网络的概率也越大。从估计系数大小变化来看,四种类型高校技术转移网络的三个时间阶段模型中"985/211"高校的估计系数均呈现逐渐缩小趋势,表明普通高校与"985/211"高校之间参与技术转移网络的概率的差距逐渐减小。因此,假设H2a得到证实。从高校层次对不同类型高校技术转移网络形成与演化影响的比较来看,首先三个时间段模型中高校层次对校办企业网络形成与演化的影响最大,其次是校地共建研究院网络,最后是合作专利网络和专利转让网络,表明高校层次对长期性技术转移网络形成与演化的影响整体大于短期性技术转移网络。因此,假设H2b得到证实。

6.4.2 城市吸收能力对技术转移网络的影响呈不断增强趋势

城市技术吸收能力对高校技术转移网络形成与演化具有显著正向影响，随着高校技术转移网络的演进，城市技术吸收能力的作用呈不断增强趋势。2001~2006年、2007~2012年和2013~2018年三个时间段，城市技术吸收能力每提升一个单位，城市与高校建立专利转让联系的概率分别提高1.208倍、1.390和1.623倍，建立校办企业联系的概率分别提高1.251倍、1.368和1.274倍，建立合作专利联系的概率分别提高1.443倍、1.669和1.881倍，合作建立研究院的概率分别提高1.376倍、1.411和1.443倍。

从估计系数的大小来看，城市技术吸收能力在四种类型高校技术转移网络的三个时间阶段模型中均显著正相关，且系数不断变大，表明城市技术吸收能力的提升可以有效促进城市与高校建立技术转移关系，且城市技术吸收能力的作用呈不断增强趋势。因此，假设H3a得到证实。从城市技术吸收能力对不同类型高校技术转移网络形成与演化影响的比较来看，城市技术吸收能力对合作专利网络和校地共建研究院网络形成与演化的影响大于专利转让网络和校办企业网络，表明城市技术吸收能力对高参与层次技术转移网络形成与演化的影响大于低参与层次的技术转移网络，对长期性技术转移网络的影响并不大于短期性技术转移网络。因此假设H3b未得到证实。

6.4.3 地理距离对低参与度的技术转移限制作用更强

地理距离对中国高校技术转移网络的形成与演化具有显著负向影响，这一结果与Spithoven等（2020）的研究结论一致。2001~2006年、2007~2012年和2013~2018年三个时间段，高校—城市地理距离每增加1km，高校与城市建立专利转让联系的概率分别降低0.347%、0.223%和0.243%，建立校办企业联系的概率分别下降0.494%、0.247%和0.163%，建立校办企业联系的概率分别下降 0.227%、0.166% 和 0.161%，合作建立研究院的概率分别下降 0.113%、0.118% 和 0.190%。

从估计系数大小变化来看，虽然地理距离在合作专利网络、校办企业网络和合作专利网络形成与演化中的作用逐渐下降，但在共建研究院网络形成与演化中的作用呈现逐渐增强趋势，因此假设 H4a 只得到部分证实。从地理距离对不同类型高校技术转移网络形成与演化影响的比较来看，地理距离对合作专利和校地共建研究院两个高参与度技术转移网络形成与演化的影响要显著小于专利转让和校办企业两个低参与度技术转移网络。因此，假设 H4b 得到证实。

6.4.4 高校本地化技术转移与远距离"天线"效应并存

为了进一步分析地理距离衰减效应，以高校与城市之间的地理距离为横坐标，以高校技术转移数量为纵坐标，利用折线图绘制地理距离与高校技术转移数量的关系图（见图 6-25）。

如图 6-25 所示，当越过高校所在城市的边界时，专利转让、校办企业和合作专利的数量大幅度下降，并非呈现随着地理距离的增加而缓慢下降的趋势，表明存在显著的本地化技术转移特征。随着地理距离的增加，地理距离对高校技术转移的影响显著减弱，表明地理距离对跨区域高校技术转移的限制作用较弱，这和刘承良和牛彩澄（2019）关于东北三省技术输出明显突破地理距离约束的观点类似。高校—城市地理距离增至 1001~1500km 区间时，高校技术转让数量有较大幅度的提升，主要原因在于北京、上海、深圳、重庆等核心城市之间存在大量的技术转移，这一结果与 Drivas et al（2016）的研究结论一致。共建研究院网络对地理距离衰减效应变化较大，表明城市在第一阶段更倾向于距离 1500km 的高校共建研究院，而在第二阶段和第三阶段，本地和 101~200km 范围内的高校比重大幅度提升，地理距离的作用开始凸显。虽然地理距离逐渐开始对共建研究院网络产生限制，但相比较专利转让网络、校办企业网络和合作专利网络，共建研究院网络受地理距离的影响仍较小。

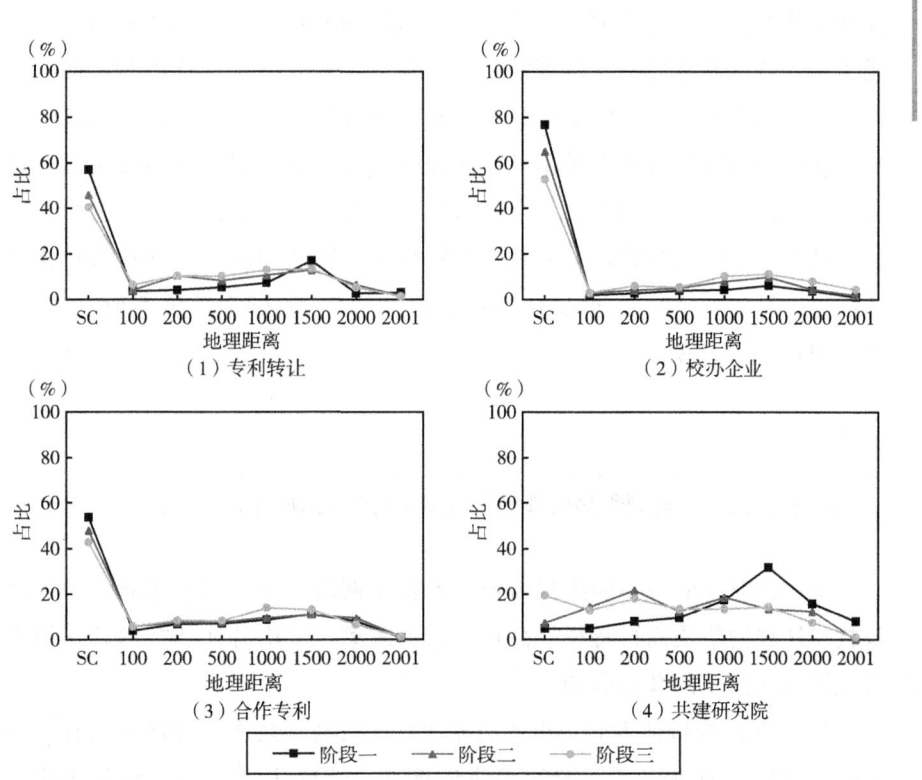

图 6-25　2001~2018 年中国高校技术转移的地理距离衰减效应

注：图中 SC 表示高校所在城市与其存在技术转移联系的城市为同一城市（含直辖市）；100 表示高校—城市之间的地理距离为不属于同一城市，但距离小于 100km；200、500、1000、1500、2000 分别表示高校—城市地理距离处于 101~200km、201~500km、501~1000km、1001~1500km、1501~2000km 区间，2001 表示高校—城市地理距离大于 2000km。

6.4.5　高校—城市技术兼容性对地理距离存在互补关系

高校—城市技术兼容性对四种类型高校技术转移网络形成和演化均具有显著促进作用。高校—城市技术兼容性每提升一个单位，高校与城市建立专利转让联系的概率分别提高 53.038 倍、82.765 倍和 69.895 倍，建立校办企业联系的概率分别提高 2858.351 倍、53.303 倍和 25.713 倍，建立合作专利联系的概率分别提高 2482.447 倍、227.272 倍和 544.572 倍，合作建立研究院的概率分别提高1242.648倍、90.922倍和15.226倍。所有模型加入技术兼容性后,地理距离的显著性并未下降,且技术兼容性在所有模型中均在5%及以上水平显著,表明技术兼容性对高校技术转移网络形成和演化具有显著正向作用,且地理距离和技术兼容性之间存在互补效应(Spithoven et al.,2021),意味着技术兼容性在一定程度上可以弥补高校—城市之间的地理邻近,使高校能够与更远距离的城市建立技术转移联系。这一结论与Mukherji and Silberman(2021)的研究结论类似。因此,假设H4c得到证实。

6.5 高校技术转移网络形成与演化机制分析

从不同时间阶段不同类型高校技术转移网络的影响因素来看,中国高校技术转移网络受高校特征、高校—城市距离、城市特征和技术转移渠道等关键影响因子的共同影响。

(1)在高校特征方面,高校类型和层次对高校技术转移网络具有显著影响。高校类型决定了高校学科建设重点、学科比例结构和服务功能定位,综合类和理工类高校相较于医药类、农林类、师范类等高校在技术创新方面具有天然优势。高校层次对高校技术转移具有显著促进作用。"985/211"高校不仅在研发经费配置和科技创新产出方面均具有绝对优势,具有官方声誉的高校还更有可能在更大地理范围内对自身研发实力和技术质量进行扩散,降低技术需求主体对高校技术信息了解的不对称程度。此外,这些高校也需要通过持续性的对外技术转移服务来维护和增强自身的官方声誉,从而获得更多的科研经费和政策支持。因此"985/211"高校拥有足够的动力和能力进行技术转移。但随着高校科技成果转移转化政策的完善和技术转移市场的加快发展,非"985/211"高校在高校技术转移中的作用逐渐提升,高校层次对高校技术转移网络的形成与演化的影响逐渐减弱。

(2)城市技术吸收能力对本地高校技术转移能力的影响不显著,但对高校技术转移网络形成与演化具有显著正向影响。高校技术转移能力主要受高校层次及高校科研实力的影响。技术吸收能力薄弱的城市通常表现为组织和制度薄弱，缺乏科技创新型企业，主要依赖于增长缓慢的中小型企业，对地理邻近和远距离的高校知识的吸收均有限。技术吸收能力强的城市通常拥有高密度的科技创新型企业、众多的高水平高校和密集的知识网络，高校在本地创新系统和城市竞争力建设中发挥重要作用。即使缺乏高水平高校，这些城市可以通过发挥创新能级优势，基于技术转移的择优连接机制获取外部高校技术。随着国家创新驱动发展战略的深入实施和城市对科技创新资源争夺的日益加剧，城市技术吸收能力对高校技术转移网络形成与演化的影响逐渐增强。

（3）高校—城市距离是高校技术转移网络形成与演化的重要驱动力。第一，高校技术转移在空间上表现出强烈的持续性本地化技术转移效应，且高校的本地化技术转移效应比本地化知识溢出效应更为显著。高校与技术吸收主体位于同一城市享有共同的制度环境和丰富的社会资本，不仅可以增加面对面交流和隐性知识共享的机会，还可以降低搜索、监督和协调技术转移过程中产生的风险与交易成本。第二，高校技术转移在空间上又表现出不受地理距离限制的"天线"效应。远距离的技术更具备多样性，且随着距离的增加，可用的技术的范围也随之扩大，如果本地缺乏相应的技术或远距离的知识要优于本地，那么城市则会从更远距离获取技术。第三，高校—城市技术兼容性有助于高校与城市间的技术转移，相似的知识背景和技术结构能够提高技术转移主体之间的知识交流与技术吸收效率。地理距离和技术兼容性对高校技术转移网络形成与演化的影响表现为互补效应，意味着技术兼容性在一定程度上弥补地理距离的限制，促使高校技术能够跨越更远的地理距离。

（4）高校技术转移网络的差异主要体现在高校参与层次上。高校层次、地理距离和城市技术吸收能力对四种高校技术转移网络存在差异化影响。高校层次对长期性技术转移网络的促进作用整体大于短期性技术转移网络，地理距离对高参与层次的高校技术转移网络形成与演化的限制作用要小于低参与层次的高校技术转移网络，城市技术吸收能力对高参与层次技术转移网络形成与演化的影响大于低参与层次的技术转移网络。可见，整体上不同类型高校技术转移网络的差异主要体现在高校在技术转移过程中的参与水平高低。

　　根据上述分析,中国高校技术转移网络形成与演化的动力机制如图6-26所示。

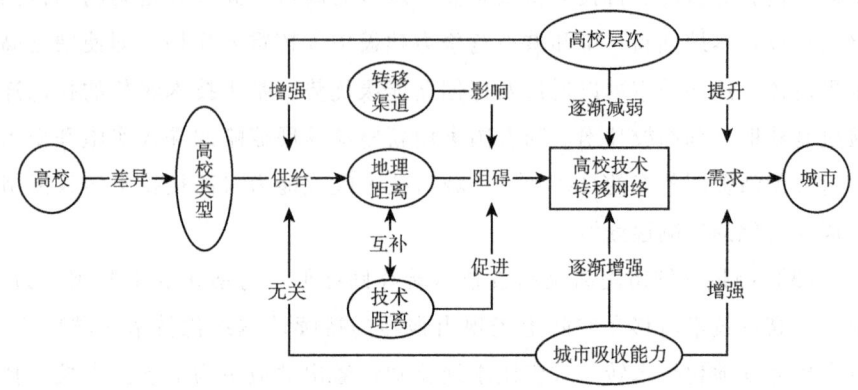

图6-26　中国高校技术转移网络形成与演化机制
资料来源：作者自绘。

第 7 章

结论与展望

7.1 主要结论

7.1.1 高校技术转移能力主要受组织特征而非区位特征的影响

高校技术转移能力主要受组织特征而非区位特征的影响。城市与高校已进入到相互成就、共生共融的新阶段,但学界对区位是否影响高校技术转移能力这一问题尚未达成共识。本书研究发现,高校技术转移能力主要受高校层次、高校研究实力和高校科研经费等内在因素的影响,通过城市技术吸收能力衡量的区位因素对本地高校技术转移能力的影响不显著,表明高校技术转移并不局限于城市尺度。城市对高校技术创新的影响主要体现在高校科研经费,虽然科研经费对高校技术转移能力具有显著促进作用,但高校技术转移能力还受制于高校研究实力、成果转化效率和技术扩散能力,无论是高校的技术转移还是城市的技术吸收在空间上都并非局限于本地。这一结论证明了高校技术转移研究从"地方观"向"网络观"转变的必要性。

7.1.2 高校技术转移网络在空间演化过程中逐渐呈现趋同化

不同类型、不同阶段高校技术转移网络的"参与主体—空间组织—网络结构"均呈现趋同化的特点：

(1) 从技术转移网络的参与主体来看，理工类和综合类"985/211"高校成为技术转移网络中的核心输出主体。2001~2018年理工类和综合类"985/211"高校转出专利15669项，创建校办企业7700个，合作申请专利70976项，与城市共建研究院313个，分别占总数的54.994%、69.905%、69.007%和83.245%。直辖市、省会城市和区域中心城市成为高校技术转移网络中的核心技术吸收主体。2001~2018年直辖市和省会城市获得高校转让专利15241项，合作申请专利65275项，拥有校办企业7285个，分别占总数的53.492%、66.143%和63.464%，参与共建研究院54个，占总数的14.362%，其余城市主要为深圳、苏州、佛山等区域中心城市。

(2) 从技术转移网络的空间组织来看，高校技术转移的空间尺度与空间距离均呈现趋同化发展趋势。城市和全国尺度在专利转让网络、校办企业网络和合作专利网络中占据主导。2001~2018年城市和全国尺度在专利转让网络中的比重分别为41.527%和42.493%，在校办企业网络中的比重分别为62.030%和31.978%，在合作专利网络中的比重分别为44.316%和42.421%，省域尺度的比重均较低且变化不大。共建研究院网络在前期(2001~2006年)以全国尺度为主，后期(2013~2018年)城市尺度的比重也逐渐提升。专利转让与合作专利两个短期性技术转移网络的空间距离趋于保持在400km左右，校办科技企业和共建研究院两个长期性技术转移网络的空间距离在前期波动均较大，但在后期均趋近于500km。

(3) 从技术转移网络的拓扑结构来看，高校技术转移网络在小世界性、网络匹配性和网络结构等复杂网络特性方面呈现出高度相似性。在小世界性方面，四种类型高校技术转移网络均具有明显的小世界特征，且小世界性均保持稳定或不断增强。在网络匹配性方面，四种类型网络均呈现出不同程度的异向匹配特征，表明位于度数小城市中的高校倾向于将技术转移至度数大的城市，网络连接呈现异配性，城市能级在技术转移网络中发挥关键作用。在"核心—边缘"结构方面，四种类型网络均呈现明显的"核心—边缘"结构，专利转让网络、校办企业网络和合作专利网络的"核心—边缘"结构保持稳定，且各圈层之间的变化与更替不明显，共建研究院网络由于网络规模较小，"核心—边缘"结构中各圈层城市更替相对明显。

（4）从技术转移网络的空间结构来看，高校本地技术转移的高值区主要分布于北京、上海、南京、武汉、重庆、哈尔滨等优质高校资源密集的直辖市和省会城市，这些城市呈现钉状零散分布，与周边城市存在较大差距。东部地区成为高校跨区域技术转移的主要目的地，2001~2018年东北、中部和西部地区向东部地区转让高校专利的数量分别占跨区域转让专利总数的37.649%、34.726%和41.927%，建立合作专利关系分别占总数的46.747%、36.795%和35.527%，合作建立研究院分别占总数的60.000%%、66.667%和63.415%，东部地区城市内或城市间的转让专利、校办企业、合作专利与共建研究院数量分别占总数的89.571%、84.091%、90.790%与91.538%，东部向东北、中部和西部地区转移的高校技术均较少。

7.1.3 供需相对错位是高校本地化技术转移与"天线"效应并存的重要原因

虽然区域创新系统、基于网络资本的城市竞争力和全球—地方创新网络都强调高校知识生产、溢出和转移对城市创新的重要性，但对高校在城市发展中的角色定位存在截然不同的见解。区域创新系统强调空间共位和地理邻近对高校技术转移的限制，认为高校应服务于地方发展。基于网络资本的城市竞争力理论则认为地理距离对技术转移的约束作用逐渐减弱，强调由网络资本所体现的城市技术吸收能力在高校技术转移中的关键作用。全球—地方创新网络认为区域创新系统的过度根植性和技术锁定将大幅削弱区域创新能力，强调高校作为区域内外知识联系网络的关键节点作用。

本书研究发现，一方面，当越过高校所在城市的边界时，专利转让、校办企业和合作专利的数量大幅下降，并不是呈现随着地理距离增加而缓慢下降的趋势，表明存在显著的本地化技术转移特征。地理距离在初期对共建研究院网络的限制作用较弱，但在后期也趋于呈现本地化倾向。另一方面，一旦跨过高校所在城市的边界，地理距离对高校技术转移的负向影响显著减弱，表明地理距离对跨区域高校技术转移的限制作用较弱。总体上，高校本地化技术转移与远距离"天线"效应并存。因而，区域创新系统强调本地化知识溢出而忽略城市吸收能力的作用和基于网络资本的城市竞争力理论强调城市技术吸收能力而忽略空间距离的限制作用均是对高校技术转移在城市发展中的理想定位。

高校技术转移在空间上呈现多尺度并存的网络化特征。高校技术供给与城市技术需求的空间错位是导致高校本地化技术转移与远距离"天线"效应并存的主要原因。中国的高水平高校主要分布在技术吸收能力较强的高竞争力城市，高校技术产出与城市技术吸收的空间高度关联是高校技术转移呈现显著本地化的重要原因，而当高校与城市技术供需不匹配时，高校则倾向于进行跨区域技术转移，或当城市缺乏高水平高校时则倾向于从其他城市获取高校技术，进而导致高校本地化技术转移与"天线"效应并存。

7.1.4 高校层次、距离和城市吸收能力是网络形成与演化的核心驱动因子

基于高校技术转移影响因素的研究成果，总结发现高校技术转移网络形成与演化主要受高校异质性（高校层次、高校类型、高校科研经费、高校技术转移收入）、城市异质性（城市技术吸收能力、城市经济发展水平、城市对外开放程度）和高校—城市距离（地理距离和技术兼容性）的影响。通过中国高校技术转移网络的实证研究发现，高校层次、地理距离和城市吸收能力是高校技术转移网络形成与演化的核心驱动因子，高校层次和城市吸收能力为正向促进作用，地理距离为负向限制作用。此外，高校技术转移收入、城市经济发展水平和技术兼容性对高校技术转移网络形成与演化的影响较大。

从高校技术转移网络形成与演化影响因子的变化趋势来看，高校层次对高校技术转移网络的促进作用呈现不断减弱趋势，而城市技术吸收能力

的促进作用呈现不断增强趋势；地理距离对专利转让、合作专利和校办企业三种高校技术转移网络的限制作用呈现逐渐减弱趋势，而对共建研究院网络的限制作用呈现逐渐增强趋势；高校类型和高校科研经费在初期对高校技术转移网络的影响不显著，但随着技术转移网络的演进逐渐呈现正向促进作用；高校技术转移收入、城市经济发展水平和城市对外开放程度的正向促进作用整体呈现下降趋势。

从不同类型高校技术转移网络形成与演化影响因子的对比来看，高校层次对长期性技术转移网络的促进作用大于短期性技术转移网络，城市技术吸收能力对高参与层次技术转移网络形成与演化的促进作用大于低参与层次技术转移网络，地理距离对高参与层次技术转移网络形成与演化的限制作用要小于低参与层次技术转移网络；高校科研经费投入、高校技术转移收入和城市经济发展水平对不同类型高校技术转移网络的影响并未表现出明显差异；城市对外开放程度对低参与层次高校技术转移具有显著负向影响，而对高参与层次高校技术转移并无显著影响，表明国外技术仅对低水平高校技术转移产生一定的替代效应。

7.2 主要创新点

7.2.1 较为全面地刻画和比较了高校技术转移网络的时空演化特征

高校技术转移网络的定量化研究是目前学界争议较大的难题，高校技术转移网络研究之初，经济地理学者一般通过深度访谈、问卷调查、创新调查等质性研究方法开展研究。近年来，经济地理学者逐步开始了高校技术转移网络的定量化研究，一般都是利用高校—企业合作专利数据，并融入经济地理学的时空特色，对高校技术转移网络的动态演化和空间效应进行了有益探索。但是合作专利仅能表征高校技术转移的一个方面，加之很多高校技术并不通过合作专利形式加以转移，因而合作专利数据并不能全面真实地反映高校技术转移的全部面貌。本书通过大数据挖掘与数据查询相结合的方式，从企事业数据库、专利数据库、经济社会大数据平台等多种渠道获取高校技术转移数据，较为全面地刻画和比较了不同类型高校技术转移网络的基本概况、结构特征和空间特征。

7.2.2 从网络视角进一步明晰了校地关系和高校在城市中的定位

校地关系与高校在城市发展中的定位一直是经济地理学重点研究领域之一。长期以来，以区域创新系统、本地化知识溢出和三螺旋模型为代表的相关理论均强调高校与所在城市的互动，重视"高校服务地方发展"，并深刻地影响了世界各国和地区的产学研政策。伴随着信息通信技术的发展和知识编码化程度的提高，"距离已死"和"地理终结"等论断不绝于耳。基于网络资本的城市竞争力理论认为地理距离对高校技术转移的约束作用逐渐减弱，强调由网络资本所体现的城市技术吸收能力在高校技术转移中的关键作用。全球—地方创新网络注重地方（本地）与全球（非本地）的有机统一，为本书从创新网络视角分析校地关系和高校在城市中的定位提供思路。

实证研究发现，一方面，高校技术转移方式在空间上均呈现强烈的本地化倾向。通过与 Jaffe et al（1993）、Varga（2003）和 Mukherji and Silberman（2021）等高校知识溢出研究比较，发现基于市场交易的高校技术转移比基于外部性的高校知识溢出在空间上呈现出更为强烈的本地化倾向，这与 Drivas and Economidou（2015）对美国专利交易和专利引用本地化倾向比较研究和 Mowery and Ziedonis（2015）对美国哥伦比亚大学、斯坦福大学、加州大学三所高校专利许可和专利引用本地化倾向比较研究的结论基本一致。另一方面，地理距离对高校技术转移网络形成与演化的作用逐渐减弱，而城市技术吸收能力的影响逐渐增强。这一结论与基于网络资本的城市竞争力理论强调城市吸收能力的观点基本一致。

从理论视角来看，校地关系已由传统的"地方观"向"网络观"转变，高校在城市发展中的功能定位不再局限于本地创新系统中的知识与技术供给，而是作为跨界组织，嵌套在由本地、区域和全球等不同空间尺度创新系统构建的多尺度知识空间中。虽然高校技术转移的高度本地化倾向在一定程度上验证了区域创新系统、本地化知识溢出和三螺旋模型强调高校本地化知识转移的正确性，但地理距离作用的逐渐减弱与城市技术吸收能力的逐渐增强的结论，同样部分验证了基于网络资本的城市竞争力理论强调城市背景的必要性。因此，本书认为应从高校技术供给、城市技术需求、高校—城市距离和高校技术转移方式等关键影响因子辩证地看待校地关系和高校技术转移在城市发展中的定位。

7.2.3 从供需视角解释了中国高校技术转移效率偏低的部分成因

知识经济时代下，高校日益成为增强城市竞争力的核心知识源泉。随着国家创新驱动发展战略的深入实施，高校"重科研轻应用转化"和"科技成果质量低"等论断成为当前中国高校技术转移效率低下的主要成因。实证研究发现，城市技术吸收能力是影响高校技术转移的关键因素之一，且城市技术吸收能力的作用随着时间的演化不断增强。直辖市、省会城市、区域核心城市的高校本地技术转移强度远高于其他城市，长三角、珠三角和京津冀成为高校跨区域技术转移的主要目的地，深圳、苏州和佛山等高校资源匮乏的高技术吸收城市同样成为全国高校技术转移的主要目的地；而优质高校资源密集的哈尔滨、西安、武汉等城市却因自身技术吸收能力不足，使得跨区域技术转移成为这些城市高校进行技术转移的主要方式。可见，关注城市技术吸收能力的提升对解释中国高校技术转移效率偏低更具有现实意义。

7.3 政策建议

7.3.1 国家层面：优化高校科技成果转化和技术转移基地的选择方案

自国务院 2016 年 4 月 21 日发布《促进科技成果转移转化行动方案》

（国务院，2016）和 2017 年 9 月 15 日发布《国家技术转移体系建设方案》（国务院，2017）以来，增强高校在国家技术转移体系中的作用成为高校服务创新驱动发展战略、增强高校服务社会能力的重要抓手。高校科技成果转化和技术转移基地建设成为贯彻落实上述方案的重要实现方式。2018年5月18日，教育部发布了《高等学校科技成果转化和技术转移基地认定暂行办法》，明确了高校科技成果转化和技术转移基地的认定条件、认定程序和组织实施（教育部，2018）。2019 年 3 月 1 日，教育部办公厅公布了《关于公布首批高等学校科技成果转化和技术转移基地认定名单的通知》，首批名单包括 47 所高校基地（教育部，2019）；2020 年 8 月 4 日，教育部科技司公布了《关于第二批高等学校科技成果转化和技术转移基地认定结果的公示》，新增 5 个地方基地和 24 个高校基地（教育部，2020）。从两批入围的名单来看，已认定的高校基地主要以知名高校为主，地方基地数量少且主要为区级行政机构。可见，当前提升高校技术转移的途径仍以提升高校技术扩散能力为主，对城市技术需求和技术吸收的关注不足。

本书从高校—城市技术转移视角研究了中国不同类型高校技术转移网络的空间演化特征与形成机制，可以为高校科技成果转化和技术转移基地的选择方案提供如下两个优化方案：一是建议整合高校技术转移机构，提升高校的整体技术扩散能力。中国高校数量众多但高校技术转移专业化人才队伍不足，仍以单个高校为基础进行技术转移势必难以提升高校技术转移的整体效率。本书研究表明中国高校技术转移活动主要集中在少数理工类和综合类"985/211"高校，因此建议以理工类和综合类"985/211"高校为主导，通过高校技术转移联盟等形式整合现有高校技术转移机构资源，借助"985/211"高校的综合实力提升中国高校技术转移的整体效率。二是建议以核心城市为基础，充分挖掘核心城市的技术需求。中国高校技术转移呈现以少数高技术需求和高技术吸收城市之间的辐射扩散和集聚吸收为主，且城市技术吸收能力对高校技术转移网络形成与演化的影响愈发重要。因此，建议依托核心城市整合各高校技术转移机构，以城市为单位联合建立高校科技成果转化和技术转移基地。具体而言，可将北京、南京、深圳、武汉建设成为全国性高校技术转移城市；将上海、成都、重庆、西安建设成为区域性高校技术转移城市；将其余省会城市建设成为地方性高校技术转移城市。

7.3.2 城市层面：强化高校作为城市内外技术转移网络的桥接作用

全球—地方创新网络研究表明，不同空间尺度技术来源的结合可以有效促进城市经济发展。本书通过对不同类型高校技术转移网络空间演化趋势的研究发现，核心创新城市不仅具有高强度的本地高校技术转移，在跨区域高校技术转移网络中也同样占据核心位置。虽然地理距离对高校技术转移网络形成与演化的限制作用有所下降，但中国高校技术转移在空间上仍呈现高度本地化倾向，容易面临本地知识同质化风险。因此，在分析城市技术吸收能力对高校技术转移网络形成与演化影响基础上，本书建议地方政府在引导高校进行技术转移过程中应避免"地方高校服务地方发展"的封闭发展模式。相反，应积极引导高校进行跨区域技术转移，将高校作为连接本地创新系统与国家创新系统的核心节点，充分发挥高校作为连接本地与非本地知识网络的中介作用。将高校作为不同空间尺度知识来源的连通管道，不仅可以提升高校技术转移效率，还可以强化城市的本地和跨区域技术流动，进而提升城市技术吸收能力和竞争力。

7.3.3 高校层面：在高校层次和类型分类的基础上明确高校功能定位

通过分析高校特征对不同高校技术转移网络形成与演化的影响，本书建议应尽快出台技术转移领域的高校分类管理办法，对高校进行科学分类，明确各类高校的定位，重点支持一批科技创新实力雄厚、技术转移能力强的高校向技术转移强校迈进。当前，虽然我国高校数量众多，但尚未对高校的教学、研究和区域发展三大职能做出明确分类，导致很多高校在国家技术转移体系中的定位模糊。在响应国家政策和服务社会发展的号召时，高校都将自身定位为综合性研究型高校和本地（或区域）创新系统中的重要参与主体，致使存在高校功能定位混乱和低水平重复建设。本书通过分析高校特征在不同类型高校技术转移网络形成与演化中的作用发现，综合类和理工类高校相对较于农林类、师范类、财经类等高校在技术创新方面具有天然优势。因此，建议将理工类和综合类高校作为国家技术转移体系的参与主体，并将高校技术转移绩效纳入高校考核评价体系，而其他类型的高校，则应聚焦于教学、科研和城市文化发展等职能。

7.4 研究展望

高校技术转移研究是一项高度复杂的系统性工程，将经济地理的时空视角纳入高校技术转移研究而产生的新命题则更具挑战性。尽管本书从不同类型技术转移渠道和不同技术转移发展阶段对比分析了高校技术转移网络的空间演化特征与影响因素，但这只是阶段性的研究成果。整体而言，高校技术转移的空间研究仍处于初级阶段，未来，应从以下三个方面对该问题进行进一步探究：

首先，应进一步扩展高校技术转移的模式研究。虽然本书意识到高校技术转移渠道复杂性和多样性，并从高校技术转移的关系持续时间和关系参与层次对高校技术转移模式进行了划分和对比研究，但仍有很多其他类型的技术转移渠道尚未涉及，尤其是国际技术转移方面。未来应通过数据挖掘进一步丰富高校技术转移模式的实证研究。

其次，应进一步深化高校技术转移网络的定量研究。近年来，以二次指派程序、随机面向对象和指数随机图为代表的网络动力学模型在网络模拟和驱动因素的定量研究方面取得了显著进步，是对传统社会网络分析侧重于网络结构的一般性描述性统计和网络图形可视化的视觉检验的有益补充。但是，已有网络动力学模型对加权双模网络的分析功能均偏弱，未来应通过多种计量方法结合的方式进一步提升高校—城市技术转移网络定量研究的精度。

最后，应进一步深化高校技术转移网络的机理研究。本书从高校与城市两个主体出发研究中国高校技术转移网络的空间演化与形成机制，虽然将技术转移网络中的微观主体抽象至高校和城市层面有助于开展研究，但不可否认的是，在很多低参与层次的高校技术转移活动中，高校与企业才是技术转移的真正主体。因此，未来应通过实地访谈和问卷调查等方法对高校技术转移网络的演化机理进行进一步研究。

参 考 文 献

[1] Acs Z J, Braunerhjelm P, Audretsch D B, et al. The knowledge spillover theory of entrepreneurship [J]. Small Business Economics, 2009, 32 (1): 15 – 30.

[2] Agneessens F, Roose H. Local structural properties and attribute characteristics in 2 – mode networks: p* models to map choices of theater events [J]. Journal of Mathematical Sociology, 2008, 32 (3): 204 – 237.

[3] Angue K, Ayerbe C, Mitkova L. A method using two dimensions of the patent classification for measuring the technological proximity: An application in identifying a potential R&D partner in biotechnology [J]. Journal of Technology Transfer, 2014, 39 (5): 716 – 747.

[4] Ankrah S, AL – Tabbaa O. Universities – industry collaboration: A systematic review [J]. Scandinavian Journal of Management, 2015, 31 (3): 387 – 408.

[5] Armington C, Acs Z J. The determinants of regional variation in new firm formation [J]. Regional Studies, 2002, 36 (1): 33 – 45.

[6] Asheim B T, Coenen L. Contextualising regional innovation systems in a globalising learning economy: On knowledge bases and institutional frameworks [J]. Journal of Technology Transfer, 2006, 31 (1): 163 – 173.

[7] Asheim B T, Smith H L, Oughton C. Regional innovation systems: Theory, empirics and policy [J]. Regional Studies, 2011, 45 (7): 875 – 891.

[8] Audretsch D B, Feldman M P. R&D spillovers and the geography of innovation and production [J]. American Economic Review, 1996, 86 (3): 630 – 640.

[9] Audretsch D B, Lehmann E E. Does the knowledge spillover theory of entrepreneurship hold for regions? [J]. Research Policy, 2005, 34 (8): 1191-1202.

[10] Audretsch D B. Agglomeration and the location of innovative activity [J]. Oxford Review of Economic Policy, 1998, 14 (2): 18-29.

[11] Autio E. Evaluation of RTD in regional systems of innovation [J]. European Planning Studies, 1998, 6 (2): 131-140.

[12] Azagra-Caro J M. What type of faculty member interacts with what type of firm? Some reasons for the delocalisation of university-industry interaction [J]. Technovation, 2007, 27 (11): 704-715.

[13] Azagra-caro M, Archontakis F, Guti A, et al. Faculty support for the objectives of university-industry relations versus degree of R&D cooperation: The importance of regional absorptive capacity [J]. Research Policy, 2006, 35 (1): 37-55.

[14] Azároff L V. Industry-university collaboration: How to make it work [J]. Research Management, 1982, 25 (3): 31-34.

[15] Bathelt H, Cohendet P. The creation of knowledge: Local building, global accessing and economic development—toward an agenda [J]. Journal of Economic Geography, 2014, 14 (5): 869-882.

[16] Bathelt H, Malmberg A, Maskell P. Clusters and knowledge: Local buzz, global pipelines and the process of knowledge creation [J]. Progress in Human Geography, 2004, 28 (1): 31-56.

[17] Belenzon S, Schankerman M. Spreading the word: Geography, policy, and knowledge spillovers [J]. Review of Economics and Statistics, 2013, 95 (3): 884-903.

[18] Bellucci A, Pennacchio L. University knowledge and firm innovation: Evidence from European countries [J]. Journal of Technology Transfer, 2016, 41 (4): 730-752.

[19] Bercovitz J, Feldman M, Feller I, et al. Organizational structure as a determinant of academic patent and licensing behavior: An exploratory study of

Duke, Johns Hopkins, and Pennsylvania State Universities [J]. Journal of Technology Transfer, 2001, 26 (1): 21 - 35.

[20] Bercovitz J, Feldmann M. Entpreprenerial universities and technology transfer: A conceptual framework for understanding knowledge - based economic development [J]. Journal of Technology Transfer, 2006, 31 (1): 175 - 188.

[21] Bishop K, D'Este P, Neely A. Gaining from interactions with universities: Multiple methods for nurturing absorptive capacity [J]. Research Policy, 2011, 40 (1): 30 - 40.

[22] Blumenthal D, Campbell E G, Anderson M S, et al. Withholding research results in academic life science: Evidence from a national survey of faculty [J]. JAMA, 1997, 277 (15): 1224 - 1228.

[23] Blumenthal D, Causino N, Campbell E, et al. Relationships between academic institutions and industry in the life sciences—An industry survey [J]. New England Journal of Medicine, 1996, 334 (6): 368 - 373.

[24] Blumenthal D, Glucy M, Louis K S, et al. Industrial support of university research in biotechnology [J]. Science, 1986, 231 (4735): 242 - 246.

[25] Borgatti S P, Mehra A, Brass D J, et al. Network analysis in the social sciences [J]. Science, 2009, 323 (5916): 892 - 895.

[26] Bozeman B. Technology transfer and public policy: A review of research and theory [J]. Research Policy, 2000, 29 (4): 627 - 655.

[27] Breschi S, Lissoni F. Mobility of skilled workers and co - invention networks: An anatomy of localized knowledge flows [J]. Journal of Economic Geography, 2009, 9 (4): 439 - 468.

[28] Brescia F, Colombo G, Landoni P. Organizational structures of knowledge transfer offices: An analysis of the world's top - ranked universities [J]. Journal of Technology Transfer, 2016, 41 (1): 132 - 151.

[29] Breznitz S M, Feldman M P. The engaged university [J]. Journal of Technology Transfer, 2012, 37 (2): 139 - 157.

[30] Broekel T, Balland P A, Burger M, et al. Modeling knowledge networks in economic geography: A discussion of four methods [J]. Annals of Re-

gional Science, 2014, 53 (2): 423-452.

[31] Buenstorf G, Geissler M. Not invented here: Technology licensing, knowledge transfer and innovation based on public research [J]. Journal of Evolutionary Economics, 2012, 22 (3): 481-511.

[32] Cairncross F. The death of distance 2.0 [M]. London: Texere, 2001.

[33] Cardozo R, Ardichvili A, Strauss A. Effectiveness of university technology transfer: An organizational population ecology view of a maturing supplier industry [J]. Journal of Technology Transfer, 2011, 36 (2): 173-202.

[34] Chapple W, Lockett A, Siegel D, et al. Assessing the relative performance of U.K. university technology transfer offices: Parametric and non-parametric evidence [J]. Research Policy, 2005, 34 (3): 369-384.

[35] Chen A, Patton D, Kenney M. University technology transfer in China: A literature review and taxonomy [J]. Journal of Technology Transfer, 2016, 41 (5): 891-929.

[36] Chen C. CiteSpace II: Detecting and visualizing emerging trends and transient patterns in scientific literature [J]. Journal of the American Society for Information Science and Technology, 2006, 57 (3): 359-377.

[37] Chen E Y. The evolution of university-industry technology transfer in Hong Kong [J]. Technovation, 1994, 14 (7): 449-459.

[38] Chen G, Yang G, He F, et al. Exploring the effect of political borders on university-industry collaborative research performance: Evidence from China's Guangdong province [J]. Technovation, 2019, 82-83 (15): 58-69.

[39] Chen K, Kenney M. Universities/research institutes and regional innovation systems: The cases of Beijing and Shenzhen [J]. World Development, 2007, 35 (6): 1056-1074.

[40] Cohen W M, Levinthal D A. Absorptive capacity: A new perspective on learning and innovation [J]. Administrative Science Quarterly, 1990, 35 (1): 128-152.

[41] Cohen W M, Levinthal D A. Innovation and learning: Two faces of R&D [J]. The Economic Journal, 1989, 99 (397): 569-596.

[42] Colyvas J A, Powell W W. Roads to institutionalization: The remaking of boundaries between public and private science [J]. Research in Organizational Behavior, 2005, 27 (6): 305 – 353.

[43] Cooke P, Uranga M G, Etxebarria G. Regional innovation systems: Institutional and organisational dimensions [J]. Research Policy, 1997, 26 (4 – 5): 475 – 491.

[44] Cooke P. Regional innovation systems: Competitive regulation in the new Europe [J]. Geoforum, 1992, 23 (3): 365 – 382.

[45] Cooke P. Regional innovation systems: General findings and some new evidence from biotechnology clusters [J]. Journal of Technology Transfer, 2002, 27 (1): 133 – 145.

[46] Crespo J, Suire R, Vicente J. Lock – in or lock – out? How structural properties of knowledge networks affect regional resilience [J]. Journal of Economic Geography, 2014, 14 (1): 199 – 219.

[47] D'Este P, Guy F, Iammarino S. Shaping the formation of university – industry research collaborations: What type of proximity does really matter? [J]. Journal of Economic Geography, 2013, 13 (4): 537 – 558.

[48] D'Este P, Iammarino S. The spatial profile of university – business research partnerships [J]. Papers in Regional Science, 2010, 89 (2): 335 – 350.

[49] Davis G F, Yoo M, Baker W E. The small world of the American corporate elite, 1982 – 2001 [J]. Strategic Organization, 2003, 1 (3): 301 – 326.

[50] De Noni I, Orsi L, Belussi F. The role of collaborative networks in supporting the innovation performances of lagging – behind European regions [J]. Research Policy, 2018, 47 (1): 1 – 13.

[51] Dicken P. Geographers and "globalization": (Yet) another missed boat? [J]. Transactions of the Institute of British Geographers, 2004, 29 (1): 5 – 26.

[52] Doloreux D, Parto S. Regional innovation systems: Current discourse and unresolved issues [J]. Technology in Society, 2005, 27 (2): 133 – 153.

[53] Doutriaux J. Growth pattern of academic entrepreneurial firms [J]. Journal of Business Venturing, 1987, 2 (4): 285-297.

[54] Drivas K, Economidou C, Karkalakos S, et al. Mobility of knowledge and local innovation activity [J]. European Economic Review, 2016, 85: 39-61.

[55] Drivas K, Economidou C. Is geographic nearness important for trading ideas? Evidence from the US [J]. Journal of Technology Transfer, 2015, 40 (4): 629-662.

[56] Eckhardt J T, Shane S A. Opportunities and entrepreneurship [J]. Journal of Management, 2003, 29 (3): 333-349.

[57] Etzkowitz H, Leydesdorff L. The dynamics of innovation: From National Systems and "Mode 2" to a Triple Helix of university – industry – government relations [J]. Research Policy, 2000, 29 (2): 109-123.

[58] Etzkowitz H, Webster A, Gebhardt C, et al. The future of the university and the university of the future: Evolution of ivory tower to entrepreneurial paradigm [J]. Research Policy, 2000, 29 (2): 313-330.

[59] Etzkowitz H. Is Silicon Valley a global model or unique anomaly? [J]. Industry and Higher Education, 2019, 33 (2): 83-95.

[60] Etzkowitz H. The Triple Helix: University – industry – government innovation in action [M]. New York: Routledge, 2008.

[61] Eun J H, Lee K, Wu G. Explaining the "University – run enterprises" in China: A theoretical framework for university – industry relationship in developing countries and its application to China [J]. Research Policy, 2006, 35 (9): 1329-1346.

[62] Fernandes C, Farinha L, Ferreira J J, et al. Regional innovation systems: What can we learn from 25 years of scientific achievements? [J]. Regional Studies, 2021, 55 (3): 377-389.

[63] Fini R, Fu K, Mathisen M T, et al. Institutional determinants of university spin – off quantity and quality: A longitudinal, multilevel, cross – country study [J]. Small Business Economics, 2017, 48 (2): 361-391.

[64] Fisch C O, Block J H, Sandner P G. Chinese university patents: Quantity, quality, and the role of subsidy programs [J]. Journal of Technology Transfer, 2016, 41 (1): 60 – 84.

[65] Frank O, Strauss D. Markov graphs [J]. Journal of the American Statistical Association, 1986, 81: 832 – 842.

[66] Freeman L C. Centrality in social networks: Conceptual clarification [J]. Social Networks, 1978, 1 (3): 215 – 239.

[67] Friedman J, Silberman J. University technology transfer: Do incentives, management, and location matter? [J]. Journal of Technology Transfer, 2003, 28 (1): 17 – 30.

[68] Fromhold – Eisebith M, Werker C. Universities' functions in knowledge transfer: A geographical perspective [J]. Annals of Regional Science, 2013, 51 (3): 621 – 643.

[69] Garcia R, Araujo V, Mascarini S, et al. Is cognitive proximity a driver of geographical distance of university – industry collaboration? [J]. Area Development and Policy, 2018, 3 (3): 349 – 367.

[70] Garcia R, Araujo V, Mascarini S, et al. Looking at both sides: How specific characteristics of academic research groups and firms affect the geographical distance of university – industry linkages [J]. Regional Studies, Regional Science, 2015, 2 (1): 518 – 534.

[71] Geuna A, Rossi F. Changes to university IPR regulations in Europe and the impact on academic patenting [J]. Research Policy, 2011, 40 (8): 1068 – 1076.

[72] Gibbons M, Limoges C, Nowotny H, et al. The new production of knowledge: The dynamics of science and research in contemporary societies [M]. London: SAGE, 1994.

[73] Goel R K, Göktepe – Hultén D. What drives academic patentees to bypass TTOs? Evidence from a large public research organisation [J]. Journal of Technology Transfer, 2018, 43 (1): 240 – 258.

[74] Grimaldi R, Kenney M, Siegel D S, et al. 30 years after Bayh –

Dole: Reassessing academic entrepreneurship [J]. Research Policy, 2011, 40 (8): 1045 - 1057.

[75] Grimpe C, Fier H. Informal university technology transfer: A comparison between the United States and Germany [J]. Journal of Technology Transfer, 2010, 35 (6): 637 - 650.

[76] Grimpe C, Hussinger K. Formal and informal knowledge and technology transfer from academia to industry: Complementarity effects and innovation performance [J]. Industry and Innovation, 2013, 20 (8): 683 - 700.

[77] Guerrero M, Urbano D, Cunningham J, et al. Entrepreneurial universities in two European regions: A case study comparison [J]. Journal of Technology Transfer, 2014, 39 (3): 415 - 434.

[78] Guerrero M, Urbano D, Fayolle A. Entrepreneurial activity and regional competitiveness: Evidence from European entrepreneurial universities [J]. Journal of Technology Transfer, 2016, 41 (1): 105 - 131.

[79] Guerrero M, Urbano D. The development of an entrepreneurial university [J]. Journal of Technology Transfer, 2012, 37 (1): 43 - 74.

[80] Harris J K. An Introduction to Exponential Random Graph Modeling [M]. Los Angeles: SAGE, 2013.

[81] Hobbs K G, Link A N, Scott J T. The growth of US science and technology parks: Does proximity to a university matter? [J]. Annals of Regional Science, 2017, 59 (2): 495 - 511.

[82] Hoekman J, Frenken K, Van Oort F. The geography of collaborative knowledge production in Europe [J]. Annals of Regional Science, 2009, 43 (3): 721 - 738.

[83] Hong W, Su Y S. The effect of institutional proximity in non - local university - industry collaborations: An analysis based on Chinese patent data [J]. Research Policy, 2013, 42 (2): 454 - 464.

[84] Horner S, Jayawarna D, Giordano B, et al. Strategic choice in universities: Managerial agency and effective technology transfer [J]. Research Policy, 2019, 48 (5): 1297 - 1309.

[85] Hsu D H, Roberts E B, Eesley C E. Entrepreneurs from technology-based universities: Evidence from MIT [J]. Research Policy, 2007, 36 (5): 768-788.

[86] Huggins R, Izushi H, Prokop D. Networks, space and organizational performance: A study of the determinants of industrial research income generation by universities [J]. Regional Studies, 2016, 50 (12): 2055-2068.

[87] Huggins R, Izushi H, Prokop D. Regional advantage and the geography of networks: Explaining global-local knowledge sourcing patterns [J]. Papers in Regional Science, 2019, 98 (4): 1567-1584.

[88] Huggins R, Johnston A, Steffenson R. Universities, knowledge networks and regional policy [J]. Cambridge Journal of Regions, Economy and Society, 2008, 1 (2): 321-340.

[89] Huggins R, Johnston A, Stride C. Knowledge networks and universities: Locational and organisational aspects of knowledge transfer interactions [J]. Entrepreneurship and Regional Development, 2012, 24 (7-8): 475-502.

[90] Huggins R, Johnston A. The economic and innovation contribution of universities: A regional perspective [J]. Environment and Planning C: Government and Policy, 2009, 27 (6): 1088-1106.

[91] Huggins R, Kitagawa F. Regional policy and university knowledge transfer: Perspectives from devolved regions in the UK [J]. Regional Studies, 2012, 46 (6): 817-832.

[92] Huggins R, Prokop D, Thompson P. Universities and open innovation: The determinants of network centrality [J]. Journal of Technology Transfer, 2020, 45 (3): 718-757.

[93] Huggins R, Prokop D. Network structure and regional innovation: A study of university-industry ties [J]. Urban Studies, 2017, 54 (4): 931-952.

[94] Huggins R, Thompson P. A network-based view of regional growth [J]. Journal of Economic Geography, 2014, 14 (3): 511-545.

[95] Huggins R, Thompson P. Handbook of regions and competitiveness: Theories and perspectives on economic development [M]. Cheltenham: Edward

Elgar, 2017.

[96] Huggins R, Thompson P. Networks and regional economic growth: A spatial analysis of knowledge ties [J]. Environment and Planning A, 2017, 49 (6): 1247-1265.

[97] Jaffe A B, Trajtenberg M, Henderson R. Geographic localization of knowledge spillovers as evidenced by patent citations [J]. Quarterly Journal of Economics, 1993, 108 (3): 577-598.

[98] Jaffe A B, Trajtenberg M. Flows of knowledge from universities and federal laboratories: Modeling the flow of patent citations over time and across institutional and geographic boundaries [J]. Proceedings of the National Academy of Sciences, 1996, 93 (23): 12671-12677.

[99] Jaffe A B. Real effects of academic research [J]. American Economic Review, 1989, 79 (5): 957-970.

[100] Jaffe A B. Technological opportunity and spillovers of research and development [J]. American Economic Review, 1986, 79 (5): 984-1001.

[101] Kempton L. Wishful thinking? Towards a more realistic role for universities in regional innovation policy [J]. European Planning Studies, 2019, 27 (11): 2248-2265.

[102] Kenney M, Patton D. Does inventor ownership encourage university research-derived entrepreneurship? A six university comparison [J]. Research Policy, 2011, 40 (8): 1100-1112.

[103] Kenney M, Patton D. Reconsidering the Bayh-Dole Act and the current university invention ownership model [J]. Research Policy, 2009, 38 (9): 1407-1422.

[104] Kirchberger M A, Pohl L. Technology commercialization: A literature review of success factors and antecedents across different contexts [J]. Journal of Technology Transfer, 2016, 41 (5): 1077-1112.

[105] Kitson M, Martin R, Tyler P. Regional competitiveness: An elusive yet key concept? [J]. Regional Studies, 2004, 38 (9): 991-999.

[106] Kolesnikov S, Woo S, Li Y, et al. Mapping the emergence of in-

ternational university research ventures [J]. Journal of Technology Transfer, 2019, 44 (4): 1134-1162.

[107] Krueger N F, Day M. Looking forward, looking backward: From entrepreneurial cognition to neuroentrepreneurship [G] //ACS Z J, AUDRETSCH D B. Handbook of Entrepreneurship Research. New York: Springer, 2010: 321-357.

[108] Krueger N F, Reilly M D, Carsrud A L. Competing models of entrepreneurial intentions [J]. Journal of Business Venturing, 2000, 15 (5): 411-432.

[109] Krueger N F. Is research on entrepreneurial intentions growing? Or... just getting bigger [G] //BRÄNNBACK M, CARSRUD A L. Revisting the Entrepreneuriial Mind: Inside the Black Box: An Expanded Edition. Cham: Springer, 2017: 35-40.

[110] Lane P J, Lubatkin M. Relative absorptive capacity and interorganizational learning [J]. Strategic Management Journal, 1998, 19 (5): 461-477.

[111] Laursen K, Reichstein T, Salter A. Exploring the effect of geographical proximity and university quality on university-industry collaboration in the United Kingdom [J]. Regional Studies, 2011, 45 (4): 507-523.

[112] Lee S Y, Florida R, Acs Z J. Creativity and entrepreneurship: A regional analysis of new firm formation [J]. Regional Studies, 2004, 38 (8): 879-891.

[113] Li D, Wei Y D, Wang T. Spatial and temporal evolution of urban innovation network in China [J]. Habitat International, 2015, 49: 484-496.

[114] Liefner I, Schiller D. Academic capabilities in developing countries—A conceptual framework with empirical illustrations from Thailand [J]. Research Policy, 2008, 37 (2): 276-293.

[115] Lin C, Wu Y J, Chang C, et al. The alliance innovation performance of R&D alliances—The absorptive capacity perspective [J]. Technovation, 2012, 32 (5): 282-292.

[116] Liñán F, Urbano D, Guerrero M. Regional variations in entrepre-

neurial cognitions: Start - up intentions of university students in Spain [J]. Entrepreneurship and Regional Development, 2011, 23 (3 - 4): 187 - 215.

[117] Link A N, Scott J T. U. S. university research parks [J]. Journal of Productivity Analysis, 2006, 25 (1 - 2): 44 - 55.

[118] Link A N, Siegel D S, Bozeman B. An empirical analysis of the propensity of academics to engage in informal university technology transfer [J]. Industrial and Corporate Change, 2007, 16 (4): 97 - 111.

[119] Lissoni F, Llerena P, Sanditov B. Small worlds in networks of inventors and the role of academics: An analysis of France [J]. Industry and Innovation, 2013, 20 (3): 195 - 220.

[120] Liu C, Niu C, Han J. Spatial dynamics of intercity technology transfer networks in China's three urban agglomerations: A patent transaction perspective [J]. Sustainability (Switzerland), 2019, 11 (6): 1647.

[121] Lockett A, Wright M. Resources, capabilities, risk capital and the creation of university spin - out companies [J]. Research Policy, 2005, 34 (7): 1043 - 1057.

[122] Louis K S, Blumenthal D, Gluck M E, et al. Entrepreneurs in academe: An exploration of behaviours among life scientists [J]. Administrative Science Quarterly, 1989, 34 (1): 110 - 131.

[123] Malecki E J. Cities and regions competing in the global economy: Knowledge and local development policies [J]. Environment and Planning C: Government and Policy, 2007, 25 (5): 638 - 654.

[124] Markman G D, Siegel D S, Wright M. Research and technology commercialization [J]. Journal of Management Studies, 2008, 45 (8): 1401 - 1423.

[125] Maurseth P B, Verspagen B. Knowledge spillovers in Europe: A patent citations analysis [J]. Scandinavian Journal of Economics, 2002, 104 (4): 531 - 545.

[126] Metz F, Leifeld P, Ingold K. Interdependent policy instrument preferences: A two - mode network approach [J]. Journal of Public Policy,

2019, 39 (4): 609 - 636.

[127] Mian S A. Assessing and managing the university technology business incubator: An integrative framework [J]. Journal of Business Venturing, 1997, 12 (4): 251 - 285.

[128] Miguélez E, Moreno R. Knowledge flows and the absorptive capacity of regions [J]. Research Policy, 2015, 44 (4): 833 - 848.

[129] Miguelez E, Noumedem Temgoua C. Inventor migration and knowledge flows: A two - way communication channel? [J]. Research Policy, 2020, 49 (9): 103914.

[130] Miller K, Mcadam R, Moffett S, et al. Knowledge transfer in university quadruple helix ecosystems: An absorptive capacity perspective [J]. R&D Management, 2016: 383 - 399.

[131] Morgan K. The exaggerated death of geography: Learning, proximity and territorial innovation systems [J]. Journal of Economic Geography, 2004, 4 (1): 3 - 21.

[132] Morrison A, Rabellotti R, Zirulia F. When do global pipelines enhance the diffusion of knowledge in clusters? [J]. Economic Geography, 2013, 89 (1): 77 - 96.

[133] Motohashi K, Muramatsu S. Examining the university industry collaboration policy in Japan: Patent analysis [J]. Technology in Society, 2012, 34 (2): 149 - 162.

[134] Motohashi K, Yun X. China's innovation system reform and growing industry and science linkages [J]. Research Policy, 2007, 36 (8): 1251 - 1260.

[135] Mowery D C, Nelson R R, Sampat B N, et al. The growth of patenting by American universities: An assessment of the Bayh - Dole Act of 1980 [J]. Research Policy, 2001, 30 (1): 99 - 119.

[136] Mowery D C, Ziedonis A A. Markets versus spillovers in outflows of university research [J]. Research Policy, 2015, 44 (1): 50 - 66.

[137] Mukherji N, Silberman J. Absorptive capacity, knowledge flows, and innovation in U.S. metropolitan areas [J]. Journal of Regional Science,

2013, 53 (3): 392-417.

[138] Mukherji N, Silberman J. Knowledge flows between universities and industry: The impact of distance, technological compatibility, and the ability to diffuse knowledge [J]. Journal of Technology Transfer, 2021, 46 (1): 223-257.

[139] Natalicchio A, Ardito L, Messeni Petruzzelli A, et al. The origins of external knowledge inflows and the impact of university technologies [J]. R&D Management, 2019, 49 (4): 639-651.

[140] Nelson R R. National innovation systems: A comparative analysis [M]. New York: Oxford University Press, 1993.

[141] Nelson R R. Observations on the post-Bayh-Dole rise of patenting at American universities [J]. Journal of Technology Transfer, 2001, 26 (1-2): 13-19.

[142] Newman M E J. Mixing patterns in networks [J]. Physical Review E, 2003, 67 (2): 026126.

[143] Óhuallacháin B, Leslie T F. Rethinking the regional knowledge production function [J]. Journal of Economic Geography, 2007, 7 (6): 737-752.

[144] Okamuro H, Nishimura J. Impact of university intellectual property policy on the performance of university-industry research collaboration [J]. Journal of Technology Transfer, 2013, 38 (3): 273-301.

[145] Olcay G A, Bulu M. Is measuring the knowledge creation of universities possible?: A review of university rankings [J]. Technological Forecasting & Social Change, 2017, 123: 153-160.

[146] Owen-Smith J, Powell W W. To patent or not: Faculty decisions and institutional success at technology transfer [J]. Journal of Technology Transfer, 2001, 26: 99-114.

[147] Park H, Bellamy M A, Basole R C. Structural anatomy and evolution of supply chain alliance networks: A multi-method approach [J]. Journal of Operations Management, 2018, 63 (1): 79-96.

[148] Pattison P, Robins G. Building models for social space: Neighour-

hood-based models for social networks and affiliation structures [J]. Mathematics and social sciences, 2004, 42 (168): 11-29.

[149] Peng F, Zhang Q, Han Z, et al. Evolution characteristics of government-industry-university cooperative innovation network of electronic information industry in Liaoning Province, China [J]. Chinese Geographical Science, 2019, 29 (3): 528-540.

[150] Perkmann M, King Z, Pavelin S. Engaging excellence? Effects of faculty quality on university engagement with industry [J]. Research Policy, 2011, 40 (4): 539-552.

[151] Perkmann M, Tartari V, McKelvey M, et al. Academic engagement and commercialisation: A review of the literature on university-industry relations [J]. Research Policy, 2013, 42 (2): 423-442.

[152] Perkmann M, Walsh K. University-industry relationships and open innovation: Towards a research agenda [J]. International Journal of Management Reviews, 2007, 9 (4): 259-280.

[153] Petruzzelli A M. The impact of technological relatedness, prior ties, and geographical distance on university-industry collaborations: A joint-patent analysis [J]. Technovation, 2011, 31 (7): 309-319.

[154] Pittayasophon S, Intarakumnerd P. University and industry collaboration in Japan and Thailand: influence of university type [J]. Asian Journal of Technology Innovation, 2017, 25 (1): 23-40.

[155] Ponds R, Van Oort F, Frenken K. Innovation, spillovers and university-industry collaboration: An extended knowledge production function approach [J]. Journal of Economic Geography, 2010, 10 (2): 231-255.

[156] Porter M E. Clusters of innovation initiative—San Diego [R]. Washington DC, 2001.

[157] Powell W W, Owen-Smith J, Colyvas J A. Innovaton and emulation: Lessons from American universities in selling private rights to public knowledge [J]. Minerva, 2007, 45 (2): 121-142.

[158] Poyago-theotoky J, Beath J, Siegel D S. Universities and funda-

mental research: Reflections on the growth of university – industry partnerships [J]. Oxford Review of Economic Policy, 2002, 18 (1): 10 – 21.

[159] Pugh R. Universities and economic development in lagging regions: 'Triple Helix' policy in Wales [J]. Regional Studies, 2017, 51 (7): 982 – 993.

[160] Rasmussen E A, Sørheim R. Action – based entrepreneurship education [J]. Technovation, 2006, 26 (2): 185 – 194.

[161] Rasmussen E, Borch O J. University capabilities in facilitating entrepreneurship: A longitudinal study of spin – off ventures at mid – range universities [J]. Research Policy, 2010, 39 (5): 602 – 612.

[162] Rasmussen E, Mosey S, Wright M. The evolution of entrepreneurial competencies: A longitudinal study of university spin – off venture emergence [J]. Journal of Management Studies, 2011, 48 (6): 1314 – 1345.

[163] Rhoades G, Slaughter S. Academic capitalism, managed professionals, and supply – side higher education [J]. Academic Labor, 1997, 51: 9 – 38.

[164] Roberts E B, Hauptman O. The process of technology transfer to the new biomedical and pharmaceutical firm [J]. Research Policy, 1986, 15 (3): 107 – 119.

[165] Rodríguez – Pose A. Do institutions matter for regional development? [J]. Regional Studies, 2013, 47 (7): 1034 – 1047.

[166] Schaeffer V, Öcalan – Özel S, Pénin J. The complementarities between formal and informal channels of university – industry knowledge transfer: A longitudinal approach [J]. Journal of Technology Transfer, 2020, 45 (1): 31 – 55.

[167] Scott J, Carrington P J. The SAGE handbook of social network analysis [M]. London: SAGE, 2011.

[168] Segarra – Blasco A, Arauzo – Carod J M. Sources of innovation and industry – university interaction: Evidence from Spanish firm [J]. Research Policy, 2008, 37 (8): 1283 – 1295.

[169] Serbanica C M, Constantin D L, Dragan G. University – industry

knowledge transfer and network patterns in Romania: Does knowledge supply fit SMEs' regional profiles? [J]. European Planning Studies, 2015, 23 (2): 292-310.

[170] Shane S, Stuart T. Organizational endowments and the performance of university start-ups [J]. Management Science, 2002, 48 (1): 154-170.

[171] Shane S. A general theory of entrepreneurship: The individual-opportunity nexus [M]. Northampton: Edward Elgar, 2003.

[172] Shane S. Academic entrepreneurship: University spinoffs and wealth creation [M]. Cheltenham: Edward Elgar, 2004.

[173] Shane S. Prior knowledge and the discovery of entrepreneurial opportunities [J]. Organization Science, 2000, 11 (4): 448-469.

[174] Siegel D S, Waldman D A, Atwater L E, et al. Commercial knowledge transfers from universities to firms: Improving the effectiveness of university-industry collaboration [J]. Journal of High Technology Management Research, 2003, 14 (1): 111-133.

[175] Siegel D S, Waldman D A, Atwater L E, et al. Toward a model of the effective transfer of scientific knowledge from academicians to practitioners: Qualitative evidence from the commercialization of university technologies [J]. Journal of Engineering and Technology Management, 2004, 21 (1-2): 115-142.

[176] Siegel D S, Waldmann D, Link A N. Assessing the impact of organizational practices on the relative productivity of university technology transfer offices: An exploratory study [J]. Research Policy, 2003, 32 (1): 27-48.

[177] Silk M J, Croft D P, Delahay R J, et al. The application of statistical network models in disease research [J]. Methods in Ecology and Evolution, 2017, 8 (9): 1026-1041.

[178] Skvoretz J, Faust K. Logit models for affiliation networks [J]. Sociological Methodology, 1999, 29 (1): 253-280.

[179] Slaughter S, Leslie L L. Expanding and elaborating the concept of academic capitalism [J]. Organization, 2001, 8 (2): 154-161.

[180] Slaughter S, Rhoades G. Academic capitalism and the new econo-

my: Markets, state, and higher education [M]. Baltimore: Johns Hopkins University Press, 2004.

[181] Smith H L, Bagchi – Sen S. The research university, entrepreneurship and regional development: Research propositions and current evidence [J]. Entrepreneurship and Regional Development, 2012, 24 (5 – 6): 383 – 404.

[182] Smith H L. Universities, innovation, and territorial development: A review of the evidence [J]. Environment and Planning C, 2007, 25 (1): 98 – 114.

[183] Spithoven A, Teirlinck P, Ysebaert W. What determines the size of contract research from firms to universities? The role of geographical distance and regional co – location [J]. Industrial and Corporate Change, 2020, https://doi.org/10.1093/icc/dtaa026.

[184] Spithoven A, Vlegels J, Ysebaert W. Commercializing academic research: A social network approach exploring the role of regions and distance [M]. Journal of Technology Transfer, 2021, 46 (4): 1196 – 1231.

[185] Sun Y, Grimes S. The actors and relations in evolving networks: The determinants of inter – regional technology transaction in China [J]. Technological Forecasting & Social Change, 2017, 125: 125 – 136.

[186] Sun Y, Liu F. A regional perspective on the structural transformation of China's national innovation system since 1999 [J]. Technological Forecasting & Social Change, 2010, 77 (8): 1311 – 1321.

[187] Tahmooresnejad L, Beaudry C. The importance of collaborative networks in Canadian scientific research [J]. Industry and Innovation, 2018, 25 (10): 990 – 1029.

[188] Tang Y, Motohashi K, Hu X, et al. University – industry interaction and product innovation performance of Guangdong manufacturing firms: The roles of regional proximity and research quality of universities [J]. Journal of Technology Transfer, 2020, 45 (2): 578 – 618.

[189] Ter Wal A L J, Boschma R A. Applying social network analysis in economic geography: Framing some key analytic issues [J]. Annals of Region-

al Science, 2009, 43 (3): 739 - 756.

[190] Ter Wal A L J. The dynamics of the inventor network in german biotechnology: Geographic proximity versus triadic closure [J]. Journal of Economic Geography, 2013, 14 (3): 589 - 620.

[191] Tödtling F, Asheim B, Boschma R. Knowledge sourcing, innovation and constructing advantage in regions of Europe [J]. European Urban and Regional Studies, 2013, 20 (2): 161 - 169.

[192] Tracey P, Clark G L. Alliances, networks and competitive strategy: Rethinking clusters of innovation [J]. Growth and Change, 2003, 34 (1): 1 - 16.

[193] Trippl M, Sinozic T, Lawton Smith H. The role of universities in regional development: Conceptual models and policy institutions in the UK, Sweden and Austria [J]. European Planning Studies, 2015, 23 (9): 1722 - 1740.

[194] Trippl M. Scientific mobility and knowledge transfer at the interregional and intraregional level [J]. Regional Studies, 2013, 47 (10): 1653 - 1667.

[195] Vallance P. Universities, public research, and evolutionary economic geography [J]. Economic Geography, 2016, 92 (4): 355 - 377.

[196] Van Der Steen M, Enders J. Universities in evolutionary systems of innovation [J]. Creativity and Innovation Management, 2008, 17 (4): 281 - 292.

[197] Varga A. Spatial knowledge spillovers and university research: Evidence from Austria [J]. Annals of Regional Science, 2003, 37 (2): 303 - 322.

[198] Vohora A, Wright M, Lockett A. Critical junctures in the development of university high - tech spinout companies [J]. Research Policy, 2004, 33 (1): 147 - 175.

[199] Wang P, Pattison P, Robins G. Exponential random graph model specifications for bipartite networks—A dependence hierarchy [J]. Social Networks, 2013, 35 (2): 211 - 222.

[200] Wang P, Sharpe K, Robins G L, et al. Exponential random graph (P*) models for affiliation networks [J]. Social Networks, 2009, 31 (1): 12 - 25.

[201] Wang Y, Li-Ying J, Chen J, et al. Technology licensing in China [J]. Science and Public Policy, 2015, 42 (3): 293-299.

[202] Wasserman S, Pattison P. Logit models and logistic regression for social networks: I. An introduction to Markov graphs and p* [J]. 1996, 61 (3): 401-425.

[203] Watts D J, Strogatz S H. Collective dynamics of 'small-world' networks [J]. Nature, 1998, 393 (6684): 440-442.

[204] Windzio M. The network of global migration 1990-2013: Using ERGMs to test theories of migration between countries [J]. Social Networks, 2018, 53: 20-29.

[205] Wright M, Lockett A, Clarysse B, et al. University spin-out companies and venture capital [J]. Research Policy, 2006, 35 (4): 481-501.

[206] Wright M. Academic entrepreneurship, technology transfer and society: Where next? [J]. Journal of Technology Transfer, 2014, 39 (3): 322-334.

[207] Wu W, Zhou Y. The third mission stalled? Universities in China's technological progress [J]. Journal of Technology Transfer, 2012, 37 (6): 812-827.

[208] Yang W, Yu X, Wang D, et al. Spatio-temporal evolution of technology flows in China: Patent licensing networks 2000-2017 [J]. Journal of Technology Transfer, 2021, 46 (5): 1674-1703.

[209] Ye L, Zeng G, Cao X. Open innovation and innovative performance of universities: Evidence from China [J]. Growth and Change, 2020, 51 (3): 1142-1157.

[210] Ye Y, De Moortel K, Crispeels T. Network dynamics of Chinese university knowledge transfer [J]. Journal of Technology Transfer, 2020, 45 (4): 1228-1254.

[211] Zhang H, Patton D, Kenney M. Building global-class universities: Assessing the impact of the 985 Project [J]. Research Policy, 2013, 42 (3): 765-775.

[212] Zhang Q. Theory, practice and policy: A longitudinal study of university knowledge exchange in the UK [J]. Industry and Higher Education, 2018, 32 (2): 80 - 92.

[213] Zhu G, Frame J D. Technology transfer within China [J]. Journal of Technology Transfer, 1987, 11 (2): 29 - 42.

[214] 安心, 熊芯, 李月娥. 70年来我国高等教育的发展历程与特点 [J]. 当代教育与文化, 2020, 12 (6): 75 - 80.

[215] 白俊红, 江可申, 李婧. 应用随机前沿模型评测中国区域研发创新效率 [J]. 管理世界, 2009 (10): 51 - 61.

[216] 白俊红, 蒋伏心. 考虑环境因素的区域创新效率研究——基于三阶段DEA方法 [J]. 财贸经济, 2011 (10): 104 - 112, 136.

[217] 白俊红, 蒋伏心. 协同创新、空间关联与区域创新绩效 [J]. 经济研究, 2015, 50 (7): 174 - 187.

[218] 蔡跃洲. 科技成果转化的内涵边界与统计测度 [J]. 科学学研究, 2015, 33 (1): 37 - 44.

[219] 曹洁琼, 其格其, 高霞. 合作网络"小世界性"对企业创新绩效的影响——基于中国ICT产业产学研合作网络的实证分析 [J]. 中国管理科学, 2015, 23 (S1): 657 - 661.

[220] 曹霞, 付向梅, 杨园芳. 产学研合作创新知识整合影响因素研究 [J]. 科技进步与对策, 2012, 29 (22): 1 - 6.

[221] 曹霞, 刘国巍. 基于博弈论和多主体仿真的产学研合作创新网络演化 [J]. 系统管理学报, 2014, 23 (1): 21 - 29.

[222] 曹霞, 宋琪. 产学合作网络中企业关系势能与自主创新绩效——基于地理边界拓展的调节作用 [J]. 科学学研究, 2016, 34 (7): 1065 - 1075.

[223] 曹霞, 于娟. 联盟伙伴视角下产学研联盟稳定性提升路径——理论框架与实证分析 [J]. 科学学研究, 2016, 34 (10): 1522 - 1531.

[224] 曹贤忠, 曾刚, 司月芳. 网络资本、知识流动与区域经济增长: 一个文献述评 [J]. 经济问题探索, 2016 (6): 175 - 184.

[225] 曾刚, 孔翔. 高校在知识流中的地位和作用 [J]. 科技管理研究, 1999 (4): 13 - 16.

[226] 曾刚,王秋玉,曹贤忠. 创新经济地理研究述评与展望 [J]. 经济地理, 2018, 38 (4): 19-25.

[227] 曾刚. 长江经济带协同创新研究: 创新·合作·空间·治理 [M]. 北京: 经济科学出版社, 2016.

[228] 常向阳,袁靖宇. 中国高校科技企业现象剖析——兼论中外高校技术转移模式的差异 [J]. 科技与经济, 2003 (5): 23-26.

[229] 陈彩虹,朱桂龙. 产学研合作中社会资本对学者绩效的影响研究 [J]. 科学学与科学技术管理, 2014, 35 (10): 85-93.

[230] 陈光华,王建冬,杨国梁. 产学研合作创新效率分析及其影响因素研究 [J]. 科学管理研究, 2014, 32 (2): 9-12.

[231] 陈光华,王烨,杨国梁. 地理距离阻碍跨区域产学研合作绩效了吗? [J]. 科学学研究, 2015, 33 (1): 76-82.

[232] 陈光华,杨国梁. 边界效应对跨区域产学研合作创新绩效的影响研究——来自广东省的证据 [J]. 研究与发展管理, 2015, 27 (1): 92-99.

[233] 陈桂尧,孙伯灿. 国家创新系统中的高校、市场与技术转移——中国高校科技企业再探讨 [J]. 高等工程教育研究, 2003 (4): 26-30.

[234] 陈桂尧. 中国大学参与国家创新系统的模式研究 [D]. 杭州: 浙江大学, 2004.

[235] 陈劲,阳银娟. 协同创新的理论基础与内涵 [J]. 科学学研究, 2012, 30 (2): 161-164.

[236] 陈劲,殷辉,谢芳. 协同创新情景下产学研合作行为的演化博弈仿真分析 [J]. 科技进步与对策, 2014, 31 (5): 1-6.

[237] 陈悦,陈超美,胡志刚,等. 引文空间分析原理与应用 [M]. 北京: 科学出版社, 2014.

[238] 陈悦,陈超美,刘则渊,等. CiteSpace知识图谱的方法论功能 [J]. 科学学研究, 2015, 33 (2): 242-253.

[239] 刁丽琳,朱桂龙. 产学研联盟契约和信任对知识转移的影响研究 [J]. 科学学研究, 2015, 33 (5): 723-733.

[240] 丁珈,李进仪. 院校与政府共建型新型研发机构建设发展模式探索——以华中科技大学无锡研究院为例 [J]. 科技管理研究, 2018, 38

(24): 115-119.

[241] 杜德斌. 全面客观认识我国高校科技成果转化问题 [J]. 光明日报, 2015.

[242] 段德忠, 杜德斌, 谌颖, 等. 中国城市创新技术转移格局与影响因素 [J]. 地理学报, 2018, 73 (4): 738-754.

[243] 段德忠. 中国城市技术转移的空间演化研究 [D]. 上海: 华东师范大学, 2018.

[244] 樊杰, 刘汉初. "十三五" 时期科技创新驱动对我国区域发展格局变化的影响与适应 [J]. 经济地理, 2016, 36 (1): 1-9.

[245] 范柏乃, 余钧. 高校技术转移效率区域差异及影响因素研究 [J]. 科学学研究, 2015, 33 (12): 1805-1812.

[246] 范保群, 张钢, 许庆瑞. 国内外技术转移研究的现状与前瞻 [J]. 科学管理研究, 1996, 14 (1): 1-6.

[247] 范小虎, 陈很荣, 仰书纲. 技术转移及其相关概念的涵义辨析 [J]. 科技管理研究, 2000 (6): 44-46.

[248] 付向梅, 曹霞. 产学研联盟结构资本对创新绩效的影响研究 [J]. 预测, 2015, 34 (2): 22-27.

[249] 高晟, 王世权. 大学衍生企业: 研究述评与展望 [J]. 外国经济与管理, 2020, 42 (10): 107-124.

[250] 高霞, 陈凯华. 基于 SIPO 专利的产学研合作模式及其合作网络结构演化研究——以 ICT 产业为例 [J]. 科学学与科学技术管理, 2016, 37 (11): 34-43.

[251] 顾伟男, 申玉铭. 我国中心城市科技创新能力的演变及提升路径 [J]. 经济地理, 2018, 38 (2): 113-122.

[252] 桂萍, 谢科范. "盟主—成员" 型战略联盟的利润分配 [J]. 管理工程学报, 2005, 19 (2): 30-32.

[253] 郭俊华, 徐倪妮. 中国高校科技成果转化能力评价及聚类分析 [J]. 情报杂志, 2016, 35 (12): 155-161, 168.

[254] 国家教育委员会. 关于改革高等学校科学技术工作的意见 [EB/OL]. https://baike.baidu.com/item/关于改革高等学校科学技术工作的意

见/51104675？fr = Aladdin，1987 - 05 - 27/2019 - 09 - 21.

[255] 国家统计局社会科技和文化产业统计司. 2019 全国企业创新调查年鉴［M］. 北京：中国统计出版社，2019.

[256] 国家知识产权局. 高校专利转化现状调查研究［EB/OL］. https：//www. cnipa. gov. cn/art/2018/9/4/art_1415_133037. html，2018 - 09 - 04/2021 - 02 - 12.

[257] 国务院. 国家中长期科学和技术发展规划纲要（2006～2020年）［EB/OL］. http：//www. gov. cn/jrzg/2006 - 02/09/content_183787. htm，2006 - 02 - 09/2021 - 04 - 03.

[258] 国务院. 国务院办公厅关于印发促进科技成果转移转化行动方案的通知［EB/OL］. http：//www. gov. cn/zhengce/content/2016 - 05/09/content_5071536. htm，2016 - 04 - 21/2021 - 02 - 05.

[259] 国务院. 国务院关于印发国家技术转移体系建设方案的通知［EB/OL］. http：//www. gov. cn/zhengce/content/2017 - 09/26/content_5227667. htm，2017 - 09 - 15/2020 - 11 - 02.

[260] 何文章，王仲民，宋培培. 校地共建研究院的建设与发展模式探索［J］. 中国科技产业，2017（6）：74 - 77.

[261] 何郁冰，张迎春. 网络类型与产学研协同创新模式的耦合研究［J］. 科学学与科学技术管理，2015，36（2）：62 - 69.

[262] 何郁冰. 产学研协同创新的理论模式［J］. 科学学研究，2012，30（2）：165 - 174.

[263] 亨利·埃茨科威兹. 创业型大学与创新的三螺旋模型［J］. 科学学研究，2009，27（4）：481 - 488.

[264] 胡杨，李郇. 地理邻近对产学研合作创新的影响途径与作用机制［J］. 经济地理，2016，36（6）：109 - 115.

[265] 胡杨，李郇. 多维邻近性对产学研合作创新的影响——广州市高新技术企业的案例分析［J］. 地理研究，2017，36（4）：695 - 706.

[266] 菅利荣，刘思峰，张瑜，等. 基于产学研知识集成的 ITRI 网络型模式研究［J］. 科学学研究，2014，32（11）：1689 - 1697.

[267] 教育部，财政部. 教育部 财政部关于实施高等学校创新能力提

升计划的意见［EB/OL］. http：//www.moe.gov.cn/srcsite/A16/kjs_2011jh/201203/t20120315_172765.html，2012-03-15/2019-07-23.

［268］教育部. 高等学校科技成果转化和技术转移基地认定暂行办法［EB/OL］. http：//www.moe.gov.cn/srcsite/A16/s3336/201805/t20180531_337894.html，2018-05-22/2019-07-23.

［269］教育部. 关于第二批高等学校科技成果转化和技术转移基地认定结果的公示［EB/OL］. http：//www.moe.gov.cn/jyb_xxgk/s5743/s5745/A16/202008/t20200804_476609.html，2020-08-04/2021-02-11.

［270］教育部. 关于公布首批高等学校科技成果转化和技术转移基地认定名单的通知［EB/OL］. http：//www.moe.gov.cn/srcsite/A16/s3336/201903/t20190311_372924.html，2019-03-01/2019-07-23.

［271］教育部. 教育部关于印发《高等学校"十三五"科学和技术发展规划》的通知［EB/OL］. http：//www.moe.gov.cn/srcsite/A16/moe_784/201612/t20161219_292387.html，2016-11-24/2020-03-27.

［272］教育部科技发展中心. 2001年度全国普通高校校办产业统计报告［J］. 中国高校科技与产业化，2002（7）：36-37.

［273］靳瑞杰，江旭. 高校科技成果转化"路在何方"？基于过程性视角的转化渠道研究［J］. 科学学与科学技术管理，2019，40（12）：35-57.

［274］科技部，财政部. 关于国家科研计划项目研究成果知识产权管理的若干规定［EB/OL］. http：//www.most.gov.cn/fggw/zfwj/zfwj2002/200512/t20051214_54987.htm，2002-04-14/2019-08-22.

［275］科技部，教育部. 国家大学科技园"十五"发展规划纲要［EB/OL］. http：//www.moe.gov.cn/jyb_sjzl/moe_364/moe_302/moe_309/tnull_4669.html，2001-06-06/2021-02-15.

［276］雷朝滋. 新中国成立70年高校科技创新发展历程与未来展望［J］. 中国高等教育，2019（18）：11-13.

［277］李杰，陈超美. CiteSpace：科技文本挖掘及可视化［M］. 北京：首都经济贸易大学出版社，2016.

［278］李强，顾新，胡谍. 产学合作渠道的广度和深度对高校科研绩效的影响［J］. 软科学，2019，33（6）：12-17.

[279] 李修全, 玄兆辉, 杨洋. 从中美高校知识流动对比看我国高校科技成果转化特点 [J]. 中国科技论坛, 2014 (12): 98-102, 113.

[280] 李秀坤, 张友生, 肖广岭. 产学合作网络与高校学术绩效——来自清华大学的经验证据 [J]. 软科学, 2019, 33 (1): 1-5.

[281] 李阳, 原长弘, 王涛, 等. 政产学研用协同创新如何有效提升企业竞争力? [J]. 科学学研究, 2016, 34 (11): 1744-1757.

[282] 李正风, 曾国屏. 中国创新系统转型过程分析 [J]. 科学学研究, 2000, 18 (3): 12-19.

[283] 刘承良, 管明明, 段德忠. 中国城际技术转移网络的空间格局及影响因素 [J]. 地理学报, 2018, 73 (8): 1462-1477.

[284] 刘承良, 牛彩澄. 东北三省城际技术转移网络的空间演化及影响因素 [J]. 地理学报, 2019, 74 (10): 2092-2107.

[285] 刘芳芳, 冯锋. 产学研跨区域合作现状及特征研究——基于社会网络视角 [J]. 科学学与科学技术管理, 2015, 36 (8): 83-92.

[286] 刘凤朝, 马荣康, 姜楠. 基于"985高校"的产学研专利合作网络演化路径研究 [J]. 中国软科学, 2011 (7): 178-192.

[287] 刘刚, 尚勇敏, 曾刚. 发达国家农业产学研一体化实践与启示 [J]. 上海农业学报, 2015, 31 (3): 123-126.

[288] 刘国巍. 产学研合作创新网络时空演化模型及实证研究——基于广西2000~2013年的专利数据分析 [J]. 科学学与科学技术管理, 2015, 36 (4): 64-74.

[289] 刘汉初, 樊杰, 周侃. 中国科技创新发展格局与类型划分——基于投入规模和创新效率的分析 [J]. 地理研究, 2018, 37 (5): 910-924.

[290] 刘凯. 高校—地方研究院合作机制研究 [D]. 上海: 复旦大学, 2011.

[291] 刘友金, 易秋平, 贺灵. 产学研协同创新对地区创新绩效的影响——以长江经济带11省市为例 [J]. 经济地理, 2017, 37 (9): 1-10.

[292] 吕国庆, 曾刚, 郭金龙. 长三角装备制造业产学研创新网络体系的演化分析 [J]. 地理科学, 2014, 34 (9): 1051-1059.

[293] 吕海萍,化祥雨,董颖,等.高校技术转移能力时空格局演化及影响因素研究——基于中国省域数据[J].技术经济与管理研究,2020(11):115-121.

[294] 马荣康,李少敏.地理距离阻碍大学—企业技术转移速度吗?——大学制度背景与研发网络嵌入的调节作用[J].科学学与科学技术管理,2019,40(11):32-44.

[295] 马双,曾刚.我国装备制造业的创新、知识溢出和产学研合作——基于一个扩展的知识生产函数方法[J].人文地理,2016,31(1):116-123.

[296] 马艳艳,刘凤朝,孙玉涛.大学-企业合作网络结构及对企业创新产出效应[J].研究与发展管理,2011,23(6):1-6.

[297] 马艳艳,刘凤朝,孙玉涛.中国大学专利被企业引用网络分析——以清华大学为例[J].科研管理,2012,33(6):92-99.

[298] 马莹莹,朱桂龙.影响我国产学研合作创新绩效的行业特征[J].科技管理研究,2011,31(4):98-100.

[299] 毛熙彦,贺灿飞.区域发展的"全球—地方"互动机制研究[J].地理科学进展,2019,38(10):1449-1461.

[300] 宁越敏,唐礼智.城市竞争力的概念和指标体系[J].现代城市研究,2001(3):19-22.

[301] 彭锐,杨芳.产学研合作创新网络的演进阶段及演进过程中科研管理部门的作用[J].科研管理,2008,29(10):38-41.

[302] 邵一华.国家创新系统中的大学:国际比较研究[J].科学学与科学技术管理,2002(3):9-12.

[303] 司月芳,曾刚,曹贤忠,等.基于全球—地方视角的创新网络研究进展[J].地理科学进展,2016,35(5):600-609.

[304] 苏竣,汝鹏,杜敏,等.从校办企业到校有企业——转变中的中国大学知识产业化模式[J].科学学研究,2007,25(6):40-45.

[305] 苏竣,眭纪刚.中国高校科技创新发展与人才培养[J].科学学研究,2018,36(12):2132-2135.

[306] 孙鹏,曾刚.西方国家大学技术转移研究的进展和启示[J].

人文地理,2011(2):20-24,43.

[307] 孙瑜康,李国平,袁薇薇,等.创新活动空间集聚及其影响机制研究评述与展望[J].人文地理,2017,32(5):17-24.

[308] 孙玉涛,刘小萌.高校研发合作网络位置与技术成果转移——技术转移中心的调节作用[J].科学学与科学技术管理,2018,39(8):3-12.

[309] 覃柳婷,滕堂伟,张翌,等.中国高校知识合作网络演化特征与影响因素研究[J].科技进步与对策,2020,37(22):125-133.

[310] 汪凡,白永平,周亮,等.中国高校科技创新能力时空格局及影响因素[J].经济地理,2017,37(12):49-56.

[311] 王秋玉,曾刚,吕国庆.中国装备制造业产学研合作创新网络初探[J].地理学报,2016,71(2):251-264.

[312] 王文静,赵江坤.产学专利合作网络:结构演变与知识流动——合作形式视角[J].科技进步与对策,2019,36(7):1-9.

[313] 王雪原,王宏起.R&D联盟模式及其关键创新资源分析[J].软科学,2009,23(9):1-4.

[314] 王雪原,王宏起.基于资源观的R&D联盟伙伴组合选择方法研究[J].科研管理,2012,33(6):48-55.

[315] 王雪原.R&D联盟创新资源管理效果评价[J].科学学与科学技术管理,2009,30(8):85-90.

[316] 王艳,曾刚,王灏.基于知识转移视角的产学研合作模式研究[J].科技进步与对策,2009,26(14):4-7.

[317] 王仲民,宋培培.校地共建研究院运作模式的认识与思考[J].天津科技,2017,44(9):19-22.

[318] 吴凡,董正英.高等学校技术转移能力影响因素及实证分析[J].科技进步与对策,2010,27(10):137-140.

[319] 吴慧,顾晓敏.产学研合作创新绩效的社会网络分析[J].科学学研究,2017,35(10):1578-1586.

[320] 吴康,方创琳,赵渺希.中国城市网络的空间组织及其复杂性结构特征[J].地理研究,2015,34(4):711-728.

[321] 吴兆龙, 丁晓. 对我国高校技术转移方式的探讨 [J]. 科技管理研究, 2005 (1): 116-118.

[322] 夏立新, 王凯利, 程秀峰. 我国知识图谱研究演进特征可视化分析 [J]. 情报科学, 2019, 37 (3): 9-16, 74.

[323] 肖洒, 刘君. 区域高等教育科技创新能力协同发展测度分析 [J]. 经济地理, 2018, 38 (8): 124-131.

[324] 谢科范, 桂萍, 张涛. 高科技企业战略联盟的生命周期 [J]. 科学学研究, 2001, 19 (4): 32-36.

[325] 谢科范, 刘海林. 产学研合作共建研发 (R&D) 实体的博弈分析 [J]. 科学学与科学技术管理, 2006 (10): 27-30, 109.

[326] 谢旭人, 赵沁平, 杨柏龄, 等. 中国产学研联合的现状与经验 [J]. 中国科技论坛, 2003 (2): 3-6.

[327] 徐哲根, 杨璐, 栾绍娇. 基于接力创新的高校科技成果转化能力与效率评价研究 [J]. 科技管理研究, 2019, 39 (24): 8-14.

[328] 杨凡. 大学对城市经济发展的影响研究——基于产学联系的视角 [D]. 上海: 华东师范大学, 2019.

[329] 杨善林, 郑丽, 冯南平, 等. 技术转移与科技成果转化的认识及比较 [J]. 中国科技论坛, 2013 (12): 116-122.

[330] 杨文龙, 杜德斌, 游小珺, 等. 世界跨国投资网络结构演化及复杂性研究 [J]. 地理科学, 2017, 37 (9): 1300-1309.

[331] 姚宇华. 我国大学与政府关系的嬗变和展望——对新中国成立以来政策文本的分析 [J]. 高校教育管理, 2017, 11 (1): 116-124.

[332] 叶雷, 曾刚, 曹贤忠, 等. 中国城市创新网络模式划分及效率比较 [J]. 长江流域资源与环境, 2019, 28 (7): 1511-1519.

[333] 叶琴, 曾刚, 陈弘挺. 中国装备制造企业合作创新伙伴选择——基于2013年中国工博会249家参展企业的问卷调查分析 [J]. 地理科学进展, 2015, 34 (5): 648-656.

[334] 尹西明, 王毅, 陈劲. 高校创造的知识转移到哪去了?——对我国高校专利许可的时空分布研究 [J]. 科学学与科学技术管理, 2017, 38 (6): 12-22.

[335] 游小珺，杜德斌，张斌丰，等. 高校在国家知识创新体系中的作用评价——基于部分创新型国家和中国的比较研究 [J]. 科学学与科学技术管理，2014，35（7）：89-97.

[336] 于淳馨，陈红喜，张丽丽，等. 高校技术转移现状的评价分析——基于江苏31所高校数据的实证研究 [J]. 科技管理研究，2017，37（18）：70-76.

[337] 袁剑，许治，翟钺. 中国产学研合作网络权重结构特征及演化研究 [J]. 科学学与科学技术管理，2017，38（2）：115-126.

[338] 袁剑锋，许治. 中国产学研合作网络结构特性及演化研究 [J]. 管理学报，2017，14（7）：1024-1032.

[339] 原长弘，张树满. 以企业为主体的产学研协同创新：管理框架构建 [J]. 科研管理，2019，40（10）：184-192.

[340] 原长弘，章芬，高金燕. 产学研战略联盟与企业原始创新能力 [J]. 研究与发展管理，2015，27（6）：29-39.

[341] 约翰·斯科特. 社会网络分析法 [M]. 重庆：重庆大学出版社，2007.

[342] 张曼，菅利荣. 基于产学研跨组织知识集成的战略性新兴产业创新集群网络研究 [J]. 科技管理研究，2017，37（10）：206-213.

[343] 张省. 地理邻近促进产学研协同创新吗？——基于多维邻近整合的视角 [J]. 人文地理，2017，32（4）：102-107.

[344] 张秀峰，陈光华，杨国梁，等. 企业所有权性质影响产学研合作创新绩效了吗？[J]. 科学学研究，2015，33（6）：934-942.

[345] 张秀峰，陈光华，杨国梁. 基于DEA模型的产学研合作研发效率研究——以不同所有制企业主导的产学研合作研发项目为例 [J]. 研究与发展管理，2016，28（5）：82-90.

[346] 张瑜，菅利荣，刘思峰，等. 基于优化Shapley值的产学研网络型合作利益协调机制研究——以产业技术创新战略联盟为例 [J]. 中国管理科学，2016，24（9）：36-44.

[347] 张瑜，菅利荣，刘勇. 基于创新主体知识流动GERT网络的产学研协作模式研究 [J]. 工业技术经济，2012，31（2）：35-43.

[348] 中共上海市委,上海市人民政府. 关于加快建设具有全球影响力的科技创新中心的意见 [EB/OL]. http://fgw.sh.gov.cn/xgwj/20150524/0025-20121.html, 2015-11-11/2019-09-26.

[349] 中共中央,国务院. 关于深化体制机制改革加快实施创新驱动发展战略的若干意见 [EB/OL]. http://www.gov.cn/xinwen/2015-03/23/content_2837629.htm, 2015-03-23/2019-12-08.

[350] 中共中央,国务院. 中国教育改革和发展纲要 [EB/OL]. http://www.moe.gov.cn/jyb_sjzl/moe_177/tnull_2484.html, 1993-02-13/2020-10-25.

[351] 周灿,曾刚,曹贤忠. 中国城市创新网络结构与创新能力研究 [J]. 地理研究, 2017, 36 (7): 1297-1308.

[352] 周灿,曾刚,宓泽锋,等. 区域创新网络模式研究——以长三角城市群为例 [J]. 地理科学进展, 2017, 36 (7): 795-805.

[353] 周灿. 中国电子信息产业集群创新网络演化研究:格局、路径、机理 [D]. 上海:华东师范大学, 2018.

[354] 周正,尹玲娜,蔡兵. 我国产学研协同创新动力机制研究 [J]. 软科学, 2013, 27 (7): 52-56.

[355] 朱桂龙,李奎艳. 大学—企业合作创新绩效影响因素分析 [J]. 科技管理研究, 2008 (4): 90-92.

[356] 朱桂龙,张艺,陈凯华. 产学研合作国际研究的演化 [J]. 科学学研究, 2015, 33 (11): 1669-1686.

[357] 庄涛,吴洪. 基于 USPTO 数据的中国官产学三螺旋关系研究 [J]. 科技管理研究, 2015, 35 (20): 214-218.

[358] 庄涛,吴洪. 基于互信息的官产学研三螺旋国际合作测度研究 [J]. 情报杂志, 2013, 32 (12): 145-150, 174.